# 현대자동차의 기민한 생산방식

## 한국적 생산방식의 탐구

이 책은 한국연구재단 저술출판지원사업의 지원을 받아 집필된 것입니다.
(제목: 모방과 선택의 변증법 - '한국적 생산방식'의 형성과 발전, 과제번호 812-2011-1-B00038)


이 도서의 국립중앙도서관 출판예정도서목록(CIP)은 서지정보유통지원시스템 홈페이지(http://seoji.nl.go.kr)와
국가자료공동목록시스템(http://www.nl.go.kr/kolisnet)에서 이용하실 수 있습니다.
CIP제어번호: CIP2016003366(양장), CIP2016003367(반양장)

# 현대자동차의 기민한 생산방식

## 한국적 생산방식의 탐구

조형제 지음

한울
아카데미

# 책을 내며

현대자동차(이하 현대차)가 일반 브랜드와 분리된 독자적 고급 브랜드로 '제네시스'를 출범시켰다고 한다. 중저가 브랜드로 여겨지는 현대차의 이미지를 넘어 독일의 벤츠나 BMW, 일본의 렉서스 등 고급 브랜드와 정면 승부하겠다는 것이다. 2015년 초반 미국 시장에서는 제네시스와 에쿠스가 선전하면서 중대형 고급차 부문에서 10%가 넘는 점유율을 기록하기도 했다. 1980년대 후반 미국 시장 진출 초기에 엑셀이 범죄자들이나 타는 차로 조롱받았던 것을 회상하면, 실로 놀라운 변화라고 할 수 있다.

필자가 자동차산업 연구를 한 지도 벌써 30년 가까이 되고 있다. 학문적 이력의 대부분을 이 분야에 집중해온 셈이다. 필자는 1980년대 말 한국 경제의 변화를 만들어내는 중심 동력을 해명하기 위해 산업 연구를 시작했다. 1992년 「한국 자동차산업의 생산방식 변화」라는 논문으로 박사학위를 받았고 2001년 『대안적 생산체제와 노사관계』(공저), 2005년 『한국적 생산방식이란 무엇인가』로 이어지는 저서를 통해 한국 자동차산업의 압축 성장을 우리의 언어로 해명하기 위해 노력해왔다.

그동안 한국 자동차산업을 연구해오면서 필자의 관심도 일정한 변화를 경험했다. 초기에 한국 자동차산업의 대외 종속에 관심이 있었다면, 한동안은 선진 자동차업체들의 벤치마킹을 통한 대안 마련에 관심이 있었다. 이런 관점에서 볼 때 국내 완성차업체들은 항상 선진 업체를 추격해가는 후발 주자로 전제될 수밖에 없었다. 그러나 2000년대 들어 한국 자동차산업이 본격적으로 고도성장을 하게 됨에 따라 필자의 관심도 다시 전환을 겪게 된다. 세계 유수의 완성차업체이자 초국적 기업으로 성장해버린 현대차의 고도성장을 본격적으로 해명해야 한다는 문제의식을 갖게 된 것이다. 이번 책은 이러한 문제의식에서 진행된 연구의 본격적 성과물이다. 10년 전에 냈던 『한국적 생산방식이란 무엇인가』에 대한 나름의 답변이라고 할 수 있다.

한국 경제의 현실은 이미 '추격'의 위치를 벗어나 '탈추격'의 과제를 해결해야 할 위치에 놓여 있다. 그렇지만 우리 학계의 현실은 선진 학문의 재생산에서 벗어나지 못하고 있다. 필자는 '모방에서 혁신으로'(김인수, 2000)라고 집약되는 한국 경제의 역동적 변화를 우리의 개념과 이론으로 설명하는 주체적 연구가 본격적으로 이루어져야 한다고 생각한다. 이 책은 '기민한 생산방식'이라는 독창적 개념을 사용해 한국 자동차산업의 발전을 해명하려고 했다는 점에서 의욕적인 시도라고 할 수 있다.

그러나 한국 자동차산업의 성취를 기능론적으로 찬양하는 것이 이 책의 집필 목적은 아니다. 이 책은 그간의 고도성장이 내포한 문제점을 우리의 시각에서 설명하고 성찰함으로써 향후의 발전에 기여하려는 이론적·실천적 의도를 갖고 있다. 그런 점에서 이 책은 한국 자동차산업이 '표층 경쟁력'을 통해 성장하는 데 그치지 않고 '심층 경쟁력'의 강화를 통해 지속적으로 발전해가야 한다는 점을 지적하고 있다.

책을 집필하는 과정에서 여러 동학의 도움을 받았다. 먼저 뛰어난 지적 아이디어와 학술 자료를 지속적으로 제공해준 정준호 교수에게 감사드린다. 이 책의 Chapter 1, 2, 4는 정준호 교수와 진행한 공동 연구의 결과물이다. 특히 Chapter 1은 정준호 교수가 지난 30년간의 현대차 사업보고서와 감사보고서를 입력하여 분석한 경영분석을 토대로 한 것이다. 자료 수집과 분석, 생산적 토론을 통해 공동 연구의 진정한 기쁨을 누리게 해준 김철식 박사, 조주은 교수, 유종성 교수에게도 감사드린다. Chapter 3과 6은 김철식 박사, 7은 조주은 교수, 8은 유종성 교수와의 공동 연구를 통해 집필한 것이다. 이분들의 도움이 없었더라면 이 책의 완성은 불가능했다고 할 수 있다.

그리고 꼼꼼하게 원고를 검토해주시고 유익한 지적을 해주신 이문호 박사, 박태주 박사, 정승국 교수, 정명기 교수, 조성재 박사, 오중산 교수 등 자동차산업 연구모임의 동료들에게 감사드린다. 이 책의 주요 내용은 자동차산업 연구모임에서의 치열한 토론과 피드백을 통해 지속적으로 검토되고 발전되어온 것이다.

끝으로 이 책의 초고를 읽고 애정 어린 격려와 건설적 조언을 해준 오랜 벗 정이환 교수와 김유선 박사, 이병훈 교수, 일본의 오재훤 교수, 구승환 교수, 우종원 교수, 오학수 박사, 김희진 교수, 항상 관심을 갖고 도움을 준 홍장표 교수, 문정인 교수, 김상조 교수, 그리고 신진 연구자인 박명준 박사와 이정희 박사에게도 진심으로 감사드린다. 물론 이러한 모든 도움과는 상관없이, 책의 부족함과 오류에 대한 책임은 전적으로 필자에게 있음이 분명하다.

한 가지만 더 중요한 사실을 말씀드리면 이 책은 엔지니어, 관리자, 근로자, 임원 등 수백 명의 자동차산업 관계자의 헌신적 도움에 힘입어 집필되었다. 학문적 연구의 필요성에 대한 이해가 부족한 한국 현실에서 기꺼이 면담에 응해주고 자료를 제공해주신 이분들의 남다른 이해와 협조가 없었더라면 이 책은 세상에 나올 수 없었을 것이다. 현실적 여건상 이름을 일일이 밝힐 수는 없지만, 진심으로 깊은 존경과 감사를 드린다. 산업 현장에서 한국 경제의 기적을 이뤄낸 이분들이 자긍심과 보람을 느낄 수 있도록, 이 책이 우리의 현실을 해명하고 변화시키는 데 조금이나마 도움이 되기를 바라는 마음 간절하다.

이제 두렵고 떨리는 마음으로 책을 세상에 내보낸다. 강호 제현의 아낌없는 관심과 지도 편달을 바란다.

2016년 2월
자동차산업 현장에 가까운 울산대 연구실에서
조형제

CONTENTS

# 현대자동차의 기민한 생산방식

## 1 │ 문제제기: 린 생산에서 기민한 생산으로

"도요타가 일관성으로, 혼다가 혁신으로 성공했다면, 현대는 도전정신과 속도로 성공했다. 현대는 문제를 즉시 발견하여 신속하게 반응한다. 속도가 경쟁우위가 된다. 신속하고 대담하게 움직임으로써, 현대는 세계에서 가장 빠르게 성장하는 완성차업체가 되었다. …… 현대는 과감함과 리더십을 추구하는 야심적인 회사이다"(*Fortune*, 2010.1.5).

2차 대전 이후 고유모델을 개발하여 국제경쟁력을 갖는 데 성공한 완성차업체는 한국의 현대차가 유일하다. 현대차는 한국의 대표적 제조업체로서 한국 경제와 더불어 성장해왔다. 자동차산업은 생산액, 업체 수, 고용 등 여러 측면에서 한국 경제를 대표하는 주력 산업 중 하나라고 할 수 있다(한국자동차공업협회, 2013).[1]

현대차 그룹은 현재 한국에서 유일하게 살아남은 토착 완성차업체이다. 내수시장 점유율 65~75%를 유지하면서 명실상부하게 한국 자동차산업의 대표 주자라는 지위를 유지하고 있다. 외국계 완성차업체들인 한국 GM, 르노 삼성, 쌍용차와 수입차들이 나머지 내수시장을 나눠 가지고 있다(한국자동차산업연구소, 2015).

현대차는 고유모델을 개발·생산한 1970년대 초반부터 도약하기 시작했다. 1980년대 중반의 미국 시장 진출은 수입대체산업화를 넘어 선진국으로의 대량수출에 성공한 중요 계기가 되었다. 현대차는 1990년대 말의 외환위기를 겪고 난 후 2000년대 들어서도 성장을 계속하여 2010년 이후 생산대수 기준으로 세계 5위 완성차업체라는 지위를 유지하고 있다. 지난 수년간 현대차는 성장성과 수익성, 주주배당의 측면에서 세계 주요 완성차업체들에 버금가는 뛰어난 성과를 보이고 있다(정준호·조형제, 2013). 현대차는 품질 수준에서도 선두권을 유지하고 있다. 2014년 발표된 JD 파워사의 미국 신차품질조사(IQS) 일반브랜드 부문에서 도요타자동차(이하 도요타)를 제치고 종합 1위에 오르는 성과를 보였다(≪오토데일리≫, 2014.6.19). "과거에 값싼 브랜드로 알려졌던 현대차가 존경받고 스마트한 구매 대상으로 변모하고 있다"라는 ≪포춘(Fortune)≫의 평가는 현대차를 보는 세계인의 시각이 변화했음을 보여준다(*Fortune*, 2010.1.5).

한국 자동차산업의 발전 전망과 관련하여 외국의 시각은 대부분 부정적인 것이었다. 도요타 생산방식을 세계의 모든 제조업체들이 수용해

---

**1**    자동차산업은 광범위한 산업연관효과뿐 아니라 고용효과가 있는 국민경제의 주력산업이기 때문에 모든 나라는 경쟁적으로 자국 자동차산업의 발전을 위해 노력해왔다. 미국, 독일, 일본 등 자동차산업이 발전한 나라들은 예외 없이 선진국이다. 이러한 기준에 따르면 한국도 선진국의 반열에 들어가게 된다. 2012년 시점에서 자동차산업은 한국 제조업 업체 수의 6.1%, 생산액의 11.6%를 차지하며, 제조업 고용자 수의 10.9%를 차지하고 있다(한국자동차공업협회, 2013).

야 할 보편적 생산방식인 '린(lean) 생산방식(일본적 생산방식)'으로 이론화했던 MIT의 국제자동차연구(IMVP) 그룹은 1980년대 후반 현대차가 품질 불량으로 미국 시장에서 실패하는 것을 보면서 한국이 일본적 생산방식을 성공적으로 도입하여 경쟁우위를 발휘하는 것은 불가능하다고 판단했다(Womack, Jones and Roos, 1990: 261~263).

1990년대 말의 외환위기에 따른 대규모 구조조정이 이루어진 이후에도 외국의 시각은 한국 자동차산업의 미래를 암울하게 보는 것이 지배적이었다. 2000년대 초 5개 완성차업체 중 3개를 외국 완성차업체가 인수하고, 유일하게 남은 토착 완성차업체인 현대차 그룹조차 미쓰비시, 벤츠와 자본 합작을 한 상황에서, 어떤 미국 학자는 외국 자본이 인수한 완성차업체들은 기술 혁신보다 내수시장 위주의 판매에 치중할 것이고, 현대차 그룹 역시 기술자립이 불충분한 상태에서 저가차, 저품질의 이미지를 벗어나기 어려울 것으로 전망한 바 있다(Ravenhill, 2003).

그러나 이와 같은 예상과 달리 현대차 그룹은 이후에도 독자 노선을 고수하면서 지속적으로 성장했으며, 2010년 생산대수 기준으로 세계 5위의 완성차업체로 올라선 이후 현재까지 그 지위를 유지하고 있다(한국자동차산업연구소, 2013). 수년 전에는 현대차가 도요타를 추월할 것이라는 일본 학자의 책이 나와 화제가 되기도 했다(고바야시 히데오, 2011).

2000년대 이후 현대차의 이러한 성공은 어떻게 설명될 수 있는가? 정부 정책, 환율 등 외부적 요인 때문인가, 아니면 기술 혁신 등 내부적 요인 때문인가? 현대차와 관련된 선행 연구들을 살펴보기로 하자. 먼저, 앨리스 암스덴(Amsden, 1990)은 한국을 '작은 일본'으로 보는 관점에서 현대차 엔지니어들이 선진 기술을 어떻게 효율적으로 학습했는가를 설명한다. 그러나 암스덴의 설명은 이후 현대차가 린 생산방식과 구분되는 고유한 생산방식을 발전시켰음에도 불구하고 지속적으로 발전한 것을 설명하지 못하는 모순에 직면하게 된다.

1990년대 이후 한국 자동차산업에 관한 연구는 국내 연구자들에 의해 활발하게 진행되어왔다. 그러나 이들 연구는 한국적 생산방식의 특성을 해명하는 창의적 연구라기보다는, 외국 이론 적용의 타당성 여부에 초점을 맞춘 경우가 대부분이었다.

기존 연구의 가장 중요한 쟁점은 한국 자동차산업의 생산방식이 린 생산방식으로 이행하느냐의 여부를 둘러싸고 제기되었다. 정승국(1995)과 주무현(1998)이 한국 자동차산업의 생산방식이 일본화되고 있는 것으로 긍정적으로 평가한 반면에, 이영희(1994)와 조형제(1992)는 이것이 린 생산방식과는 다르게 대량생산, 즉 포디즘(Fordism)적 성격을 지닌 것으로 평가하고 있다. 그러나 이들 연구는 한국 자동차산업의 지속적 성장이 한국적 생산방식의 고유한 특성에서 비롯된다는 문제의식을 발전시키지 못한 채, 생산방식의 일본화 추세를 긍정적으로 받아들이거나, 아니면 그것의 포디즘적 성격을 비판하는 데 머물고 말았다. 이는 린 생산방식의 열풍에 휩싸였던 당시의 시대적 조건에서는 불가피했던 측면도 있다.

21세기 들어 현대차의 해외생산이 본격화되면서 이에 주목한 외국 학자들의 논문이 나오기 시작하고 있다. 러셀 랜즈베리·권승호·서중석(Lansbury, Kwon and Suh, 2006), 크리스토퍼 라이트·서중석·크리스토퍼 레깃(Wright, Suh and Leggett, 2009)은 현대차 캐나다공장의 실패에서 얻은 조직적 학습 효과가 이후 현대차의 해외 공장 성공에 크게 기여했다고 주장한다. 그러나 조직론, 고용관계 등 특정 측면에 초점을 맞추고 있을 뿐, 현대차 생산방식에 대한 총체적 문제의식은 빠뜨리고 있다.

조성재·정준호·황선웅(2008)과 김철식(2011)의 연구는 한 단계 진전된 것이라고 평가할 수 있다. 조성재와 정준호, 황선웅은 한국 노동체제의 성격을 '자본주의 다양성(Variety of Capitalism: VOC)'론의 관점(Hall and Soskice eds., 2001)에서 고찰한다. 이들은 상이한 제도의 조합에 기반을 둔 다양한 자본주의가 존재함을 주장하는 자본주의 다양성론의 관점에 따라 한국은 자유시장경제나 조정시장경제 유형 중 어느 것도 아닌 혼합시장경제 유형에 속한다고 주장한다. 김철식(2011)은 한국 자동차산업을 특징짓는 모듈 생산을 상품 연쇄의 측면에서 고찰한 후 이것이 고용체제의 양극화에 미치는 영향을 설명하고 있다. 이 두 연구 모두 한국 사례가 외국 이론의 단순한 적용으로는 설명될 수 없다는 문제의식을 공유하고 있지만, 한국적 특성을 적극적으로 개념화하거나 이론화하는 노력으로 연결시키지는 못하고 있다.

2000년대 이후 현대차의 고도성장은 어떻게 설명해야 하는가? 현대차가 세계 주요 완성차업체로 성장하게 된 이유를 정부 정책이나 환율 변동 등 외부적 요인으로만 설명하는 데는 한계가 있다. 이 책에서는 현대차의 성공을 내부적 요인, 즉 고유한 생산방식의 형성과 발전에서 비롯된 것이라고 보는 관점을 선택하려고 한다. 현대차가 린 생산방식 등 외국의 생산방식을 받아들이려고 노력한 것은 사실이다. 그렇지만 현대차는 한국의 역사적·제도적 조건과 상호작용하는 가운데 이를 고유한 생산방식으로 발전시켜왔다.

이 책은 현대차 생산방식의 형성과 발전을 진화론적 관점에 입각해 설명하고자 한다. 진화론적 관점에서는 특정 조직에서 의도하지 않았던 '변이(variation)'의 발생과 선택, 그리고 계승을 통해 일정한 관행(routine)이 확립되는 과정에 주목한다(Nelson and Winter, 1982). 이를 현대차의 사례에 적용하면 현대차 경영진이 린 생산방식을 도입하려고 노력했음에도 불구하고, 한국의 고유한 제도적 조건하에서 '프로젝트형 문제해결 능력'을 내용으로 하는 엔지니어들의 숙련이 기민한 생산방식을 일정한 변이로서 형성한 후, 이것이 21세기를 전후한 결정적 국면에서 선택되어 계승되면서 일정한 관행으로 정립되었다고 설명할 수 있다. 이와 같은 진화론적 과정을 통해 현대차 엔지니어가 형성·발전시켜온 기민한 생산방식이 현대차의 고도성장을 주도하고 있다고 보는 것이다.

이 책의 목적은 진화론적 관점에서 형성되고 발전해온 현대차의 기민한 생산방식의 비밀을 설명하는 것이다.

## 2 | 린 생산방식과 기민한 생산방식

먼저, 제조업에서 '유일한 경쟁우위(one best way)'로 여겨졌던 린 생산방식의 신화가 최근 들어 잠식되는 것에 주목할 필요가 있다(Freyssenet et al., 1998). 린 생산방식은 2차 대전 이후 도요타를 중심으로 형성·발전된 생산방식으로, 생산 현장을 중심으로 낭비를 최소화하면서 유연하게 대응하는 생산방식이다(Liker ed., 1998: 43). 대량 생산방식이 대규모 수요에 대응해 표준화된 제품을 대량생산하여 공급했던 것에 비해, 린 생산방식은 세분화된 수요에 대응해 다양한 제품을 유연하게 생산하여 공급하는 것을 특징으로 한다. 1970년대 말의 석유위기 이후 일본차의 경쟁우위가 입증되면서 린 생산방식은 전 세계 제조업의 보편적인 생산 패러다임으로 확산되어왔다.

그러나 21세기의 환경 변화 속에서 린 생산방식의 압도적 우위가 약화되는 조짐이 뚜렷하다. 2010년 미국에서 도요타의 리콜을 초래한 일련의 사건은 린 생산방식도 위기에 처할 수 있음을 보여준다. 글로벌화에 대응하여 급속히 생산 능력을 확대하는 과정에서 린 생산방식의 경쟁우위가 한계를 드러냈던 것이다.

기민한 생산방식이란 지난 30~40년간 세계 제조업을 지배해온 린 생산방식의 헤게모니가 약화되면서 출현하고 있는 새로운 생산방식이다. 21세기의 환경 변화에 대응하면서 나타나는 새로운 생산방식의 핵심적 특징은 '기민함(agility)'이다. 기민함이란 환경 변화에 '눈치 빠르고 동작이 날쌔게' 대응하는 능력을 의미한다. 변화된 경영 환경에서는 기업이 고객의 요구에 효율적으로 대응해야 할 뿐 아니라, 신속하게 대응하는 능력이 요구된다. 이에 따라 기민한 생산방식이 출현·확산되고 있다. 기민한 생산방식이란 제품개발, 생산, 부품 공급, 마케팅 등 가치사슬(value chain) 전반에서 발휘되는 '기민함'이 경쟁우위의 핵심적 요소가 되는 생산방식이다.

　　2차 대전 후 일본의 제조업체들이 미국의 대량 생산방식을 수용하고자 노력했던 것은 사실이다. 그러나 이들은 일본의 세분화된 시장 수요에 대응하기 위해 치열하게 경쟁하는 가운데 의도하지 않은 결과물로 린 생산방식을 발전시켰다. 이를 감안한다면, 21세기의 변화된 경영 환경 속에서 린 생산방식을 수용하려 했던 각국 제조업체들의 노력이 또 다른 생산방식으로 귀결되는 것은 충분히 예상할 수 있는 일이다. 물론 새로운 경영 환경에서도 린 생산방식의 경쟁우위가 일거에 사라지는 것은 아니지만, 기민한 생산방식이 새롭게 부상하는 가운데 세계 자동차 시장은 과도기적 양상을 보이고 있다.

　　기민한 생산방식은 어떤 맥락에서 출현하게 된 것인가? 21세기 경영 환경의 가장 중요한 변화는 글로벌화의 진전이다. 국민경제의 경계를 넘어 지구적 차원에서 자본이 이동하고 시장이 확대됨에 따라 수요의 불확실성과 세분화가 크게 진행되고 있는 것이다. 글로벌화가 진전되면서 수요뿐 아니라 이에 대응하는 기술, 그리고 기업 간 관계의 불확실성도 증가하고 있다(Sanchez and Nagi, 2001).

21세기 경영 환경의 또 다른 변화로 정보기술의 발전에 주목할 필요가 있다. 컴퓨터, 인터넷, 스마트폰 등으로 나타나는 정보 혁명은 기존의 업무 프로세스를 크게 변화시키고 있다. 정보기술의 발전은 다양한 제품을 기민하게 개발·생산하는 것을 용이하게 할 뿐 아니라, 기업 간의 부호화된 정보 교환·공유와 의사소통을 용이하게 함으로써 외주화와 기업 간 네트워크 협력을 수월하게 한다(PricewaterhouseCoopers, 2000: 35~42). 이에 따라 기업 활동에서 지리적 배태성(embeddedness)이 차지하는 중요성이 완화되고 있다. 또한 소프트웨어의 비중이 커지면서 하드웨어, 그리고 이를 뒷받침하는 제조업의 비중이 작아지고 있다.

기민한 생산방식은 이처럼 글로벌화와 정보기술의 발전으로 대표되는 21세기 경영 환경의 변화에 대응하는 과정에서 출현한 것이다. 21세기 특정 제조업체의 성패는 고객의 요구에 유연하게 대응해 자신의 경영자원을 얼마나 기민하게 재배치할 수 있는가에 달려 있다(Pricewaterhouse Coopers, 2000).

린 생산방식이 자원의 효율적 활용에 초점을 맞춘 관리 기술이라고 한다면(Liker ed., 1998: 43), 기민한 생산방식은 예측 불가능한 복합적 환경에서의 성공에 초점을 맞춘 총체적 전략이다(Sanchez and Nagi, 2001). 두 생산방식은 모두 환경 변화에 대응하는 유연성을 핵심적 요소로 한다. 그러나 기민함이 요구되는 급변하는 환경에서 린 생산방식의 유연성은 저하될 수 있다(Underwood and Agg, 2012). 린 생산방식이 안정된 환경에서 효율적 관리를 통해 낭비를 절감하는 것에 초점을 두었다면, 기민한 생산방식은 급변하는 환경 속에서 신속하게 대응하는 능력에 초점을 둔 것이다.

여기서 '생산방식(production system)'은 기업 활동의 가치사슬 중 일부인 생산 기능만을 지칭하는 것이 아니라, 가치사슬 전반의 성격을 지칭하는 패러다임적 의미로 사용된다.[2] 이전에는 제품의 품질과 생산성을 직접적으로 결정하는 생산 과정, 즉 제조 부문이 생산방식의 핵심적 요소였다. 그러나 최근 들어서는 환경 변화에 따라 생산 과정뿐 아니라 제품개발과 마케팅 등 가치사슬 전반을 전략적으로 관리하는 능력이 중요해지고 있다. 이에 따라 생산방식이란 기업 활동의 가치사슬에 경영자원을 배치·관리하는 것을 통해 드러나는 특정 제조업체의 일관된 특징을 지칭한다.

이러한 생산방식 개념은 린 생산방식의 용법과 동일한 것이다. 린 생산방식은 낭비를 제거하는 목적을 지닌 특정 제품의 모든 가치창출 활동으로 구성된다. 린 생산방식은 신제품 개발, 공장운영, 판매유통 등을 포함하는 가치사슬 전반의 특징을 지칭하는 개념으로 사용되고 있다(워맥·존스·루스, 1990).

기민한 생산방식의 형성에 영향을 미치는 요소는 무엇인가? 〈그림 P-1〉은 기민한 생산방식의 형성과 가치사슬상의 특징을 설명하는 분석 틀이다.

기민한 생산방식은 ① 기업 거버넌스, ② 엔지니어 집단의 능력, ③ 노사관계의 성격에 따라 구체적 형태로 나타나게 된다. 첫째로, 기업 거버넌스(corporate governance)를 고려할 필요가 있다. 특정 기업의 거버넌스는 행위자들 간의 권력 관계를 보여준다(Sturgeon, 2009). 환경 변화에 대응하여 최고경영자가 어떤 전략을 선택하는가, 주주·엔지니어·노조

---

2   마이클 포터의 가치사슬은 투입 물류(inbound logistics)와 조업(operation), 산출 물류(outbound logistics), 마케팅, 서비스 등으로 구성되어 있다(포터, 1992). 그러나 이 책에서는 제품 디자인이 생산의 성격을 규정한다는 점을 고려하여, 가치사슬이 디자인, 제조, 판매로 구성되는 것으로 보는 글로벌 가치사슬론(Sturgeon, 2002)의 시각을 받아들이고자 한다.

## 기민한 가치사슬의 구조

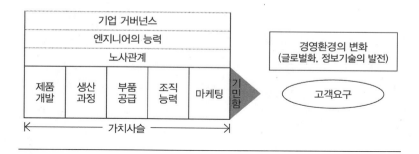

등의 이해관계자들과 어떤 권력 관계를 형성하는가에 따라 의사결정과 추진력에서 기민함의 정도가 달라진다. 최고경영자는 기업 내 주요 행위자들과의 관계를 잘 조정하면서 고유한 리더십을 발휘하게 된다.

둘째로, 엔지니어 집단의 기술 능력을 고려할 필요가 있다. 실제로 특정한 생산방식이 기민한 정도를 결정하는 것은 엔지니어의 능력이다.[3] 크리스 스미스와 피터 메익신스(Smith and Meiksins, 1995)는 엔지니어들이 테일러 이후 다양한 생산방식의 혁신을 주도해왔지만 상대적으로 간과되어왔다고 하면서, 엔지니어들이 경영진과 생산직 근로자들 사이에서 모순적이면서도 독립적 역할을 수행한다고 주장한다. 이들은 나라별로 행위자들 간의 세력 관계에 따라 엔지니어들이 상이한 역할을 수행하는 것을 유형화하고 있다. 최고경영진이 기업의 전략을 제시한다

---

3    가치사슬 전반을 감안하면, 엔지니어를 포함한 중간 관리자 집단 전체가 현대차의 기민함을 실현하고 있다고 할 수 있다. 그러나 이 책에서는 현대차의 기민함을 실현하는 핵심적 요소가 기술 능력에 있다고 보고, 중간 관리자들 중에서도 엔지니어 집단을 중심으로 분석하고자 한다.

면, 그에 입각하여 가치사슬 전반에서 기민함을 구현하는 주역은 엔지니어 집단이다. 엔지니어들은 특정 기업 고유의 조직 문화를 내면화하여 집단적으로 기술 능력을 발휘한다. 엔지니어들의 숙련형성은 승진과 보상체계를 포함하는 내부노동시장의 발달에 의해 뒷받침된다.

셋째로, 노사관계의 성격을 고려할 필요가 있다. 노사관계의 성격에 따라 작업조직(work organization)의 구성과 근로자들의 참여 방식이 달라진다. 여기서 작업조직이란 근로자들에게 작업이 편성되고 배분되는 방법으로, 근로자들의 숙련과 밀접히 관련된다. 시스템 합리화(systemic rationalization)가 진전됨에 따라 유연자동화(flexible automation) 등 기술의 유연한 잠재력이 최대한 활용되면서 노동의 역할은 부차화되는 것이 사실이다(Sauer et al., 1992: 46~48). 그러나 노사관계가 협조적인 기업에서는 근로자들이 적극적으로 참여하면서 자동화·정보화를 추진하는 데 비해, 노사관계가 대립적인 기업에서는 근로자들의 숙련에 대한 의존을 줄이기 위해 자동화·정보화를 추진하고 있다. 따라서 노사관계의 성격에 따라 기민한 생산방식의 구체적 형태가 달라진다.


## 3 ¦ 기민한 생산방식의 형성과 확산

세계 제조업의 역사에서 일정 시기의 지배적 패러다임이 된 생산방식은 특정 완성차업체를 중심으로 형성·발전되고 확산되어왔다. 현재는 린 생산방식에서 기민한 생산방식으로 이행하는 과도기라고 할 수 있다. 지리적 제약이 완화되고 있지만, 특정 완성차업체는 모국의 역사적·제도적 조건과 상호작용하는 가운데 기민한 생산방식을 구체적 형태로 구현해가고 있다.

표 P-1

## 미국 아이아코카 연구소의 생산방식 유형

| | 대량 생산방식 | 린 생산방식 | 기민한 생산방식 |
|---|---|---|---|
| 중심 동력 | 규모의 경제<br>안정적 시장 | 낭비 제거<br>예측 가능한 시장 | 다양성의 경제<br>불확실한 시장 |
| 제품 | 표준화된 제품 | 다양한 사양 | 세분화된 제품 |
| 제품개발 기간 | 수년 소요 | 수개월 소요 | 수주 소요 |
| 인적 자본 | 노동 분업<br>세분화된 위계 | 인적 자본 투자<br>팀 조직 | 자율적 작업팀<br>경영상의 장애 타파 |
| 조직 | 위계적 분업 | 수평적 팀제 | 권한 위임 |
| 투자 | 장비 및 설비 투자 | 기술 투자<br>낭비 절감 | 정보와 인력에 투자<br>탄탄한 장비 및 인프라 |
| 부품업체 | 시장적 관계 | 장기적 협력 | 단기적 협력 |

자료: Sharp, Irani and Desai(1999: 157)에서 수정 인용.

    기민한 생산방식의 역사적 기원은 1990년대 초반의 미국 자동차산업에서 찾을 수 있다. 미국 자동차산업의 관계자들이 일본의 린 생산방식에 대응하기 위해 기민한 생산방식의 개념을 고안해낸 것이다. 당시 아이아코카 연구소는 미국 정부의 재정 지원을 받아 21세기를 주도할 제조 전략을 고안하기 위해 '기민함 포럼(agility forum)'을 설립했다(Sharp, Irani and Desai, 1999: 156). 이 포럼은 불확실한 환경 속에서 기민한 생산방식을 정립함으로써 미국 제조업체들이 린 생산방식을 뛰어넘어 새로운 경쟁우위를 실현하는 것을 목적으로 했다(Kidd, 1994).

    〈표 P-1〉은 미국 아이아코카 연구소가 기민한 생산방식의 특징을 대량 생산방식, 린 생산방식과 비교한 것이다. 이 표에는 미국 완성차업체들이 구현하려 했던 기민한 생산방식의 이념형(ideal type)이 잘 정리되어 있다. 일본 자동차산업에 대한 경쟁열위를 장비와 정보기술에 대한 과감한 투자를 통해 극복하고자 한 것이다. 또한 기민한 생산방식은 우수한 인력으로 구성된 자율적 작업팀이 주도하는 '이상적' 생산방식으로

그려지고 있다. 그러나 이 표에서 제시한 기민한 생산방식은 미국 완성
차업체들이 실현할 수 있는 것이라기보다는 실리콘 밸리의 벤처기업에
나 적합한 '꿈'에 불과했다. 미국 완성차업체들의 이러한 '꿈'은 실현되지
못한 채 사라지고 말았다. 2008년 글로벌 금융위기 당시 GM과 크라이
슬러의 파산보호 신청은 미국판 '기민한 생산방식'의 실패를 상징적으로
보여준 사건이다.

  그렇지만 경쟁우위의 핵심적 요소를 기민함에서 찾았던 미국 완성
차업체의 문제의식은 21세기 자동차산업의 패러다임 변화를 설명하는
데 유효하다고 생각한다. 21세기 들어 기민한 생산방식의 요소를 구현
하면서 두각을 나타내고 있는 완성차업체가 한국의 현대차 그룹이다.
현대차는 국내외 환경 변화에 적극적으로 대응하는 동시에 미국 업체들
이 실패했던 기민한 생산방식의 구체화된 모습을 구현하고 있다. 린 생
산방식을 도요타가 주도해왔다면, 기민한 생산방식은 현대차가 선도적
으로 구현해가고 있는 것이다.

  기민한 생산방식의 실현을 가능하게 하는 핵심 요소는 플랫폼(plat-
form) 통합과 모듈화(modularization)이다. 여기서 플랫폼이란 고객의 눈
에 보이지 않는 차량의 기본 골격에 해당하는 것으로, 언더바디뿐 아니
라 서스펜션, 섀시(chassis) 등을 포함한다. 플랫폼 통합이란 다양한 모델
을 개발할 경우에도 차량의 기본 골격인 플랫폼을 동일하게 하는 것을
의미한다. 플랫폼 통합을 하게 되면 고객의 눈에 보이는 외관만을 차별
화하면 되기 때문에 제품개발 속도를 단축할 수 있다(박정규·김민수, 2012:
40~41).

  모듈화란, 기능과 구조가 일대일로 상응하는 모듈 아키텍처의 원리
에 입각하여 설계된 제품을 생산 과정에서 모듈이라는 하나의 중간부품
단위로 만들어 최종 조립 라인에 투입하는 방식을 말한다(Fujimoto, 2007:

84~85; 김철식, 2010: 245).

우리는 현대차가 플랫폼 통합과 모듈화의 진전을 통해 21세기의 환경 변화에 대응하기 위해 요구되는 '기민함'을 구현하는 데 성공했다고 본다.


# 4 | 현대차 기민한 생산방식의 정립

## 4.1 | 현대차 생산방식의 역사적 형성

현대차는 고유모델 전략 이후 발전시켜온 생산방식의 연장선에서 '기민함'을 실현함으로써, 기민한 생산방식의 선두 주자로 부상하고 있다. 이 절에서는 현대차가 역사적으로 어떻게 기민한 생산방식을 발전시켜왔는지 살펴보기로 하자.

산업화 초기 현대 재벌은 특유의 집중적인 자본 동원과 신속한 의사결정으로 현대차 고도성장의 추진력을 제공했다(이병천, 2013). 현대 그룹의 계열사로 출발한 현대차는 창업자의 '도전적 실행'(커크, 1995)을 엔지니어의 조직 문화로 내면화하게 된다. 건설과 조선의 성공에서 비롯된 자신감이 포니 프로젝트의 성공을 계기로 현대차 엔지니어들에게 내면화되면서 확산된 것이다. 엔지니어들은 성공 신화를 만들어낸 창업자의 '도전적 실행' 정신을 자신의 신념으로 내면화하면서 현대차의 고도성장을 주도해가게 된다.

현대차는 1970년대 초반 최초의 고유모델인 포니를 개발하고 생산하면서부터 기술 도입과 기술 개발을 결합시키는 가운데 기술 능력을 발전시켰다. 현대차 조직 문화의 기민함은 고유모델 프로젝트의 지속적 성공을 통해 엔지니어 집단에 내면화되면서 가치사슬 전반의 특징으로 구체화되고 있다.

현대차는 이미 산업화 초기부터 작업자들의 숙련을 형성하고 활용하기보다는 기술에 의존하는 발전을 추구해왔고, 그 과정에서 형성된 엔지니어들의 숙련이 중심적 역할을 해왔다. 현대차 생산방식의 가장 중요한 특징은 엔지니어 집단이 주도한다는 점이다. 엔지니어 주도의 성격은 현대차의 기술 개발 과정에서 확인된다. 현대차의 '도전적 실행' 정신은 엔지니어들의 숙련, 즉 프로젝트를 통해 문제해결 능력을 발휘하는 추진력으로 구체화된다.

산업화 초기 현대차를 비롯하여 한국의 산업화 과정을 주도했던 주요 기업의 성장전략은 '가공조립형 산업화'였다(Levy and Kuo, 1991; 핫토리 다미오, 2007). 후발 주자로서 설비에 체화된 기술을 해외에서 도입하면서 작업자들의 숙련을 기계가 쉽게 대체 또는 배제할 수 있는 생산방식을 발전시켜온 것이다. 가공조립형 산업화에서는 현장 작업자의 숙련보다는 최신형의 공정기술 확보가 생산성 증대와 가격 경쟁력 확보에 필수적이다. 이 과정을 엔지니어가 주도한 것은 자연스러운 것이었다. 현대차는 재벌 대기업의 막대한 자본 투자를 바탕으로 설비와 공정기술을 확보하고자 노력했고, 이렇게 수입된 기술들은 엔지니어들에 의해 기민하게 소화되어 고유모델 개발에 적용되어왔다(정준호·이병천, 2007). 반면, 생산직 노동자들의 숙련형성과 활용에 대한 관심과 성과는 미약했다.

현대차의 기술 개발은 단순 조립에서 시작하여 독자적인 제품개발에 이르는 제품수명주기(product life cycle)의 반대 순서로 이루어졌다(Kim, 1998: 518~519). 엔지니어들의 숙련형성은 기업내부노동시장에서의 승진과 보상을 통해 뒷받침된다(Jo, Jeong and Kim, 2014).

현대차가 린 생산방식을 도입하기 위해 노력했던 것은 사실이다.

1970년대 후반부터 현대차는 고유모델의 효율적 대량생산을 위해 일본인 기술고문들을 영입하여 선진적 생산기술과 품질관리 서클(QC), 분임조 등 현장관리 기법을 배우기 위해 노력했다. 또한 1990년대 들어서는 체계적인 숙련형성을 추진하기 위해 직제 개편을 통해 '직능자격제도'와 '기술교육경로(Training Road Map: TRM)' 프로그램을 도입하고자 했다. 그러나 이 프로그램은 노사 불신이 깊은 상태에서 집단적 영향력이 잠식될 것을 우려한 노조의 반대에 부딪혀 무산되었다.

린 생산방식이 좌절된 것은 일본과 상이한 국내 환경 때문이기도 하다. 2차 대전 이후 수요자 중심의 내수시장에서 치열하게 경쟁하며 발전해온 일본의 린 생산방식은 소수의 완성차업체들이 과점 상태에 있는 공급자 중심의 국내 시장 환경에는 부합하지 않았다. 또한 1980년대에 급격히 확대되었던 미국 시장으로의 대량수출 성공도 현대차가 수요지향적인 린 생산방식으로 전환하는 데 장애 요인으로 작용했다고 할 수 있다(조형제·이병훈, 2008).

자동차산업 전반에서와 마찬가지로 현대차에서도 시스템 합리화가 진전되면서 노동의 주변화가 진행되고 있다. 현대차 생산방식의 '숙련절약적' 성격은 1980년대 후반 노조가 설립된 이후 강화된다. 노사 불신에 따른 대립적 노사관계 때문에 생산직 근로자들의 숙련형성과 참여가 제대로 이루어지지 못했기 때문이다. 근로자들의 적극적 참여를 기대할 수 없는 조건에서 엔지니어의 주도적 역할은 더욱 두드러졌다. 엔지니어들은 생산직 근로자들의 저숙련과 낮은 참여율에도 불구하고 높은 성과를 내는 '숙련절약적' 생산방식을 발전시키게 된다. 특히 생산 현장에 근무하는 엔지니어의 기술적 숙련과 생산직 근로자의 기능적 숙련이 분리되어 있는 상태에서, 엔지니어들은 생산직 근로자들의 저숙련을 보완하기 위해 더욱 적극적 역할을 하게 된다(조성재 외, 2006).[4]

요컨대, 가공조립형 산업화 과정에서 형성된 현대차의 기술중심적 사고, 독점적 시장 환경과 엔지니어의 숙련형성, 그리고 현장 작업자의 숙련절약은 현대차가 기민한 생산방식을 정립하는 경로의존적 발전의 조건으로 작용했다.

## 4.2 | 결정적 국면: 현대자동차 지배구조의 변화와 기민한 생산방식의 정립

현대차가 본격적으로 기민한 생산방식을 정립한 시점은 1990년대 말 이후라고 할 수 있다. 이 시기가 현대차로서는 기민한 생산방식이라는 변이가 선택되어 일정한 관행으로 정립되는 '결정적 국면(critical conjuncture)'이었던 셈이다(Thelen, 2004: 28~29). 이 시기를 경과하면서 현대차는 기민한 생산방식의 특징을 본격적으로 구현한다. 현대차 특유의 기민함으로 글로벌화에 따른 수요의 불확실성과 세분화에 능동적으로 대응하게 된 것이다.

이 절에서는 ① 자동차산업의 구조재편 과정에서 나타난 현대차의 지배구조 변화, ② 모듈화의 진전에 따라 진행된 현대차 생산방식의 고유한 성격을 살펴보고자 한다.

### 자동차산업의 구조재편과 현대차의 지배구조 변화

한국사회가 외환위기를 경험한 1990년대 말은 한국 자동차산업의

---

**4** 현대차는 엔지니어의 기술적 숙련과 생산직 근로자의 기능적 숙련이 분리되어 있기 때문에 엔지니어 주도의 성격이 더욱 두드러진다. 도요타나 폭스바겐은 엔지니어의 기술적 숙련과 생산직 근로자 간 공유하는 부분이 크다는 점에서 현대차와는 뚜렷이 구분된다.

구조가 급격하게 재편되던 시기였다. 기아차와 대우차의 부도, 삼성차의 해외매각, 현대차의 정리해고와 구조조정, GM의 대우차 인수 등 굵직한 사건들이 연이어 발생하면서 한국 자동차산업의 지형은 크게 변화했다.

이와 같은 급격한 구조재편의 와중에서 현대차에도 중요한 변화들이 나타났고, 이는 이후 현대차가 자신의 고유한 생산방식을 본격적으로 전개해나가는 데 커다란 영향을 미쳤다. 1990년대 말의 시기는 현대차의 중요한 전환점이 된 시기라고 할 수 있다.

첫째, 현대차와 그룹의 지배구조에 큰 변화가 발생한다. 1998년 현대차 최고경영진이 교체되면서 회사 경영에 큰 변화를 가져오게 된다. 또한 현대 그룹 전체 경영권의 승계를 둘러싼 내부 갈등 과정에서 현대차는 기존의 현대 그룹으로부터 분리되어 '현대차 그룹'으로 새롭게 출발하게 된다. 이와 같은 지배구조의 커다란 변화를 계기로 하여 현대차는 2010년까지 세계 5위의 완성차업체로 도약한다는 야심찬 목표를 수립한다. 이를 달성하기 위해 현대차는 품질경영을 표방하고, 해외생산을 적극적으로 확대하는 등 공격적인 경영전략을 추진하게 된다.

둘째, 같은 해 현대차는 부도가 난 기아차를 인수하여 국내 완성차 시장을 실질적으로 독점한다. 그에 따라 국내 완성차 시장은 현대, 기아, 대우차 중심의 과점적 구조에서 현대차 그룹이 국내 시장의 65~75%를 차지하는 독점시장으로 변모하게 된다. 국내시장의 독점이라는 요인은 현대차가 2000년대 들어 자신감을 가지고 공격적인 경영전략을 추진해나가는 데에 중요한 기반이 되었다. 또한 이로 인해 엔지니어가 다른 완성차업체로 전직하는 것이 사실상 불가능해졌고, 현대차 엔지니어들이 적극적으로 현대차에 헌신할 수 있도록 만드는 배경으로 작용했다.

모듈화의 진전과 숙련절약적 작업조직

기아차를 통합한 후 현대차 그룹의 최고경영진이 적극적으로 추진한 전략은 플랫폼 통합과 모듈화였다. 환경 변화에 기민하게 대응하면서 모델의 다양화와 '규모의 경제'를 함께 실현하고자 했던 것이다. 현대차는 동일한 세그먼트 모델 간의 플랫폼 공용화를 추진하는 동시에, 새로운 모델이 개발될 때마다 모듈 생산의 비율을 높였다. 이를 통해 본격적으로 기민한 생산방식을 정립하게 된다. 수요 변화에 대응하여 기민하게 다양한 제품개발을 실현하는 능력을 갖추게 된 것이다.

2000년대 초 현대차는 모듈화 TFT를 구성하여 모듈화 전략을 본격적으로 추진하기 시작했다(조형제·김철식, 2013a). 또한 그룹 내 계열사였던 현대정공 자동차부품 부문을 모태로 '현대모비스(이하 모비스)'라는 새로운 자동차부품 계열사를 설립해 현대차의 모듈 생산을 주도하는 핵심 부품업체로 성장하도록 만들었다(김철식·조형제·정준호, 2011). 모비스는 중요 핵심 모듈인 섀시, 프론트엔드(front end), 칵핏(cockpit) 모듈을 지속적으로 개발·공급해나갔다. 현대차는 동일한 세그먼트 모델 간의 플랫폼 공용화를 추진하는 동시에, 새로운 모델이 개발될 때마다 모듈 생산의 비율을 높여갔다.

모듈화가 진전되면 최종 조립공정 업무의 상당 부분이 모듈 부품업체의 조립공정으로 이전하게 된다. 따라서 완성차업체가 담당하는 최종 조립공정은 몇 개의 모듈을 조립하는 방식으로 단순화되는 경향이 있다. 현대차는 모듈화뿐 아니라 자동화의 확대를 지속적으로 추진해왔고, 이는 조립공정의 단순화를 더욱 진전시켰다.

이처럼 플랫폼 통합과 모듈화가 진전됨에 따라, 현대차는 다양한 모델을 기민하게 개발하고 생산하는 능력을 확보하게 된다.

1990년대 말을 기점으로 심화된 대립적 노사관계는 2000년대 이후 현대차 엔지니어들이 기민한 생산방식을 본격적으로 진전시키는 데 중요한 계기가 되었다. 이 시기에 발생한 대규모 고용조정은 현대차 노사 간의 불신을 구조화시킴으로써 기민한 생산방식이 생산직 근로자의 숙련에 의존하지 않고 엔지니어 중심으로 발전하는 것을 촉진했다. 2000년대 이후 엔지니어들은 최신의 생산기술을 적용하고, 여기에 수량적 유연성을 추구하는 숙련절약적 작업조직을 결합시킴으로써 기민한 생산방식의 고유한 특징을 확립한다. 현대차는 별다른 숙련이 없는 현장 작업자도 쉽게 업무를 수행할 수 있는 작업조직을 구성함으로써, 수량적 유연성을 실현할 수 있는 기술적 조건을 마련해왔다.

고용조정 이후 현대차는 사내하청 근로자들의 고용을 증가시키면서 수량적 유연성을 본격적으로 확대해간다. 대립적 노사관계가 작업자들의 적극적 참여를 어렵게 만든 상태에서, 현대차는 엔지니어의 기술적 잠재력을 최대한 활용하는 방향으로 기민한 생산방식을 발전시키게 된다(조형제·김철식, 2013b).


# 5 ¹ 이 책의 구성

이상에서 살펴본 바와 같이 현대차의 고도성장은 외부적 요인보다는 내부적 요인, 즉 기민함을 특징으로 하는 현대차 생산방식에 초점을 맞출 때 이해할 수 있다. 이 책은 진화론적 관점에서 현대차 기민한 생산방식의 형성과 발전을 설명하는 장들로 구성된다(〈그림 P-1〉).

먼저 Part 1에서는 현대차의 기민한 생산방식이라는 변이가 어떻게 나타나고 선택되어 일정한 관행으로 정립되는가를 살펴보고자 한다. Chapter 1은 현대차 기업 거버넌스의 특징을 분석틀로 제시한 후, 기민함의 성과 지표를 확인한다. 최고경영진과 주주, 노조로 구성되는 기업 거버넌스의 트릴레마(trilemma)를 분석틀로 제시한 후, 현대차 생산방식의 기민함을 성과 지표와 경영 분석을 통해 보여준다. Chapter 2는 그룹 최고경영진으로부터 위임받은 일정한 자율성을 갖고 현대차 생산방식을 주도해온 엔지니어 집단의 숙련, 즉 '프로젝트형 문제해결 능력'이 어떻게 형성되고, 엔지니어들의 헌신적 조직 문화가 어떻게 가능했는가를 설명한다. 엔지니어 집단이야말로 기민한 생산방식으로의 변이를 주도한 주역이라고 할 수 있다. Chapter 3은 현대차의 대립적 노사관계가 어떻게 기민한 생산방식이라는 변이가 선택되어 일정한 관행으로 정립되는 조건으로 작용했는지를 설명한다. 생산직 근로자들의 참여가 어려운 2000년대를 전후한 시점에서 현대차는 이를 우회하여 제품개발의 기민함에 중점을 두는 기민한 생산방식을 정립하게 된다.

다음으로 Part 2에서는 일정한 관행으로 정립된 현대차의 기민한 생산방식이 가치사슬 전반에서 어떻게 안정적으로 작동하고 있는가를 살펴보고자 한다. Chapter 4는 기민한 생산방식의 가장 핵심적 가치사슬인 제품개발조직에서 현대차의 기민함이 어떻게 실현되는가를 살핀다. Chapter 5에서는 기민한 생산방식의 가치사슬에서 생산 과정의 중요성이 상대적으로 감소한 것을 보여주고자 한다. 유연자동화와 그에 따른 숙련 성격의 변화를 설명한 후, 엔지니어들이 생산직 근로자의 저숙련을 보완하기 위해 어떤 역할을 수행하는지를 보여준다. Chapter 6은 현대차와 부품업체 간의 관계에서 모듈화가 진전되면서 기민한 생산방식의 특징이 어떻게 나타나는지를 설명한다. 현대차에 납품하는 부품업체 관계의 성격을 모듈형으로 규정짓고, 모듈형 부품업체 관계가 어떻게 작동하는지를 보여준다. Chapter 7에서는 공급자 중심이었던 현대차의 생산관리가 어떻게 수요자 중심으로 전환했는지를 보여준다.

즉, 생산관리가 어떻게 정보화를 통해 수요지향적으로 진화했는지를 설명한다.

마지막으로 Part 3(Chapter 8)에서는 이렇게 정립된 현대차의 기민한 생산방식이 한국과 상이한 나라의 환경으로 어떻게 이전·확산되는지를 미국 현지공장의 사례를 통해 알아보려고 한다. 현대차의 생산방식이 기민함을 특징으로 하기 때문에 미국이라는 상이한 제도적 환경에서도 단기간에 성공할 수 있었다는 것을 설명할 것이다.

# 현대차 생산방식의 형성

기민함이라는 특징을 지닌 현대차 생산방식은 어떻게 만들어진 것일까? 기민한 생산방식은 현대차가 의도적으로 만든 것이 아니다. 현대차의 주역들이 린 생산방식을 도입하고자 노력하던 중에 한국 경제의 제도적 조건과 상호작용하면서 기민한 생산방식으로 진화한 것이다.

Part 1에서는 현대차 생산방식을 만들고 이끌어가는 주역들을 구체적으로 살펴볼 것이다. Chapter 1에서는 기업 거버넌스의 관점에서 현대차의 세 행위자, 즉 최고경영진, 주주, 근로자 간의 트릴레마가 어떻게 조화될 수 있었는지를 설명한다. 현대차는 최고경영진의 강력한 리더십을 통해 고도성장을 실현하면서 주주, 근로자와의 상반된 이해관계를 조화시킬 수 있었다.

Chapter 2에서는 최고경영진이 부여한 자율성으로 현대차 생산방식을 주도해온 엔지니어 집단의 숙련형성을 설명한다. 현대차 엔지니어들의 '프로젝트형 문제해결 능력'이 어떻게 형성되고 발전해왔는지, 엔지니어들은 왜 현대차에 헌신할 수밖에 없는지 그 이유를 찾아본다.

다음으로 현대차 생산방식이 유연하면서도 숙련절약적인 성격으로 발전할 수밖에 없었던 이유를 Chapter 3에서 알아본다. 노동의 역할이 부차화되는 '시스템 합리화'의 추세 속에서 대립적 노사관계를 지속해온 현대차의 생산방식이 어떻게 유연하면서도 숙련절약적인 성격으로 진화하게 되었는지를 설명한다.

# CHAPTER 1

# 기업 거버넌스와 기민함

## 1 │ 기업 거버넌스의 트릴레마

현대차 그룹은 1975년 최초의 고유모델인 포니 개발에 성공한 이후 전 차종에 걸쳐 고유모델을 개발, 대량생산하면서 고유한 생산방식을 발전시켰다. 그뿐 아니라 최근에는 해외 현지공장까지 포함해 연산 820만 대 규모의 글로벌 생산체제를 발전시켜왔다(한국자동차공업협회, 2015).

현대차의 고도성장을 이해하기 위해서는 먼저 기업 거버넌스(governance)를 이해할 필요가 있다. 기업 거버넌스란 특정 기업 내에서 정보가 처리되고 조정되는 방식을 지칭한다. 달리 말해서, 기업 거버넌스는 하나의 기업 내에서 이루어지는 행위자들 간 상호작용과 의사결정의 방식을 의미한다(Hufty, 2011: 403).

경제학에서 기업 거버넌스는 주주와 경영진 간의 상호작용과 의사결정 방식을 지칭하는 것으로 알려져 왔다. 그러나 여기서는 기업 거버넌스의 개념을 확장하여 상층의 행위자들에만 국한하지 않고 경영진과

그림 1-1

## 현대자동차 그룹의 순환 출자구조(2012년 4월 12일, 단위: %)

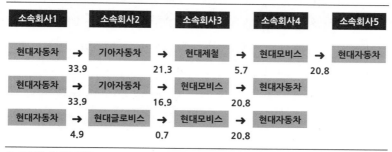

주: 보통주+우선주 기준.
자료: 공정거래위원회(2013) 수정·보완.

주주, 근로자 상호 간의 다원적 정보처리와 의사결정 방식을 지칭하는 것으로 사용하고자 한다. 아오키 마사히코(Aoki, 2010: 33)도 경영진과 근로자를 포함한 다중의 행위자로 구성되는 거버넌스 개념을 제시하고 있다.

현대차의 거버넌스는 주주와 경영진 간의 단순한 관계로 설명할 수 없는 독특한 특징을 보인다. 주지하는 바와 같이 현대차는 현대차 그룹의 주력 기업이다. 현대차 그룹의 계열사들은 현대차와 기아차에 수직 계열화되어 있다. 현대차 그룹은 법적으로 분리된 계열사들을 통해 거래 비용을 줄이는 준내부화의 이점을 최대한 활용하고 있다.

현대차의 최고경영진, 즉 총수(chairman)는 그룹 계열사들 간의 순환 출자 구조를 통해 강력한 리더십을 행사하고 있다(〈그림 1-1〉). 현대차 그룹의 회장은 모비스의 6.96%, 현대차의 5.17%밖에 소유하지 않고 있지만, 순환출자 구조를 통해 그룹 전체를 지배한다(≪조선일보≫, 2014.2.13). 이처럼 취약한 지분 구조에도, 그룹 회장에 취임한 이후의 성공적 경영 덕분에 총수의 지배력은 확고한 편이다.

    현대차 거버넌스의 특징은 소유와 경영이 분리되지 않은 상태에서 총수가 강력한 리더십을 발휘한다는 것이다. 총수는 경영 환경의 변화에 대응하여 기민하고 과감하게 의사결정을 할 수 있는 장점을 지니고 있다. 총수는 주주의 단기적 이익 실현을 목표로 하기보다, 기업 자체의 연구개발이나 설비투자 등 장기적 이익을 목표로 하는 특징을 보인다. 고도성장기에는 사내유보율이 높다고 하더라도 주주의 배당을 상당 정도 실현해주기 때문에 총수와 주주 간의 갈등이 표출되지 않는다. 그러나 성장이 둔화될 경우에는 주주의 이익을 실현해줄 수 없기 때문에 갈등이 표출될 수 있다.

    현대차 거버넌스의 또 다른 특징은 노조로 대표되는 근로자들의 요구가 강력하게 반영되고 있다는 것이다. 생산직 근로자뿐 아니라 대리 이하 사무직 근로자까지 조합원으로 참여하는 노조는 강력한 조직력에 기반을 두고 자신들의 이해관계, 즉 임금 인상과 고용안정을 실현한다. 고도성장기에는 근로자들의 요구가 상당 정도 실현되기 때문에 총수와 노조 간의 갈등이 드러나지 않는다. 그러나 마찬가지로 성장이 둔화될 경우에는 근로자들의 이익을 실현해줄 수 없기 때문에 갈등이 표출될 수 있다.

    따라서 현대차 거버넌스는 총수, 주주, 근로자라는 세 행위자가 공존하면서 서로 자신의 이해관계를 위해 갈등하고 조정하는 트릴레마의 구조를 보이고 있다(정준호·조형제, 2013). 〈그림 1-2〉는 현대차 거버넌스의 특징을 정리한 것이다.

    현대차의 트릴레마는 세 행위자가 추구하는 이해관계가 서로 다르기 때문에 조화를 이루기 쉽지 않다는 것을 보여준다. 그러나 현대차는 2000년대 이후 고도성장을 실현함으로써 예외적으로 트릴레마를 조화시킬 수 있었다. 이 기간의 고도성장에 힘입어 세 행위자의 이해관계가

그림 1-2
**현대자동차 거버넌스의 트릴레마**

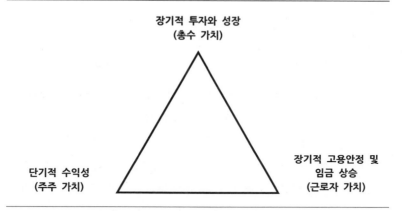

동시에 충족될 수 있었던 것이다. 이러한 고도성장은 기민한 생산방식의 경쟁우위를 통해 실현되었다고 볼 수 있다.

이 Chapter에서는 기업 거버넌스의 관점에서 현대차의 경영 지표를 분석하고, 이를 통해 기민한 생산방식이 어떻게 경쟁우위를 발휘하며 트릴레마를 조화시켰는지 설명하고자 한다.


## 2 ㅣ 기민함의 성과 지표

프롤로그에서 살펴본 바와 같이 2000년대 이후 현대차는 플랫폼 통합과 모듈화를 통해 본격적으로 기민한 생산방식을 정립하게 된다. 수요 변화에 대응하여 기민하게 다양한 제품을 개발하고 공급하는 능력을 갖추게 된 것이다. 로버트 부아예와 미카엘 프리세넷(Boyer and Freyssenet eds., 2000)에 따르면, 현대차의 이윤 전략은 '규모의 경제'와 '범위의 경제'를 동시에 추구한다는 점에서 '다양한 대량생산(volume and diversity)' 전략으로 개념화할 수 있다.[1]

현대차 생산방식의 기민함은 경험적 지표를 통해 확인된다. 현재 모델 고정에서 양산에 이르기까지 소요되는 현대차의 신제품 개발 기간은 평균 18개월로, 도요타, 폭스바겐 등과 거의 동일한 수준이다. 현대차는 신제품 개발 기간을 지속적으로 단축해왔다. 1990년대 중반까지는 제품 세그먼트별로 엔진과 변속기가 완전하게 준비되지 않아 이를 제품 개발과 병행해야 했기 때문에 제품개발 기간이 평균 32개월 정도 걸렸다. 2000년대 들어서는 22~23개월로 당겨졌고, 마침내 엔진과 변속기의 풀 라인업이 완료된 2011년에는 18개월로까지 줄이는 데 성공했다. 도요타 등 선진 완성차업체의 제품개발 기간과 동일한 수준이 된 것이다. 최근에는 제품개발 기간을 18개월에서 24개월까지 탄력적으로 조정하면서 시간이 좀 더 걸리더라도 완벽한 제품을 개발하기 위해 노력하고 있다(면담정리, 2014).

〈표 1-1〉에서 보는 바와 같이, 현대차 그룹은 현재 15개의 플랫폼을 기반으로 64개의 모델을 생산·판매하고 있다(IHS Global Insight, 2014). 이는 해외 공장에서 구 모델의 플랫폼을 사용하고 있는 것까지 포함한 것으로, 현대차의 기본 플랫폼은 현재 6개이다. 현대차는 기아차를 인수한 후에 플랫폼 수를 11개로 줄였고, 그 후 다시 6개로 줄였다. 기본 플랫폼은 경차, 소형차, 중대형차, 고급차, SUV(소형, 중대형)로 구분된다.

---

1    부아예와 프리세넷은 주요 완성차업체들의 이윤 전략 유형으로 '다양한 대량생산' 전략 외에도 '지속적인 저비용 추구(permanent search for lower costs)' 전략, '혁신과 유연성(innovation and flexibility)' 전략을 들고 있다. 각 이윤 전략의 대표적 완성차업체로는 각기 폭스바겐, 도요타, 혼다가 해당된다. 현대차는 폭스바겐과 동일하게 '다양한 대량생산' 이윤 전략을 추진하고 있는 셈이다.

표 1-1

**완성차업체의 플랫폼별 모델 수**

|  | 현대자동차 그룹 | 폭스바겐 그룹 | 도요타자동차 그룹 |
|---|---|---|---|
| **플랫폼 수** | 15개 | 20개 | 25개 |
| **모델 수** | 64개 | 74개 | 94개 |
| **기본 플랫폼** | 5개로 줄일 예정 | 4개로 줄일 예정 | 다양한 플랫폼 유지 |

주: 1) 연간 500대 이상 팔리는 모델들을 대상으로 파악함.
　　2) 상이한 플랫폼과 세그먼트에 기반을 두고 개발된 동일한 명칭의 모델은 별개 모델로 파악함.
자료: IHS Global Insight(2014).

앞으로 현대차는 SUV 플랫폼을 하나로 통합하여 기본 플랫폼을 5개로 줄일 예정이다(면담정리, 2014). 요컨대, 현대차는 플랫폼 공용화를 통해 다양한 모델을 기민하게 개발하고 있다.[2]

　이상에서 알 수 있는 바와 같이, 현대차 그룹은 플랫폼 통합을 적극적으로 추진하면서 다양한 모델을 기민하게 개발하여 대량으로 생산하는 '다양한 대량생산'의 이윤 전략을 추진하고 있다(면담정리, 2014).

# 3 | 경영 분석

　그럼, 경영 분석을 통해 기민한 생산방식에 기반을 둔 현대차 고도성장의 성과를 확인해보기로 하자. 현대차의 경영 분석은 1999년에서

---

[2]　참고로, 폭스바겐 그룹은 20개의 플랫폼을 기반으로 하여 74개의 모델을 생산·판매하고 있다. 이것은 스코다, 세아트 등 계열사들의 구형 플랫폼까지 포함한 것이다. 폭스바겐 그룹은 플랫폼 통합 전략을 더욱 강력하게 추진해 기본 플랫폼을 4개로까지 줄일 예정이라고 한다(IHS Global Insight, 2014). 도요타자동차 그룹은 25개의 플랫폼을 기반으로 하여 94개의 모델을 생산·판매하고 있다. 플랫폼 통합 전략을 적극적으로 추진하기보다는 지역 수요의 특성에 대응하여 다양한 플랫폼을 유지하고 있는 것이다.

그림 1-3
## 현대자동차의 설비자산회전율

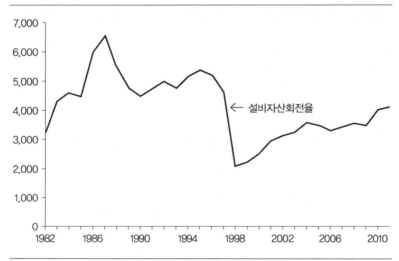

자료: 현대자동차 사업보고서(각 연도); 현대자동차 감사보고서(각 연도); 한국기업정보; 상장협 DB.

2011년까지는 현대차가 매년 발행한 사업보고서와 감사보고서의 자료를 대상으로 했고, 1999년 이전은 한국기업정보에서 제공하는 한국상장회사협의회 DB를 이용했다.[3]

〈그림 1-3〉을 보면, 현대차의 설비자산회전율은 외환위기 전후를 제외하고는 지속적으로 상승하고 있다. 이는 현대차의 설비자산이 효율적으로 운영됨으로써 매출 증가에 기여한다는 것을 의미한다. 그런데도 외환위기 이후 이 비율이 외환위기 이전 수준에 미치지 못하는 것은, 상

---

**3** 1998년 회계기준의 변화로 인해 지분법이 적용되어 변동이 발생한 것은 자료의 일관성을 위해 보정했다.

그림 1-4

**현대자동차의 설비 가동시간 추이**

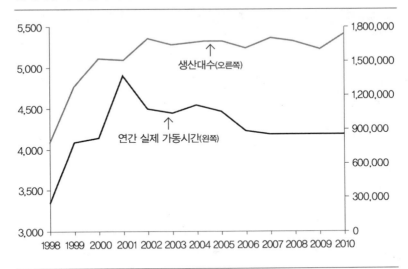

자료: 현대자동차 사업보고서(각 연도); 현대자동차 감사보고서(각 연도); 한국기업정보; 상장협 DB.

대적으로 많은 수의 모델을 생산하여 설비자산의 효율성이 떨어지기 때문인 것으로 해석된다. 즉, 외환위기 전에는 상대적으로 적은 수의 모델을 효율적으로 생산하던 데 비해, 외환위기 후에는 고객의 다양한 요구에 재빠르게 대응하여 다양한 모델을 생산하는 기민한 생산방식을 정립한 것을 간접적으로 보여준다.

현대차의 생산설비는 장시간 가동을 목표로 한다. 자동화를 위해 투자를 많이 했기 때문에, 투자비를 회수하고 이익을 많이 내기 위해서는 가동시간을 최대한으로 늘리는 것이 중요한 것이다(오재훤, 2012). 〈그림 1-4〉는 현대차 국내 공장들의 설비 가동시간 추이를 보여준다.[4] 여기서 주목할 것은 2000년대 이후 현대차의 연간 실제 가동시간이 지속

## 주요 완성차업체의 경영 성과(2013년 3월, 단위: 10억 달러)

| | 매출액 | 영업이익 | 시가총액 |
|---|---|---|---|
| 폭스바겐 | 254.0 | 28.6 | 94.4 |
| 도요타 | 224.5 | 3.4 | 167.2 |
| 르노·닛산 | 168.1 | 6.4 | 63.7 |
| GM | 152.3 | 6.2 | 38.5 |
| 벤츠 | 150.8 | 8.0 | 64.1 |
| 포드 | 134.3 | 5.7 | 51.8 |
| 현대차 그룹 | 117.0 | 11.0 | 61.3 |
| BMW | 98.8 | 6.6 | 60.0 |
| 혼다 | 96.0 | 2.6 | 72.4 |
| 푸조 | 73.1 | -6.6 | 3.0 |

자료: *Forbes*(2013).

적으로 감소하고 있다는 사실이다. 이전에는 매주 44시간 기준으로 가동하다가, 2003년부터 노동법 개정에 따라 매주 40시간 기준으로 가동하게 되면서 연간 실제 가동시간이 감소한 것이다.[5] 이처럼 공장 가동시간이 감소했음에도 불구하고, 생산대수가 완만하게나마 증가하는 것은 현대차의 생산성 향상이 지속적으로 이루어지는 것을 보여준다.

〈표 1-2〉는 최근 주요 완성차업체의 경영 성과를 보여주고 있다. 2013년 현재 현대차 그룹은 매출액 기준으로 세계 7위에 위치하고 있으나 영업이익 기준으로는 폭스바겐에 이어 2위, 시가총액 기준으로는 6

---

**4** 현대차는 매년 235일을 가동하면서, 평균 98%의 가동률을 보이고 있다. 1년 중 가동을 하지 않는 날은 공휴일, 설 및 추석 연휴 8일, 여름휴가 5일, 제헌절, 식목일, 노동절, 노조창립일과 주말이다.

**5** 물론 법정 근로시간이 감소했음에도 불구하고, 토요일 야간시간의 특근이 계속된 것은 가동시간을 극대화하기 위한 현대차의 노력이라고 할 수 있다.

그림 1-5

**현대자동차의 배당률과 배당수익률(단위: %)**

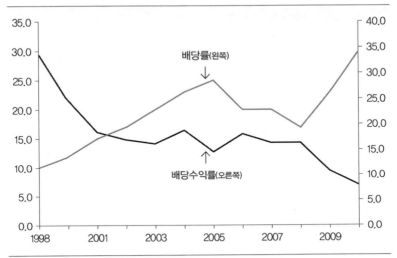

주: 보통주 기준.
자료: 현대자동차 사업보고서(각 연도); 현대자동차 감사보고서(각 연도); 한국기업정보; 상장협 DB.

위를 기록하고 있다. 이는 현대차 그룹이 매출 규모에 비해 내실 있는 경영 실적을 올리고 있음을 나타낸다. 현대차 그룹은 기민한 생산방식을 통해 획기적으로 수익성을 개선하여 선진 완성차업체의 반열에 들어서고 있다.

좀 더 구체적으로 현대차의 경영 성과를 분석해보기로 하자. 〈그림 1-5〉를 보면, 배당률[6]이 2000년대 중반을 제외하고는 지속적으로 상승하고 있다. 그러나 배당수익률[7]은 2000년대 들어 지속적으로 하락하여

---

**6** 주식의 액면가에 대한 배당금의 비율.
**7** 주당 배당금을 현재 주가로 나눈 값.

표 1-3

## 세계 자동차 주요 완성차업체의 TSR 비교(2010~2012년, 단위: %)

| 완성차업체 | 3년 | 1년 | 2013년 1분기 |
|---|---|---|---|
| 폭스바겐 | 108.0 | 19.7 | -12.6 |
| 현대차그룹 | 102.6 | -1.3 | -1.5 |
| BMW | 99.3 | -0.6 | -10.5 |
| 도요타 | 44.6 | 24.0 | 13.7 |
| 르노 | 39.5 | 23.1 | 16.7 |
| 다임러 AG | 25.9 | -5.2 | -0.4 |
| 닛산 | 24.4 | -4.5 | 5.7 |
| 혼다 | 20.3 | 4.5 | 6.3 |
| 포드 | 7.3 | 7.6 | 2.3 |
| SAIC | 7.2 | 3.6 | -15.8 |
| 스즈키 | 6.8 | -4.5 | -13.0 |
| 피아트 | -0.6 | -9.6 | 6.2 |
| 푸조 | -70.7 | -55.1 | 0.3 |
| GM | na | 8.5 | -3.5 |

주: TSR은 PwC가 만들어 Automotive News와 공동으로 발표한 지수임.
자료: Automotive News(2013).

현대차 주식을 보유할 경우 얻을 수 있는 상대적 수익률이 기대만큼 크지 않은 것을 나타낸다. 이는 사내유보금이 높게 유지되고 있다는 의미이다. 주주 가치가 총수 가치에 우선하여 실현되지 않고 있는 것이다. 최근의 한 연구는 외환위기 이후 주주들에 대한 현대차의 배당 성향이 하락하여 사내유보율은 높아지는 데 비해, 경영권은 자사주 취득을 통해 강화되고 있음을 보여주고 있다(이병천, 2012: 114~116). 그러나 이는 주주의 이익에도 부합되는 것이었다. 자사주 취득이 주가를 높여줌으로써 주주도 만족할 수 있었기 때문이다.

〈표 1-3〉은 주요 완성차업체들의 총주주수익률(Total Shareholder Return: TSR)을 비교한 것이다. TSR이란 배당수익과 주식평가이익을 합친

그림 1-6

**현대자동차의 노동장비율과 노동소득분배율**

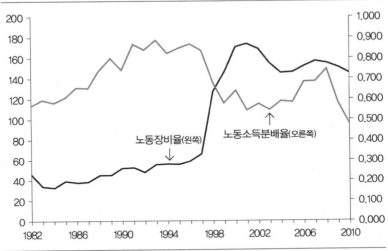

자료: 현대자동차 사업보고서(각 연도); 현대자동차 감사보고서(각 연도); 한국기업정보; 상장협 DB.

것으로 한 기업의 수익성을 평가하는 대표적 지표이다. 2010~2012년 3년간에 걸친 TSR에서 현대차는 2위로 폭스바겐 다음가는 실적을 나타내고 있다. 이는 이 기간 현대차의 경영 성과가 주주들의 이익에도 잘 부합되는 것이었음을 보여준다.

〈그림 1-6〉은 노동장비율[8]의 추세를 보여주는데, 2000년대 초반까지 노동장비율이 지속적으로 상승해온 것을 알 수 있다. 이는 현대차가 근로자들이 담당하는 노동의 중요성을 감소시키는 방향으로 지속적으로 자동화를 추진해왔다는 것을 의미한다. 달리 말하면, 현대차 엔지니

---

**8**   노동을 자본으로 대체하는 정도.

어들은 기술 혁신을 통해 생산방식의 숙련절약적 성격을 강화해온 것이다. 2000년대 초반 이후 노동장비율이 다소 둔화되는 것은 경영상의 이유 또는 노조의 반발로 자동화 투자를 줄였기 때문으로 해석된다. 그러나 노동장비율 지수 자체는 여전히 140%를 상회하고 있다.

한편, 노동소득분배율[9]은 1980년대 후반 노조 설립 후 급격히 상승하다가 외환위기를 전후하여 하락한다. 이는 외환위기 직후 대규모 고용조정이 있었기 때문이다. 그러나 대규모 고용조정은 노사관계의 대립적 성격을 강화시켰고, 노조의 요구가 강화됨으로써 2000년대 들어 다시 노동소득분배율의 상승을 가져온다. 이 비율이 2008년 이후 다시 하락하는 것은 이 기간에도 임금 인상이 지속된 것을 감안한다면 현대차의 고도성장에 따른 부가가치 증가 속도가 임금 인상에 비해 더 빨랐기 때문인 것으로 해석된다. 요컨대, 현대차는 노동을 자본으로 대체하는 숙련절약적 생산방식을 발전시켰음에도 불구하고, 고도성장을 통해 근로자의 요구를 충족시킬 수 있었다.


# 4 │ 현대차 트릴레마의 조화?

이상의 경영 분석을 통해 확인할 수 있는 것처럼, 2000년대 이후 현대차는 수요 변화에 기민하게 대응하여, 다양한 제품을 개발하고 생산하는 '다양한 대량생산'의 이윤 전략에 입각한 고도성장을 실현해왔다. 이는 기민한 생산방식의 경쟁우위를 확인해주는 것이다.

이 기간 현대차의 거버넌스는 고도성장을 통해 트릴레마의 조화를

---

**9**　부가가치에서 인건비가 차지하는 비율.

실현할 수 있었다. 주요 완성차업체들 중 최고 수준에 해당하는 TSR 지표는 현대차의 고도성장이 총수의 가치뿐 아니라 주주의 이익도 잘 실현하고 있다는 것을 확인해준다. 또한 노동소득분배율의 증가는 현대차 생산방식이 숙련절약적인 것이었음에도 불구하고 근로자의 이익 또한 만족시키는 것이었음을 보여준다. 노조의 저항이 다소의 변수가 되긴 하지만, 현대차의 고도성장 덕분에 노동소득분배율의 증가는 경영에 심각한 부담은 되지 않고 있다.

요약하면 2000년대 이후 현대차는 기민한 생산방식의 경쟁우위를 기반으로 하여 고도성장을 지속해왔다. 현대차의 거버넌스는 세 행위자 간의 이해관계가 기본적으로 상충되는 트릴레마에도 불구하고 전반적으로 조화를 실현하고 있다.

# CHAPTER 2

# 엔지니어, 현대차 생산방식을 만들다

## 1 | 현대차 생산방식과 엔지니어

Chapter 2에서는 2000년대 이후 현대차 고도성장의 원동력이 엔지니어들의 숙련형성에 있다는 가설을 제시하려 한다. 현대차의 고도성장을 기민한 생산방식을 주도해온 엔지니어들을 중심으로 설명하고자 하는 것이다. 엔지니어의 숙련형성 연구는 현대차 고도성장의 숨겨진 '블랙박스'를 밝혀내는 작업이라고 할 수 있다.

2000년대 이후 현대차 엔지니어의 숙련형성은 2000년대 이전과 무관하지 않다. 엔지니어들은 고유모델 전략을 선택한 1970년대 이후 숙련형성을 통해 현대차의 고도성장에 기여해왔다. 그러나 1990년대 말의 위기를 경과하면서 현대차는 선진 완성차업체와 구분되는 고유한 생산방식을 확립하게 된다. 2000년대 이후 현대차의 고도성장은 산업화 초기부터 형성되고 발전되어온 엔지니어들의 숙련이라는 자산에 힘입은 것이다.

일반적으로 현대차는 생산직 근로자들의 숙련을 활용하기보다, 숙련에 의존하지 않으면서 자동화와 정보화를 활용하는 생산방식을 발전시켜왔다고 알려져 있다(조형제·김철식, 2013b). 현대차 생산방식의 특징은 유연생산기술의 적용, 자동화, 그리고 현장 작업자의 기능적 유연성보다는 수량적 유연성 활용을 극대화하는 숙련절약적 작업조직으로 요약할 수 있다(김철식·조형제·정준호, 2011).

그러나 현대차가 아무리 자동화와 정보화를 활용한다고 하더라도 인적 자본의 역할에 대한 질문은 여전히 남는다. 현대차의 고도성장에서 인적 자본은 어떤 역할을 수행한 것인가? 고도성장의 내부 동력은 생산직 근로자들이 아닌 엔지니어들에 의해 마련되었다고 볼 수밖에 없다. 현대차 그룹의 최고경영진은 투자 등 핵심적 사안에서는 강력한 리더십을 발휘하면서도, 전문 영역에서는 엔지니어들에게 자율성을 부여함으로써 안정된 고용 조건하에서 소신껏 능력을 발휘하도록 지원했다. 현대차 엔지니어들은 실패하더라도 개인에게 책임을 묻지 않는 조직문화 속에서 적극적으로 선진 기술을 도입하고 소화하기 위해 노력해온 것이다.

필자는 생산직 근로자들의 저숙련에도 불구하고 엔지니어들이 고도의 기술적 숙련을 형성한 것이 현대차의 고유한 생산방식, 즉 기민한 생산방식을 정립하는 데 기여했다고 생각한다. 진화론적 관점에서 설명한다면, 엔지니어의 숙련이 2000년대 이후 현대차의 기민한 생산방식이라는 변이가 나타나는 데 작용했다고 보는 것이다.

이런 점에서 현대차 생산방식은 생산직 근로자의 숙련과 적극적 참여를 강조하는 린 생산방식과는 뚜렷하게 구분된다(Lee and Jo, 2007). 엔지니어의 기술적 숙련이 상대적으로 중요한 역할을 담당하고 있는 것이다. 이제 이런 맥락에서 2000년대 이후 현대차의 기민한 생산방식을 엔지니어들의 숙련형성에 초점을 맞춰 해명하고자 한다.

사전적 정의에 따르면 엔지니어는 기술적 문제를 해결하기 위해 과학적 지식을 적용하는 전문적 실무자이다. 구체적으로는 전문적 기술 업무를 담당하는 사무직 근로자를 의미한다. 생산직 근로자의 숙련이 '장인적 숙련(craftsmanship skill)'이라고 한다면, 엔지니어의 숙련은 '기술적 숙련(technological skill)'이라고 할 수 있다. 장인적 숙련이 경험에 의해 습득되는 능력이라고 한다면, 기술적 숙련은 과학적 지식의 응용에 기초한 노하우이다(Black, 1997).

그러나 숙련은 특정 직무를 수행하는 데 필요한 좁은 범위의 업무 능력만을 뜻하는 것이 아니다. 숙련은 다양한 직업, 그리고 이와 관련해 요구되는 취업 능력(employability)에 따라 다양한 요소로 구성된다. 로널드 매쿼이드와 콜린 린지(McQuaid and Lindsay, 2005)는 숙련의 구성 요소에 특정 직무 능력이나 자격증 등 직업특수적 숙련뿐 아니라 사회적 숙련을 포함한 다양한 능력을 포함시키고 있다.[1] 우리는 엔지니어의 숙련을 설명하기 위해 이와 같이 포괄적인 숙련 개념을 사용할 것이다.

현대차는 회사가 설립된 초창기부터 엔지니어를 중시하면서 이들의 숙련형성을 지속적으로 추구해왔다. 후발 주자로서 선진 완성차업체들을 추격하기 위해서는 엔지니어의 기술 능력 향상이 필요하다고 생각했기 때문이다. 현대차 엔지니어들은 신입사원 공채를 통해 현대차에 입사한 후 프로젝트를 수행하는 가운데 다양한 경험을 하면서 숙련을 발전시켜왔다. 회사 설립 초창기부터 형성되어온 이와 같은 엔지니어들

---

[1]  숙련의 구성 요소로는 직업특수적 숙련뿐 아니라 ① 문제해결 능력, 사고력, 적응력 등의 핵심적 숙련, ② 문서 작성, 작문 및 수리 능력, 발표 능력 등의 기본적 숙련, ③ 신뢰성, 책임감, 규율, 업무 태도 등의 사회적 숙련이 포함될 수 있다(McQuaid and Lindsay, 2005: 209~210).

의 숙련 자산은 2000년대 이후 현대차가 기민한 생산방식을 본격화하면
서 고도성장하는 데 결정적으로 기여했다.

현대차 엔지니어는 크게 연구직과 사무직으로 구분된다. Chapter
2에서는 엔지니어 중에서 연구직을 제외하고, 사무직에 소속된 생산 분
야 엔지니어에 초점을 맞출 것이다.[2] 제조업에서는 제품 기술도 중요하
지만, 그것을 효율적으로 대량생산하면서 고품질을 실현하는 생산 분야
의 기술이 더욱 중요하다고 생각하기 때문이다. 생산기술은 특정 제품
의 대량생산을 통해 생산성과 품질의 성과를 좌우한다는 점에서 제조업
경쟁력의 핵심 요소이다. 생산 분야의 엔지니어들은 생산기술, 공정기
술, 생산, 보전, 품질관리 등의 업무를 담당하고 있다.

국내외 학계에서 생산직 근로자에 대한 연구는 풍부하지만 사무직
근로자, 그중에서도 엔지니어를 사회과학적으로 분석한 연구는 드문 편
이다. 그런 의미로 현대차 엔지니어들이 선진 기술을 어떻게 학습했는
가를 설명한 암스덴의 연구는 선구적이다. 당시 현대차는 이미 품질관
리(Quality Control: QC), 적시생산(JIT), 직무교대 등 린 생산방식의 주요
요소들을 도입, 실행하고 있었다(암스덴, 1990: 188~198). 암스덴은 엔지니
어들의 역할을 강조함으로써 학문적으로 기여했지만, 암스덴의 연구는
이후 현대차가 지속적으로 발전한 것을 설명하기 어렵다. 현대차는 린
생산방식과 구분되는 생산방식을 발전시켰기 때문이다. 현대차 엔지니
어들은 생산직 근로자의 저숙련을 보완하는 고유한 생산방식을 주도적
으로 발전시켰다.

김인수(Kim, 2000)는 현대차가 외국의 기술을 도입, 학습하여 독자적

---

**2**    사무직 중에는 생산 분야의 엔지니어 외에 재경, 생산관리, 인사지원, 노무기획 등
간접 업무를 담당하는 관리자들도 있다.

으로 제품을 개발하는 과정을 '모방에서 혁신으로'라고 표현한다. 이 연구는 한국과 같은 개도국의 자동차산업이 어떻게 역동적으로 추격하는지를 기술 혁신의 관점에서 잘 설명하고 있다. 그러나 이 연구는 이러한 추격의 동력을 '교육 수준이 높고 근면한' 인적 자본에서 찾고 있을 뿐, 노사관계 등 행위자 간의 갈등에 대한 인식은 결여하고 있다. 또한 그는 추격의 주역으로 우수한 인적 자본만을 강조할 뿐, 엔지니어 집단에 대한 구체적 분석은 공백으로 남기고 있다. 그럼에도 그의 연구는 현대차의 독립적인 기술 능력 발전을 강조함으로써, 현대차의 엔지니어 주도 성장을 설명할 수 있는 이론적 근거를 제공해준다.

국내 대기업 엔지니어들의 숙련형성을 연구한 대표적 학자로는 정주연(정주연, 1999; Jeong, 1995)이 있다. 그는 국내 대기업이 높은 기술을 필요로 하지 않는 저가품 중심이고, 해외 의존적이기 때문에, 엔지니어들의 사내 교육훈련에 소극적이라고 주장한다. 또한 대학이나 정부의 교육훈련 기관도 산업 현장에서 필요로 하는 교육훈련을 제공하는 데 실패하고 있다고 본다. 그러나 이러한 시각은 엔지니어가 주도해온 현대차의 고도성장을 설명하는 데 한계가 있다. 현대차는 해외 기술을 도입·소화하여 고유모델을 개발하는 데 성공했을 뿐 아니라 지속적인 고부가가치화를 통해 기술 수준을 향상시켜왔기 때문이다. 현대차 엔지니어들은 고유한 방식으로 숙련형성을 하고 이를 통해 고도성장을 이끌어왔다. 선진국 기업들과 비교하여 국내 대기업의 열등함을 설명하는 정주연의 연구는 선진 완성차업체와 대등하게 경쟁하게 된 현대차 엔지니어의 숙련형성을 설명하는 데는 기여하는 바가 거의 없는 셈이다.

필자는 스미스와 메익신스(Smith and Meiksins, 1995)의 관점을 수용하여 현대차 엔지니어들의 숙련형성을 분석하고자 한다. 이들은 엔지니어들이 프레드릭 테일러(Frederick Taylor) 이후 다양한 생산방식의 혁신을 주도해왔지만 상대적으로 간과되었다고 하면서, 엔지니어가 경영진과 생산직 근로자 사이에서 모순적이면서도 독립적 역할을 수행한다고 주장한다. 이들은 나라별로 행위자들 간의 세력 관계에 따라 엔지니어들이 상이한 역할을 수행하는 것을 유형화하고 있다.

이 Chapter에서는 현대차 엔지니어의 숙련형성을 해명하기 위해 다음과 같은 연구 방법을 적용하고자 한다. 첫째, 엔지니어들의 숙련형성이 지닌 고유한 성격을 현대차의 역사적 발전 과정과 연결시켜 설명할 것이다. 현대차 그룹의 고유한 기업문화인 '현대 정신(Hyundaism)'의 핵심은 특정 프로젝트의 목표를 달성하기 위해 유연하게 효율적인 문제 해결 능력을 발휘하는 것이라고 할 수 있다(면담정리, 2013). 현대차에서 이러한 능력을 조직적으로 발휘하는 주역인 현대차 엔지니어들의 숙련이 어떻게 형성되고 발전된 것인지를 설명하고자 한다.

둘째, 현대차 엔지니어들의 헌신을 가능하게 한 제도적 요인이 무엇인지 알아볼 것이다. 달리 말해서, 현대차의 내부노동시장 조건이 어떻게 엔지니어들이 다른 직장으로 이직하지 않고 현대차 내부에서 숙련을 발휘하면서 헌신하도록 작용했는지 설명하고자 한다. 또한 현대차가 1990년대 말 이후 능력주의적 인사관리 제도를 도입하면서, 승진체계와 급여체계가 엔지니어들의 경쟁적 업무 수행을 어떻게 촉진했는지를 살펴보려고 한다.[3]

---

**3**  제조업 기업내부노동시장에 대한 많은 연구들은 주로 생산직 기업내부노동시장의 형성과 변화, 특징과 기능 등을 설명하는 데 초점을 맞추어왔다(정이환, 1992; 송호근, 1991; 정건화, 2003; 주무현, 2002). 반면, 제조업 엔지니어의 기업내부노동시장에 대해 주목한 연구는 거의 찾아볼 수 없다. 이 책에서는 현대차의 고도성장을 설명하는 데에 생산직보다는 엔지니어의 기업내부노동시장 발전이 더욱 중요한 요인이라고 본다.

그림 2-1

**분석틀: 현대자동차 생산방식과 엔지니어의 숙련형성**

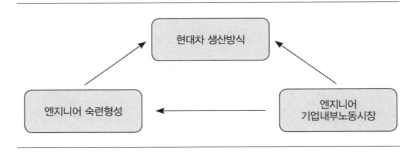

표 2-1

**현대자동차 엔지니어 면접조사 대상자**

|  | 직급 |
|---|---|
| **인사실** | 임원 1명, 부장 2명, 차장 1명 |
| **생산운영실** | 임원 1명, 차장 1명 |
| **생산기술센터** | 임원 1명, 부장 2명, 노조 대의원 1명 |
| **공장** | 임원 1명, 부장 1명, 차장 2명 |
| **품질운영팀** | 부장 1명 |

지금까지의 연구 방법을 요약한 분석틀이 〈그림 2-1〉이다.

이 Chapter에서는 질적 조사 방법과 양적 조사 방법을 함께 사용했다. 질적 조사로는 2013년 10월 4일부터 12월 6일에 걸쳐 현대차 울산공장의 엔지니어 관리를 담당하는 임원 4명과 중간 관리자 10명, 노조 대의원 1명을 대상으로 심층 면접을 실시했다. 주요 쟁점에 대해서는 여러 차례에 걸친 교차 면담을 진행하여 착오와 왜곡의 여지를 배제했다. 자세한 내용은 〈표 2-1〉과 같다.

양적 조사로는 현대차 울산공장 생산 엔지니어를 대상으로 2013년

표 2-2

**현대자동차 엔지니어 설문조사 표본(단위: 명, %)**

| 직급 | 모집단 | 비율 | 표본 | 비율 |
|---|---|---|---|---|
| 사원 | 816 | 21.4 | 45 | 23.8 |
| 대리 | 878 | 23.1 | 48 | 25.4 |
| 과장 | 1,055 | 27.7 | 44 | 23.3 |
| 차장 이상 | 1,059 | 27.8 | 52 | 27.5 |
| 합계 | 3,808 | 100.0 | 189 | 100.0 |

자료: 현대자동차 사내자료(2013); 현대자동차 설문조사(2013).

11월 25일부터 12월 6일까지 '완성차업체 엔지니어의 인적자원관리와 업무수행 연구'라는 제목의 설문조사를 실시했다. 설문은 ① 엔지니어의 교육훈련과 인적자원관리, ② 상사 및 동료관계, ③ 업무수행 및 정체성으로 구성되어 있다. 설문지는 울산공장 인사팀의 협조를 받아 울산공장에 근무하는 엔지니어들에게 300부를 배포했고 189부를 회수했다(회수율 63%). 〈표 2-2〉에서 볼 수 있는 바와 같이, 엔지니어 모집단의 비율에 따라 층화 표집을 했기 때문에, 모집단과 표본집단의 직급별 비율이 유사하게 나타나고 있다.

## 2 | 엔지니어 집단의 성장과 변화

현대차의 고도성장 과정에서 엔지니어 집단은 시기적으로 어떻게 변화되었는가? 〈그림 2-2〉는 1990년대 후반 이후 현대차 전체 사원 직군별 인원의 변화 추세를 보여주고 있다. 이 기간 현대차의 생산대수가 128만 대에서 191만 대로 대폭 증가한 것과는 대조적으로 전체 종업원 수는 4만 7174명에서 5만 8271명으로 증가하는 데 그치고 있다. 이 기

그림 2-2

**현대자동차 생산대수와 직군별 인원의 변화 추세**

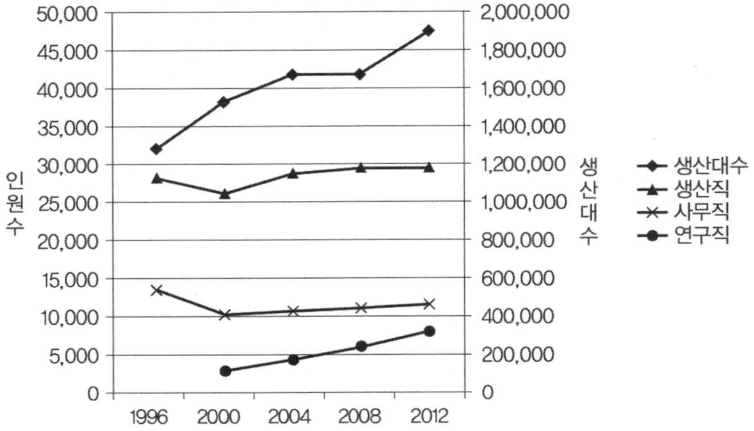


| | 1996 | 2000 | 2004 | 2008 | 2012 |
|---|---|---|---|---|---|
| **생산대수(천대)** | 1,282 | 1,525 | 1,674 | 1,674 | 1,905 |
| **생산직**1) | 28,324 | 26,141 | 28,990 | 29,751 | 29,490 |
| **사무직**2) | 13,565 | 10,325 | 10,705 | 11,158 | 11,606 |
| **연구직** | - | 2,909 | 4,322 | 6,065 | 8,240 |
| **총종업원수** | 47,174 | 48,874 | 53,335 | 55,976 | 58,271 |

주: 1) 현대차에서 생산직의 공식 명칭은 기술직임.
2) 현대차에서 사무직의 공식 명칭은 일반직임.
자료: 현대자동차 사내자료(2013).

간에 진행된 자동화와 외주화를 고려하더라도, 종업원 1인당 생산성이 지속적으로 높아지는 것을 알 수 있다. 직군별 구성을 보면 사무직과 생산직은 미세한 증가에 그치고 있는데 비해, 연구직은 3배 가까이 증가했다.[4] 이는 현대차가 연구개발 능력을 강화하고 있는 것을 보여준다.

표 2-3

**현대자동차 울산공장 사무관리직 중 엔지니어 비중(2013년 말, 단위: 명, %)**

| 구분 | | 5급 | 4급 | 대리[1] | 과장 | 차장 | 부장 | 합계 |
|---|---|---|---|---|---|---|---|---|
| 생산엔지니어 | 생산기술 | 5 | 288 | 272 | 222 | 199 | 73 | 1,049 (27.8) |
| | 생산 | 11 | 133 | 164 | 296 | 218 | 81 | 885 (23.5) |
| | 보전 | 2 | 25 | 31 | 35 | 21 | 8 | 120 (3.2) |
| | 품질관리 | 0 | 78 | 151 | 118 | 55 | 13 | 404 (10.7) |
| | 소계 | 18 | 524 | 618 | 671 | 493 | 175 | 2,458 (65.3) |
| 간접인원[2] | | 16 | 258 | 260 | 384 | 281 | 110 | 1,309 (34.7) |
| 사무관리직 총계 | | 34 | 782 | 878 | 1,055 | 774 | 285 | 3,767 (100.0) |

주: 1) 고졸 사무직 중에서 과장 승진을 원하지 않는 전임 포함.
　　2) 재경, 종합생산관리, 지원 등 간접 업무에 근무하는 사무직 근로자.
자료: 현대자동차 사내자료(2013).

　　사무직 직군 중에서 생산 엔지니어들의 내부 구성 변화에 주목할 필요가 있다. 사무직 직군 전체는 미세하게 증가하고 있지만, 그중에서 2000년대 후반 이후 생산기술 엔지니어 집단의 규모는 급속히 증가하고 있다. 생산기술 엔지니어의 인원도 2007~2008년까지는 1998년에 비해 거의 늘어나지 않았던 것이 사실이다. 그러나 해외 공장의 본격적인 건설에 따라 이를 지원하는 생산기술 엔지니어의 신규 충원이 지난 4~5년

**4** 연구직은 2000년 이전까지 사무직 직군에 포함되다가, 2000년부터 독립적인 직군으로 관리되고 있다. 현대차 기술 수준의 향상과 맞물려 연구개발 투자가 증가됨에 따라, 종업원 구성에서도 연구개발 엔지니어 집단의 규모가 뚜렷하게 성장하고 있다.

간 대규모로 이루어지고 있다(면담정리, 2013).

〈표 2-3〉은 2013년 말 현재 현대차 울산공장의 사무관리직 중에서 엔지니어들의 직종별, 직급별 인원 구성을 보여준다. 이 표는 현대차 고도성장을 사무관리직, 그중에서도 65.3%를 차지하는 생산 엔지니어들이 담당하고 있음을 알려준다.[5]


# 3 | 엔지니어의 숙련형성 과정

이 절에서는 현대차 엔지니어 집단의 숙련형성을 살펴본다. 2000년대 이후 현대차가 기민한 생산방식을 정립하는 데 엔지니어 집단의 숙련형성이 중요하게 기여했다고 생각하기 때문이다. 진화론적 관점에서 본다면, 엔지니어들의 숙련은 2000년대 이후 현대차가 기민한 생산방식이라는 변이를 형성하고 정립하는 데 작용했다. 이 절에서는 먼저 2000년대 이전 '프로젝트형 문제해결 능력'으로 집약되는 엔지니어의 숙련형성이 어떻게 이루어졌는지를 살펴본 후, 2000년대 이후 엔지니어의 숙련형성이 어떻게 발전하게 되는지를 살펴본다.

### 3.1 | 2000년대 이전: 프로젝트형 문제해결 능력의 형성

현대 그룹이 스스로 '현대 정신'이라고 지칭하는 창업자의 경영철학은 '도전적 실행'으로 집약할 수 있다(커크, 1995). 현대 정신은 다소 무모

---

[5]  이 기간 생산직에서는 사내하청 근로자의 비율이 20~30%까지 급증했기 때문에, 정규직의 인원 증가가 거의 없는 상태에서 생산대수의 증가를 감당할 수 있었던 것으로 보인다.

한 과제라고 할지라도 그룹 내 자원을 집중 동원하여 밀어붙이기식으로 문제해결을 추구하는 경향을 보인다. 그룹 차원의 자원 지원을 통해 문제해결 능력을 획득해가는 업무 추진 방식은 현대 그룹의 속성을 잘 나타내고 있다. 현대 그룹은 총수로의 권한 집중을 바탕으로 수직적이면서도 신속한 의사결정과 자원 동원 능력을 보여준다. 이는 경험과 학습을 통해 신속하게 기술 능력 발전을 이루어낼 수 있다는 장점을 지닌다(김철식·조형제·정준호, 2011). 어떻게 보면 다소 무모하기도 한 '도전적 실행' 정신은 현대 그룹이 산업화 초기에 건설업과 조선업에서 성공을 거두면서 그룹 계열사 전체의 조직 문화로 내면화된다.

1970년대 초 포드와의 합작에 실패한 현대차는 정부의 '장기자동차공업진흥계획'에 힘입어 최초의 고유모델인 포니를 개발하기 시작했다. 현대 그룹은 현대차에 계열사의 엔지니어들을 파견하고 경영 자원을 집중시키면서 포니 프로젝트를 지원했다. 현대건설과 현대조선의 성공을 경험한 엔지니어들은 현대차로 전출되어서 최초의 고유모델인 포니 프로젝트를 성공시키는 데 중요한 역할을 수행했다(Kim, 1998: 518~519). 이에 따라 현대차도 현대 그룹의 조직 문화를 공유하게 된다. 포니 프로젝트의 성공 이후 현대차가 국내 자동차산업 일인자 지위를 확립하면서, 엔지니어들은 도전적 실행과 그에 따른 조직 문화를 내면화했다(현대자동차, 1987).

현대차의 '도전적 실행' 정신을 조직적 차원에서 구체적으로 표현하면 '프로젝트형 문제해결 능력'이라고 할 수 있다. 다시 말해 현대차의 조직은 차급별로 일정 주기마다 교체되는 새 모델의 개발과 생산을 목표로 설정하고, 그 목표의 달성 과정에서 발생하는 문제를 해결하는 프로젝트형 조직이라는 특징이 있다. 현대차의 고유모델이 계속 성공한 데에는 엔지니어의 프로젝트형 문제해결 능력이 크게 작용했다. 현대차 엔지니어들은 자동차의 주요 기술을 외국에서 도입하고 신속하게 소화하여 고유모델 개발에 적용함으로써, 현대차가 경쟁우위를 획득하는 데 중추적 역할을 수행했다. 엔지니어의 사전 학습과 헌신적 참여는 프로젝트 성공의 가장 중요한 요인이었다.

현대차는 포니 프로젝트 성공 이후 주기적으로 반복된 고유모델의 개발과 양산 프로젝트를 통해 일단 목표가 설정되면 그 목표를 최선을 다해 달성하는 조직 문화를 발전시켜왔다. 여기에는 끊임없이 사내외의 위기의식을 조성하면서 종업원들에게 동기를 부여한 최고경영진의 리더십도 작용했다(Wright, Suh and Leggett, 2009).

> "현대차 조직 문화의 특징은 위기 시에 집중적으로 발휘되는 대처 능력에 있지요. 현대차 직원들은 일정한 목표가 부여되면 집단적으로 협력하면서 강력한 추진력을 발휘해 무슨 일이 있어도 그 목표를 달성하고야 맙니다"
> (면담정리, 2013).

산업화 초기 현대차 엔지니어의 숙련형성은 어떻게 이루어졌는가? 현대차 초창기에는 숙련된 엔지니어의 숫자가 충분하지 않은 상태에서 체계적 교육을 실시하기보다 무조건 업무를 맡기고 시행착오를 통해 숙련을 형성해가는 경우가 많았다. 이에 따라 프로젝트 목표가 설정되면 어떻게 해서라도 문제를 해결하여 목표를 달성하는 능력을 지닌 엔지니어들이 양성되었다.[6]

---

**6**  라우더·브라운·애쉬톤은 한국 기업의 특수적 숙련이 작동하기 위해서는 회사 구성원이 내부노동시장으로 진입하기 전 고도의 일반 교육이 요구된다는 것을 지적하고 있다(Lauder, Brown and Ashton, 2008: 22). 현대차 엔지니어의 기업특수적 숙련도 일정한 수준을 지닌 국내 대학 교육의 뒷받침 없이는 불가능했다고 할 수

"당시에는 공대 기계과나 관련 학과를 나오면 자동차 회사에 취직하는 게 당연하다고 생각했습니다. 입사 후 제품 개발과 생산에 매달리다 보니 여기까지 오게 되었네요. 프로젝트 목표가 일단 정해지면, 무슨 수를 써서라도 기한 내에 달성해야 했습니다. 그동안 겪은 고생은 이루 말할 수 없지만, 보람도 많이 느낍니다"(면담정리, 2012).

## 3.2 | 2000년대 이후: 숙련형성의 체계화와 내용 확대

산업화 초기에 형성된 현대차 엔지니어들의 숙련인 '프로젝트형 문제해결' 능력은 2000년대 이후 더욱 심화된다. 2000년대 이후 고도성장을 주도하기 위해 체계적인 숙련형성이 요구되었기 때문이다. 즉, 산업화 초기 프로젝트 수행을 통한 시행착오 과정에서 이루어진 현대차 엔지니어의 숙련형성은 2000년대 이후에는 좀 더 체계적인 숙련형성으로 전환된다.

2000년대 이후 현대차 엔지니어의 숙련형성을 구체적으로 살펴보기로 하자. 〈표 2-4〉를 보면, 현대차 엔지니어들은 입사 후 직급별로 받는 교육훈련을 통해 숙련을 향상시켜가고 있다. 현대차 그룹 차원에서 공채로 입사한 후에는 신입사원 교육을 받고 해당 부서로 발령을 받아 자신의 직무를 수행하는 데 필요한 직무 교육을 받는다. 신입사원이 현대차 그룹에 입사하면, 그룹 공통과 현대차 집체교육을 각기 2주와 3주, 총 5주 동안 받는다. 교육 내용은 현대차 역사와 현황, 핵심 가치, 자동

있다. 실제로 1970~1980년대 국내 유수 대학의 이공계 학과들은 현대차 등 자동차업체들에 기본 소양을 갖춘 양질의 인력을 공급하는 역할을 담당했다. 실제로 대학 교육을 통해 습득한 자연과학과 공학 분야의 이론적·경험적 지식들은 현대차 엔지니어들의 업무수행에 유용하게 작용한 것으로 판단된다.

표 2-4

## 현대자동차의 신입 엔지니어 교육훈련

| 교육 대상 | 교육 유형 | 내용 |
|---|---|---|
| 신입사원 | 그룹 공통 집체교육 2주 | 그룹 역사/현황, 핵심 가치 |
| | 현대차 집체교육 3주 | 현대차 역사/현황, 경영/브랜드 전략, 자동차 기초지식, 가치사슬 등 교육 |

자료: 면담정리(2014).

표 2-5

## 현대자동차의 재직자 엔지니어 교육훈련

| 교육 대상 | 교육 유형 | 내용 | |
|---|---|---|---|
| 승진 예비자 교육 | 사원 4년차 | 자동차 구조학 11시간(온라인 교육) | |
| | 대리 4년차 | 노동법 10시간(온라인 교육) | |
| 승진자 교육 (과장, 차장, 부장) | | 그룹 공통 직무 교육(Work, People, Business) 중 1개 과정을 본인이 선택하여 순차적으로 교육 3일 | |
| 과장, 차장, 부장 2~5년차 | | 개인 필요역량 과정 | 비전 및 방향 제시, 성과 관리, 솔선수범과 직원육성, 의사결정 등 부족한 것 보충 3일 |

자료: 면담정리(2014).

차 기초지식 등이다. 현대차의 조직 문화를 전수받는 것이다. 좀 더 본격적인 숙련형성은 이들이 해당 부서로 배치된 후 집중적인 직무 교육을 통해 이루어진다. 신입사원들은 생기, 품질 등 각 본부에 배치된 후 2~3주의 집체교육을 받고, 다시 해당 부서별 집체교육을 1~2주 받은 후에 현장 교육(On the Job Training: OJT)을 받게 된다.

재직 중인 엔지니어들의 교육훈련은 〈표 2-5〉와 같이 시행되고 있다. 승진 예비자에 대해서는 온라인으로 자동차 구조학과 노동법을 교육하고, 승진자들에 대해서는 직급별로 직무 교육 3개 과정 중 하나를 선택하여 3일씩 순차적으로 교육받도록 한다. 부장으로 승진할 때는 세

가지 직무 교육을 모두 받게 되는 셈이다. 그 외에도 직급별로 2~5년차의 엔지니어들은 역량 평가와 관련해 자신에게 부족한 점을 스스로 선택하여 보충 교육을 받도록 하고 있다. 연말의 역량 평가에서 항목별로 5등급(S, A, B, C, D) 중 B 이하를 받으면 다음 해에 해당 항목의 업무 능력을 보충하는 교육을 3일간 추가로 받는다(면담정리, 2013).

또한 현대차는 최근 엔지니어들의 직무 능력을 향상시키기 위해 일상적인 교육훈련을 강화하고 있다. 첫째, 특정 시점마다 필요성이 제기되는 특별 교육(예컨대, 창조적 사고)을 전 사원을 대상으로 하여 직급별로 일정 인원을 배정해서 실시하고 있다. 둘째, 매년 품질, 재무, 인사·노무, 마케팅 등의 직무 교육을 'ㅇㅇ아카데미'라는 이름으로 실시하고 있다. 사원, 대리급은 의무적으로 일주일, 그 이상 직급은 희망자 중에서 일정 인원을 배정해 실시한다. 셋째, 우수한 중간 관리자를 교육 대상으로 하여 4년간 연차 교육을 실시하고 있다. '글로벌 전문가 과정'이라는 명칭의 이 과정은 교육 성적과 인사고과에 따라 교육 대상이 부분적으로 교체된다(면담정리, 2013).

이처럼 2000년대 이후 현대차에서는 엔지니어들의 체계적인 숙련 형성이 이루어지고 있다. 그럼, 2000년대 이후 현대차 엔지니어들의 숙련형성에서 나타나는 특징을 살펴보기로 하자.

가장 중요한 것은 현대차 숙련형성의 핵심적 특징인 '프로젝트형 문제해결 능력'이 2000년대 이후에도 확인된다는 것이다. 〈표 2-6〉과 〈표 2-7〉은 현재까지도 현대차의 초기 단계 조직 문화가 지속되고 있음을 확인해준다. 현대차 엔지니어들은 현대차의 조직 문화에서 가장 두드러진 특징이 '프로젝트 목표 달성'이라고 압도적 비율로 응답하고 있다. 또한 가장 소속감을 느끼는 조직 단위에 대해서도 압도적 비율로 팀과 워킹 그룹이라고 응답하고 있다.

표 2-6
**현대자동차 조직 문화 중 가장 두드러진 특징**

|  | 빈도 | 비율 |
|---|---|---|
| 프로젝트 목표 달성 | 104 | 55.9 |
| 업무 자율성 | 20 | 10.8 |
| 동료 간의 유대감 | 35 | 18.8 |
| 합리적 의사결정 | 9 | 4.8 |
| 효율적 관리 능력 | 17 | 9.1 |
| 기타 | 1 | 0.5 |
| 합계 | 186 | 100.0 |

자료: 현대자동차 설문조사(2013).

표 2-7
**현대자동차 엔지니어들이 가장 소속감을 느끼는 조직 단위**

|  | 빈도 | 비율 |
|---|---|---|
| 팀(부서) 단위 | 104 | 54.5 |
| 워킹 그룹 단위 | 50 | 26.2 |
| 직군 단위 | 13 | 6.8 |
| 회사 단위 | 24 | 12.6 |
| 합계 | 191 | 100.0 |

자료: 현대자동차 설문조사(2013).

　　이와 같은 연속성에도 불구하고, 2000년대 이후 엔지니어의 숙련형성은 이전과는 구분되는 일정한 특징을 나타낸다. 그것은 '소통과 협력'의 필요성이다. 현대차는 회사의 핵심 가치를 구성원들에게 실현하고 전파하기 위해 팀별, 팀 간 세미나를 연 2회 실시한다. 또한 본부별로 팀 대표들의 발표회를 하고 매년 설문조사를 해서 핵심 가치의 실현 정도를 평가하고 있다(면담정리, 2015). 현대차 엔지니어들은 가장 중요시하는 회사의 핵심 가치로 소통과 협력을 1순위로 꼽는다(〈표 2-8〉). 2000년대 이전의 핵심 가치가 '도전적 실행'이었던 데 비해, 2000년대 이후에는

표 2-8

**가장 중요시하는 현대자동차의 핵심 가치**

| 핵심 가치 | 빈도 | 비율 |
|---|---|---|
| 고객 최우선 | 29 | 15.2 |
| 도전적 실행 | 26 | 13.6 |
| 소통과 협력 | 107 | 56.0 |
| 인재 존중 | 25 | 13.1 |
| 글로벌 지향 | 4 | 2.1 |
| 합계 | 191 | 100.0 |

자료: 현대자동차 설문조사(2013).


'소통과 협력'이 요구되는 것이다.

　　현대차는 기능적 하부 조직의 발언권이 강한 전통을 갖고 있다. 이는 후발 주자로서 선진 완성차업체들의 기술을 추격하는 가운데 기능적 조직의 전문성을 중요시한 결과로 보인다. 기능적 조직의 엔지니어는 완벽주의, 오류를 인정하지 않으려는 자부심, 고집 등으로 인해 자신이 속한 부서의 이해관계를 우선적으로 고려하는 경향이 있다(면담정리, 2014).

　　그러나 2000년대 들어 현대차가 기민한 생산방식을 정립함에 따라 기능적 조직 중심의 조직 문화를 변화시킬 필요성이 제기되고 있다. 이는 현대차의 기업 규모가 커지고 복잡해지면서, 기업 내 부서 간의 소통과 협력의 필요성이 커진 것이 중요한 이유인 것처럼 보인다. 또한 플랫폼 통합과 모듈화를 추진하면서 외주화가 진전되었고, 이에 따라 기업 외부와 소통·협력할 필요성도 커졌기 때문으로 보인다. 달리 말하면, 선진 기술을 모방하고 흡수하기 위해 강화되었던 수직적 동원체제와 부서 간 이기주의를 2000년대 이후에는 사회적 숙련, 즉 조직 내·외부 간의 소통과 협력을 통해 극복해야 하는 것이다. 앞의 〈표 2-5〉에서 볼 수 있는 직급별 2~5년차에서 이루어지는 개인 필요역량 과정 교육은 소통과

표 2-9
**현대자동차에서 습득한 지식이나 기술의 적용 범위**

| 적용 범위 | 빈도 | 비율 |
|---|---|---|
| 현재 회사에서만 유용하며 다른 회사에서는 쓰이지 않음 | 12 | 6.3 |
| 현재 회사가 속한 그룹 내의 계열사에서도 유용함 | 20 | 10.5 |
| 현재 회사와 같은 업종의 다른 회사에서도 유용함 | 98 | 51.3 |
| 업종과는 상관없이 같은 종류의 업무일 때에만 유용함 | 34 | 17.8 |
| 업종이나 업무의 제한없이 널리 유용함 | 24 | 12.6 |
| 현 직장에서 습득한 특별한 지식이나 기술이 없음 | 3 | 1.6 |
| 합계 | 191 | 100.0 |

자료: 현대자동차 설문조사(2013).


협력을 강화하기 위한 것으로 판단된다.

한편, 설문조사를 통해 새롭게 확인할 수 있는 것은 현대차 엔지니어들의 숙련은 기업특수적(firm specific)이라기보다는 산업특수적(industry specific)이라는 것이다. 기업특수적 숙련이란 기업 내에서만 통용되는 숙련이고, 산업특수적 숙련이란 산업 내에서 이전이 가능한 숙련이다 (Lauder, Brown and Ashton, 2008). 〈표 2-9〉는 현대차 엔지니어들은 자신들이 습득한 지식이나 기술의 적용 범위에 대해 ① 같은 업종의 다른 회사에서도 유용(industry specific) 51.3%, ② 같은 종류의 업무일 때에만 유용(job specific) 17.8%의 순서로 응답하고 있다. 대다수 엔지니어들의 숙련이 산업특수적 숙련인 것이다. 직무특수적인 것은 컴퓨터 시뮬레이션 등 업무의 전문성이 높은 일부 직무의 경우이다.

대단히 흥미로운 것은 현대차 엔지니어들 중에서 해외 공장까지 포함해서 파견, 전보 등 사내 타부서로의 인사발령 경험이 있는 비율이 41.3%를 차지한다는 사실이다(〈표 2-10〉). 이는 현대차 내부에서의 인사 교류가 활발함을 보여주는 것으로, 엔지니어들이 활발한 인사 교류를

표 2-10

## 사내 타부서(해외 공장 포함)로의 인사발령 경험

|  | 빈도 | 비율 |
|---|---|---|
| 없다 | 101 | 58.7 |
| 파견[1] 경험 있다 | 20 | 11.6 |
| 전보[2] 경험 있다 | 51 | 29.7 |
| 합계 | 172 | 100.0 |

주: 1) 파견은 현 부서의 소속을 유지하면서 임시로 타 부서에서 근무하는 형태를 가리킴.
  2) 전보는 현 부서에서 타 부서로 일정 기간 동안 소속을 옮겨 근무하는 형태를 가리킴.
자료: 현대자동차 설문조사(2013).


표 2-11

## 사내 타부서(해외 공장 포함)로의 인사발령 기간

|  | 빈도 | 비율 |
|---|---|---|
| 1년 이하 | 15 | 22.1 |
| 1년 초과~5년 이하 | 22 | 32.3 |
| 5년 초과 | 31 | 45.6 |
| 합계 | 68 | 100.0 |

자료: 현대자동차 설문조사(2013).


통해 폭넓은 업무 경험을 함으로써 광범위한 숙련을 형성하는 것을 확인해준다. 또한 인사발령 경험이 있는 사람들 중에서 파견 또는 전보의 기간을 보면 1년 이하가 22.1%를 차지하지만, 1~5년과 5년 초과도 각각 32.3%, 45.6%를 차지하는 것을 볼 때, 장기적인 인사 교류도 활발하게 이루어지는 것을 알 수 있다(〈표 2-11〉).

이상에서 살펴본 바와 같이, 현대차 엔지니어들은 국내 유수 대학의 이공계학과로부터 충원되어 '도전적 실행' 정신에 따라 프로젝트형 문제해결 능력을 발휘하면서 숙련을 향상시켜왔다. 산업화 초기 시행착오를 통해 획득해온 현대차 엔지니어들의 숙련은 2000년대 이후 사내 교육훈련을 통해 더욱 체계화되고 있다. 2000년대 이후 현대차 엔지니어들의 숙련은 '소통과 협력'의 가치를 추가적으로 요구받으면서, 폭넓은 업무 경험을 통해 광범위한 숙련을 형성해가고 있다.

## 4 │ 엔지니어의 기업내부노동시장

2000년대 이후 현대차의 고도성장은 엔지니어들의 체계적인 숙련 형성 덕분에 가능했다. 또한 이는 초기부터 형성되어온 엔지니어들의 숙련이 뒷받침되었기 때문에 가능했던 것이다. 그렇다면 엔지니어들이 현대차의 고도성장에 적극적으로 참여하여 헌신할 수 있도록 만들어준 요인은 무엇이었을까? 이 절에서는 2000년대 이후 강화되고 있는 현대차 엔지니어들의 기업내부노동시장에 주목하고자 한다.[7]

전술한 바와 같이, 현대차 엔지니어들의 숙련은 기업특수적이라기보다는 산업특수적 숙련에 가깝다. 그런데도 엔지니어들의 이직은 거의 발생하지 않는다. 이는 자동차산업 내에서 현대차 그룹이 차지하는 독점적 위상을 보여준다. 1990년대 중반까지 한국 자동차산업에는 현대차 이외에도 기아차와 대우차가 시장을 점유하며 경쟁하는 구도가 존재했다. 그러나 1990년대 말 자동차산업의 급속한 구조재편 과정을 거치면서 기아차를 인수한 현대차 그룹이 국내 완성차 시장을 실질적으로 독

---

**7**　여기서는 생산 엔지니어의 기업내부노동시장에 논의를 한정하고자 한다. 생산 엔지니어의 승진과 보상체계는 별도로 존재하지 않고 '일반직(대졸 사무직)' 사원의 승진과 보상체계의 적용을 동일하게 받는다. 한편, 연구개발 엔지니어의 충원과 신입사원 교육은 현대차 그룹 차원의 공채를 통해 생산 엔지니어와 동일하게 이루어지고 있는데도, 이들의 승진체계(연구원, 책임연구원)와 보상체계는 상이하다.

점하는 구조가 형성되었다. 현대차 그룹이 내수 시장의 65~75% 정도를 점유하는 독점적 지위에 있기 때문에, 엔지니어들이 다른 자동차업체로 직장을 옮길 인센티브가 발생하지 않는 것이다. 현대차 엔지니어들은 경쟁사에 비해 임금과 복지 수준이 워낙 높기 때문에 전직을 생각하기보다 회사 내의 경쟁과 승진에 전념한다. 직무특수적인 경우에도 현대차의 급여 수준이 워낙 높기 때문에, 타 업체로 전직하는 경우는 거의 없다고 한다(면담정리, 2013). 요컨대, 현대차의 숙련은 기술적으로는 산업특수적 성격이지만 실제로는 시장에서의 독점적 지위와 엔지니어 기업내부노동시장의 발전으로 인해 기업특수적 숙련으로 기능한다(면담정리, 2013).

2000년대 들어 현대차의 엔지니어 내부노동시장에는 커다란 변화가 발생했다. 능력주의적 인사관리 제도가 강조되고, 승진과 보상이 업무성과에 더욱 밀접히 연동되는 제도 변화가 나타나게 된 것이다. 이러한 요인들이 엔지니어 내부의 경쟁을 촉진하면서 숙련형성이 촉진되고 있다.

## 4.1 | 승진체계

현대차 엔지니어들의 숙련형성을 뒷받침하는 승진체계는 어떻게 작동하고 있는가? 먼저 현대차 엔지니어들이 포함된 대졸 사무직의 인사 시스템을 살펴보기로 하자.[8]

〈표 2-12〉는 현대차 대졸 사무직의 인사 시스템을 보여준다. 현대

---

**8** 1990년대 초 현대차는 종업원들의 체계적인 숙련형성을 위해 신인사제도를 적용하려 했으나 현실에 맞지 않아 포기한 적이 있다고 한다(면담정리, 2013).

표 2-12
**현대자동차 사무직의 직급별 승진체계**

| 직급 | 승진 기준 |
|------|-----------|
| 부장 | - |
| 차장 | 5년(250점) 역량 평가와 성과 평가(각기 5등급) |
| 과장 | 5년(250점) 역량 평가와 성과 평가(각기 5등급) |
| 대리 | 4년 인사평가(각기 5등급) |
| 사원 | 4년 인사평가(각기 5등급) |

자료: 현대자동차 사내자료(2013).

표 2-13

**현대자동차 사무직의 직책과 직급 분리**

| 직책 | 부서장(팀장) | 실장(팀장) | 사업부장(팀장) | 본부장(팀장) |
|------|------------|-----------|---------------|--------------|
| 직급 | 부장 | 이사, 이대 | 이사, 상무 | 부사장, 사장 |

자료: 현대자동차 사내자료(2013).

차에서 대졸 신입사원은 4급 사원에서부터 출발하여 대리, 과장, 차장, 부장의 직무사다리를 거쳐 승진한다. 한 직급에서 상위 직급으로 승진하기 위해 요구되는 승진 기준 연수는 각 직급별로 4년, 4년, 5년, 5년이다. 그러나 시간이 흐른다고 해서 자동으로 승진하는 것은 아니다. 과장 이상 간부 사원은 매년 팀장의 인사고과를 통해 부여받은 역량 평가와 성과 평가 점수를 합산하여 일정 점수에 도달했을 때 승진 심사를 받을 수 있다. 여기서 역량 평가와 성과 평가는 동일한 비중을 차지하는데, 각기 5등급(S, A, B, C, D)으로 평가가 이루어진다. 역량 평가는 회사의 핵심 가치, 직무 역량, 리더십이 기준이며, 성과 평가는 본인이 팀장과 협의하여 설정한 목표를 달성한 정도에 따라 이루어진다.

인사고과의 결과에 따라 등급별로 상이한 승진 점수(100, 75, 50, 30, 10)를 받게 된다. B등급 이상의 점수를 계속 받으면, 기준 연도보다 빨리 승진 대상이 될 수 있다. 그러나 승진 점수를 모두 충족했다고 해서 자동으로 승진하는 것은 아니다. 매년 해당 직급에서 승진 가능한 사람의 숫자가 다르기 때문에, 승진 대상자들 중 일정 비율만이 심사를 통해 승진하게 되는 것이다.[9] 동일 직급 내에서 승진을 둘러싼 엔지니어들 간의 경쟁은 점차 치열해지고 있다(면담정리, 2013).

1998년에는 인사관리 제도의 중요한 전환이 있었다. 1980년대 중반에 대규모로 채용된 사무직의 인사 적체가 심각해짐에 따라, 기존의 위계서열적인 부·과제에서 팀제로 전환한 것이다. 이에 따라 직책과 직급도 분리하여 운영되고 있다. 모든 조직이 팀장(부서장)을 중심으로 구성될 뿐 아니라, 동일한 직급에 속하더라도 직책을 맡는 사람과 단순하게 팀원인 사람이 구분되는 것이다. 보통 직급상 부장이 담당하는 팀이 기본을 이루지만, 팀의 크기에 따라 임원이 담당하는 팀도 존재한다(〈표 2-13〉).

〈표 2-14〉를 통해 승진 전망에 대한 현대차 엔지니어들의 견해를 보면, 부정적 견해가 우세하다는 것을 알 수 있다. 흥미로운 것은 대리 이하 직급에서는 긍정적 견해가 우세한데, 과장 이상 직급에서는 부정적 견해가 우세해진다는 것이다. 전체적으로는 부정적 견해가 긍정적 견해보다 약간 더 높음에도 불구하고, 긍정적 견해 또한 상당 비율이 나와 승진 전망에 대한 양극화된 의견이 존재하는 것을 알 수 있다.

요약하면 현대차 엔지니어들은 직급이 올라갈수록 경쟁이 치열해지면서 승진 가능성에 대한 기대와 함께 불안감도 커진다고 할 수 있다.

---

[9]  사원과 대리는 승진 연한이 되면 매년 2번씩 받는 인사평가 점수에 의해 승진 심사를 받는다. 인사평가 점수는 과장급 이상과 동일하게 평가 항목에 따라 5등급으로 구분된다. 간부 사원에 비해서는 상대적으로 경쟁의 정도가 덜한 편이다.

표 2-14

## 현대자동차 엔지니어들의 직급별 승진 전망

|  | 대리 이하 | 과장 이상 | 전체 |
|---|---|---|---|
| 전혀 그렇지 않다 | 5 | 6 | 11 |
|  | 5.4% | 6.3% | 5.8% |
| 그렇지 않다 | 16 | 37 | 53 |
|  | 17.2% | 38.5% | 28.0% |
| 보통이다 | 38 | 28 | 66 |
|  | 40.9% | 29.2% | 34.9% |
| 그렇다 | 31 | 25 | 56 |
|  | 33.3% | 26.0% | 29.6% |
| 매우 그렇다 | 3 | 0 | 3 |
|  | 3.2% | 0.0% | 1.6% |
| 합계 | 93 | 96 | 189 |
|  | 100.0% | 100.0% | 100.0% |

주: p<0.01
자료: 현대자동차 설문조사(2013).


## 4.2 | 보상체계

업무에 대한 보상은 어떻게 이루어지고 있는가? 현대차는 1998년 팀제로 전환하는 것과 동시에 과장급 이상 직급의 사무직들에 대해 연봉제를 도입하여 실시하고 있다.[10] 〈표 2-15〉에서 보는 바와 같이 과장급 이상 사무직은 성과 평가의 결과 베이스업(base up) 임금 인상액[11]을

---

10 대리 이하의 사무직 사원은 노동조합의 조합원이기 때문에 단체협약에 의해 생산직 조합원과 동일한 연공적 급여체계인 호봉제의 적용을 받고 있다. 대리 이하의 사무직 사원이 연공적 급여를 받는다고 하더라도, 이들의 노력에 대한 차등적 보상 방법으로 승진, 상사의 인정과 후견, 교육훈련의 기회, 해외근무의 기회 등 여러 가지가 제공되고 있다.

표 2-15

## 현대자동차의 성과평가에 따른 연봉제 급여 체계

| | | 성과평가 결과 | | | | | 비고 |
|---|---|---|---|---|---|---|---|
| | | S등급 | A등급 | B등급 | C등급 | D등급 | |
| **기본급** | **기초급** | 450만 원[1] | 360만 원 | 300만 원 | 210만 원 | 0 | 생활<br>보장 |
| | **능력급** | 올해 기초급<br>기준 15%<br>67.5만 원 | 올해 기초급<br>기준 12%<br>43.2만 원 | 올해 기초급<br>기준 10%<br>30만 원 | 올해 기초급<br>기준 7%<br>14.7만 원 | 0 | 역량을<br>반영 |
| **업적급** | | 작년 기초급<br>기준 15% | 작년 기초급<br>기준 12% | 작년 기초급<br>기준 10% | 작년 기초급<br>기준 7% | 0 | 성과를<br>반영 |

주: 1) 급여 베이스업이 연간 300만 원일 경우 가중치를 적용하여 계산한 것임.
　　2) 개인별 임금 총액에서 기초급, 능력급, 업적급의 구성 비율은 각기 60%, 12%, 28%임.
자료: 현대자동차 사내자료(2013).


기준으로 임금 인상률을 차등적으로 적용받고 있다. 차등적 인상률을 적용하면 기초급의 인상분에서 S등급과 C등급 간에는 2배 이상의 차이가 날 뿐 아니라, 올해 기초급을 기준으로 차등적으로 적용하는 능력급과 작년 기본급을 기준으로 하여 적용되는 업적급까지 가중하여 적용될 경우 그 차이는 더 벌어지게 된다.

대리까지 호봉에 따라 동일하게 인상되었던 임금은 과장 진급 이후부터 역량 평가를 중심으로 한 인사고과의 차이에 따라 차이가 벌어지기 시작한다. 차등적 임금 인상이 수년간 지속될 경우 동일 직급 내의 급여 차이는 더욱 벌어질 수밖에 없다. 인사고과를 어떻게 받느냐에 따

---

**11** 베이스 업 임금 인상액은 그해의 노사 임금 협상 결과에 따른 임금 인상액에 물가 인상분 등을 고려하여 결정된다. 베이스 업 임금 인상액 외에 연말에 일괄 지급되는 성과급은 조합원 여부와 무관하게 사무직도 동일하게 집단적으로 적용받고 있다. 예컨대, 2013년의 임금협상 결과로 성과급을 기본급의 350%와 일시급 500만 원을 지급한다면, 조합원이 아닌 과장급 이상의 사무직도 동일하게 적용받게 된다.

표 2-16

## 회사가 개인의 업무 성과를 임금에 반영하는 정도

|  | 빈도 | 비율 |
|---|---|---|
| 전혀 그렇지 않다 | 6 | 3.2 |
| 그렇지 않다 | 23 | 12.1 |
| 보통이다 | 84 | 44.2 |
| 그렇다 | 70 | 36.8 |
| 매우 그렇다 | 7 | 3.7 |
| 합계 | 190 | 100.0 |

자료: 현대자동차 설문조사(2013).

표 2-17

## 회사가 팀이나 부서의 업무 성과를 임금에 반영하는 정도

|  | 빈도 | 비율 |
|---|---|---|
| 전혀 그렇지 않다 | 9 | 4.7 |
| 그렇지 않다 | 38 | 19.9 |
| 보통이다 | 90 | 47.1 |
| 그렇다 | 49 | 25.7 |
| 매우 그렇다 | 5 | 2.6 |
| 합계 | 191 | 100.0 |

자료: 현대자동차 설문조사(2013).

라 승진뿐 아니라 급여에서도 상당한 격차가 벌어지는 것이다. 이와 같은 능력주의적 연봉 체계는 엔지니어들의 역량과 성과에 상응하여 차등적 보상을 해준다는 의미를 가질 뿐 아니라, 동일한 부서 내 엔지니어들간의 경쟁을 촉진하는 제도적 요인으로 작용하고 있다(면담정리, 2013).

현대차 엔지니어들의 임금 및 복지에 대한 만족도는 대체로 높은 편이다. 〈표 2-16〉을 보면, 개인의 업무 성과를 임금에 반영하는 정도에 대해 대체적으로 긍정적 응답을 하고 있다.

표 2-18

**현대자동차 임금·복리 수준이 경쟁사보다 높은 정도**

|  | 빈도 | 비율 |
|---|---|---|
| 전혀 그렇지 않다 | 1 | 0.5 |
| 그렇지 않다 | 2 | 1.0 |
| 보통이다 | 32 | 16.8 |
| 그렇다 | 119 | 62.3 |
| 매우 그렇다 | 37 | 19.4 |
| 합계 | 191 | 100.0 |

자료: 현대자동차 설문조사(2013).

팀이나 부서의 업무 성과를 임금에 반영하는 정도는 긍정적 응답이 부정적 응답보다 조금 더 많지만, 개인의 업무 성과에 대한 긍정적 반영 비율보다는 많이 낮다(〈표 2-17〉). 이는 현대차의 급여 체계가 개인의 성과에 대한 차등적 보상 중심으로 설계되어 있음을 확인해준다.[12]

〈표 2-18〉을 보면 현대차 엔지니어들이 회사의 임금 및 복리 수준이 경쟁사에 비해 높다고 생각하는 비율이 압도적인 것을 알 수 있다. 현대차 엔지니어들의 임금 및 복리 수준이 높은 것은 타사로 전직하거나 이직하는 비율이 극히 낮은 데서 간접적으로 확인된다. 현대차의 자발적 이직률은 사실상 0에 가깝다(면담정리, 2013).

이상에서 살펴본 것처럼 현대차 엔지니어들의 숙련형성과 헌신은

[12] 이처럼 현대차 과장급 이상의 사무직에게 능력주의적 임금체계가 적용되고 있음에도 불구하고, 전자업체들에 비해서는 개인의 역량과 성과에 따른 격차가 상대적으로 심한 것이 아니라고 한다. 여기에는 두 가지 요인이 작용한다. 첫째는 노조의 영향력이 커서 개인별 격차를 확대하기 어렵기 때문이다. 둘째는 통합적이고 규모가 큰 자동차제품의 성격상 업무에서도 개인의 능력보다는 상호 협력이 요구되기 때문에 집단적 보상을 중요시한다는 것이다. 연말에 종업원 모두에게 일률적으로 지급되는 성과급이 대표적인 집단적 보상체계이다(면담정리, 2013).

내부노동시장의 승진과 보상체계에 의해 뒷받침되고 있다. 동종 타 회사로의 이직이 사실상 무의미한 상태에서 현대차 엔지니어들은 회사 내 상위 직급으로의 승진을 위해 경쟁할 수밖에 없다. 또한 임금·복리 수준에서 업무 성과에 대해 충분한 보상이 이루어지고 있기 때문에, 엔지니어들은 회사 내에서 좀 더 나은 업무 성과를 올리기 위해 노력할 수밖에 없다. 이런 점에서 볼 때 현대차에 형성된 내부노동시장은 엔지니어들의 적극적 참여와 헌신을 유도함으로써 현대차의 기술 능력 향상을 촉진하는 요인으로 작용하고 있다고 결론지을 수 있다.

## 5 | 엔지니어 숙련형성의 이론적 이해

이 Chapter에서는 현대차의 기민한 생산방식이 진화하는 과정에서 인적 자본, 즉 엔지니어가 수행한 역할을 해명하고자 했다. 현대차 엔지니어들이 어떻게 고도의 기술적 숙련을 형성하고 2000년대 이후 현대차의 기민한 생산방식의 정립에 기여해왔는지를 설명한 것이다. 진화론적 관점에서 볼 때, 현대차 엔지니어들의 숙련형성은 기민한 생산방식이라는 변이가 출현하고 정립되는 데 기여했다.

현대차 엔지니어들의 숙련형성은 이론적으로 어떻게 이해할 수 있는가? 여기서는 캐슬린 씰렌(Thelen, 2004)과 볼프강 슈트렉(Streeck, 2012)의 이론을 적용해보기로 하자.

먼저, 씰렌은 일반적 숙련(general skill)과 특수적 숙련(specific skill)을 구분하고, 이들 간의 관계가 대립적이라기보다 보완적일 수 있다고 주장한다. 예컨대, 대학의 이공계 교육을 중심으로 일반적 숙련이 잘 형성될 경우에는 입사 후의 기업특수적 숙련인 사내 교육훈련의 비용을 절

표 2-19

**일반적 숙련 대 특수적 숙련: 경제적 이전 가능성 vs 실질적 내용**

| | | 경제적 정의(노동시장 조건) | |
|---|---|---|---|
| | | 일반적: 이전 가능 | 특수적: 이전 불가능 |
| **실질적 내용** | **일반적: 광범위함** | - | 현대차 |
| | **특수적: 협소함** | - | - |

자료: Streeck(2012: 334).

감할 수 있고 그 역도 성립한다는 것이다(씰렌, 2011: 41~42).

썰렌의 이론을 적용할 때, 현대차 엔지니어들의 숙련은 국내의 이 공계 대학 교육을 통해 획득된 과학적 지식의 응용을 주된 업무로 한다는 점에서 일반적 숙련이 중요한 역할을 한다고 볼 수 있다. 그러나 실제로는 입사 후 신입사원 교육과 현장 교육을 통해 이루어지는 기업특수적 숙련이 좀 더 중요한 역할을 한다고 볼 수도 있다. 일반적 숙련과 특수적 숙련이 보완적으로 작용하고 있는 것이다. 또한 현대차 엔지니어들의 숙련은 기술적으로는 동일한 자동차업체에 통용되는 산업특수적 성격임에도 불구하고, 현대차 그룹의 독점적 위상과 내부노동시장의 발달로 인해 사실상 기업특수적 숙련으로 기능한다는 점에서 고유한 성격을 지닌다.

슈트렉은 일반적 숙련과 특수적 숙련의 구분을 이론적으로 심화시키고 있다(〈표 2-19〉). 즉, 슈트렉은 노동시장 조건에서 숙련의 이전 가능한 정도에 따라 일반적 숙련과 특수적 숙련을 구분할 수 있고, 숙련의 실질적 내용에 따라서도 구분할 수 있다고 본다. 노동시장의 조건에 따라 이전이 불가능한 특수적 숙련이라고 하더라도 실질적 내용의 범위에서는 광범위한 일반적 숙련인 경우도 가능하다는 것이다(Streeck, 2012).

슈트렉의 이론을 적용해볼 때, 현대차 엔지니어의 숙련은 국내 노동시장의 조건상 타사로의 이전이 거의 불가능하다고 할 수 있다. 현대차의 임금 조건과 사내 복지가 최고 수준이기 때문이다. 그럼에도 현대차 엔지니어 숙련의 실질적 내용은 입사 후 사내에서 활발한 인사 교류를 통해 폭넓게 형성·발전된다는 점에서 일반적 성격을 지닌다.

# CHAPTER 3

# 노사관계의 전환

## 1 | 생산방식과 노사관계

　　Chapter 3에서는 현대차 생산방식이 지닌 고유한 특징을 노사관계의 성격과 연관시켜 해명하고자 한다. 현대차에서는 1980년대 후반 노조가 설립된 이후 대립적 노사관계가 지속되어왔다. 현대차 노사가 상호 불신하는 가운데 노조는 거의 매년 파업을 하면서 생산 차질을 초래하고 있다.[1] 그럼에도 현대차가 주요 완성차업체와 대등하게 유연생산(flexible production)으로 이행하는 데 성공했고, 지속적으로 성장하고 있는 것은 어떻게 이해해야 할 것인가?

　　필자는 현대차 생산방식이 대립적 노사관계와 긴밀한 영향을 주고받으며 발전해왔다고 본다. 엔지니어 중심의 기술을 우선시하고 근로자

---

[1]　현대차 노조는 2006년에 공식적으로 산별 노조로 전환했지만, 실질적 단체협상권을 현대차 기업 지부가 유지한 채 조합원들의 경제적 이익을 추구한다는 점에서 기업별 노조의 성격을 유지하고 있다.

들의 참여보다는 통제를 중시하는 현대차의 경영 스타일은 회사에 대한 근로자들의 불신을 낳음으로써 대립적 노사관계를 양산하는 토양으로 작용했다. 한편, 대립적 노사관계는 다시 근로자들의 적극적 참여를 어렵게 만들면서, 엔지니어가 주도해 근로자들의 숙련을 우회하는 방식으로 현대차 생산방식이 진화하는 데 기여했다. 달리 말하면, 대립적 노사관계와 상호작용하는 가운데 현대차는 유연생산의 구체적 형태인 기민한 생산방식을 형성·발전시켜왔다.[2] 대립적 노사관계가 현대차가 기민한 생산방식으로 진화하는 데 중요한 제도적 조건으로 작용한 셈이다.

노사관계와 연관시켜볼 때 현대차 생산방식에는 구체적으로 어떤 특징이 있는가? 우리는 앞에서 소개한 바 있는 '시스템 합리화'론의 관점을 적용하고자 한다. 시스템 합리화란 개별 기업 차원을 넘어 기업 간 관계까지 포괄하는 가치사슬 전반에서 이루어지는 기업의 합리화를 지칭한다. 시스템 합리화론에서 기업은 '노동'보다 '기술'의 유연한 잠재력을 활용하는 것에 중점을 둔다(Sauer et al., 1992: 46~48). 현대차는 유연생산으로 이행하기 위해 시스템 합리화의 추세를 더욱 적극적으로 받아들였다. 대립적 노사관계로 인해 노동자들의 적극적 참여를 기대하기 어려웠기 때문에, 노동보다 기술의 잠재력을 활용하는 시스템 합리화를 본격적으로 추진한 것이다. 따라서 현대차 생산방식은 숙련절약적 작업조직을 중요한 특징으로 한다.

현대차의 대립적 노사관계가 모든 시기에 동일하게 지속된 것은 아니다. 현대차의 노사관계는 2000년을 전후하여 대립적 성격을 유지하면서도 실제로는 담합적 성격이 강화되는 방향으로 전환했다고 볼 수 있

---

2  대립적 노사관계의 역사적 형성에 대해서는 별도의 연구가 필요하다. 여기서는 대립적 노사관계의 형성 과정을 해명하는 대신 현대차의 대립적 노사관계를 주어진 현실로 전제하고, 그것이 생산방식에 미친 영향을 주로 설명하려고 한다.

다. 노사관계의 이와 같은 전환은 현대차가 생산 현장에서 작업자의 역할을 최소화하면서 안정적으로 기민한 생산방식을 정립하는 데 중요하게 작용했다.

## 2 | 유연생산과 노사관계

유연생산과 노사관계는 어떤 연관성을 지니고 있는가? 유연생산과 노사관계 간의 관계를 구체적으로 해명한 연구는 발견하기 힘들다. 통상적으로 유연생산에 조응하는 노사관계는 협력적 노사관계라고 여겨졌다. 협력적 노사관계하에서는 생산 현장에서 작업자들의 적극적 참여가 이루어지기 때문에 유연생산이 용이하다. 그러나 협력적 노사관계만이 유연생산을 가능하게 하는 것은 아니다. 생산에서의 유연성을 달성하는 방식이 어떠한가에 따라 노사관계는 달라질 수 있다. 즉, 유연생산의 특징에 따라 노사관계의 성격이 달라질 수 있는 것이다.

유연전문화론, 린 생산방식, 신생산개념론 등 유연생산을 이론화하는 많은 논의들에서 유연생산은 기술의 유연한 활용과 더불어 작업조직 측면에서 수직적 분업의 축소, 노동의 자율성 및 숙련 향상과 연관시켜 논의된다(Piore and Sabel, 1984; Womack, Jones and Roos, 1990; Kuhlmann and Schumann, 1997). 그러나 유연성이 반드시 노동의 재전문화, 숙련 향상을 통해서만 달성될 수 있는 것은 아니다. 반대로 유연성은 작업 과정의 표준화·단순화와 숙련절약을 통해 획득될 수도 있다. 이를테면 구상과 실행의 분리를 좀 더 극대화하여, 기획과 설계 등의 구상 단계에서 다양한 기술과 전문성을 적용하고 이를 기계에 체화시켜 작업 과정을 사전에 설정해두는 한편, 실행 단계, 즉 실질적 작업 과정은 표준화·단순화한다. 어떠한 작업도 수월하게 수행할 수 있도록 함으로써 상황 변화에 신속하고 유연하게 적응할 수 있는 것이다. '유연표준화(flexible standardization)'로 개념화할 수도 있는 이와 같은 방식에서는 노동의 숙련이나 전문적 능력 등은 그다지 중요한 요소가 아니며, 오히려 노동은 최대한 축소되어야 할 비용으로 주변화될 수 있다(김철식, 2011). 이렇게 노동을 배제하는 방식으로 유연생산이 전개되면 노사관계는 협력적이라기보다는 대립적이기 쉽다. 유연생산이 반드시 협력적 노사관계와 연결되는 것은 아닌 것이다.

이제 시스템 합리화의 관점에서 현대차가 유연생산으로 이행하는 과정에 경험한 노사관계의 전환을 파악하고자 한다. 앞에서 언급한 것처럼, 시스템 합리화론에서 기업은 '노동'보다 '기술'의 유연한 잠재력을 활용하는 것에 중점을 둔다. 자동화가 진행됨에 따라 현장 작업자가 소유했던 지식은 프로그램화되고 중앙집중적으로 관리할 수 있게 된다(Altmann, 1992). 이에 따라 생산 현장에서 노동에 종사하는 작업자의 역할은 상대적으로 축소되는 경향을 보인다. 그럼에도 이 Chapter에서는 노사관계가 생산방식의 특징을 형성하는 데 중요한 변수로 작용한다고 본다. 동일한 유연생산 기술이라고 하더라도 노사관계의 성격에 따라 작업자들의 숙련 수준과 참여 정도가 달라지기 때문이다. 시스템 합리화를 통해 노동의 비중이 축소된다고 하더라도, 노사관계의 성격에 따른 작업자들의 참여 방식은 특정 생산방식의 성격을 형성하는 데 중요한 영향을 미친다.

현대차 생산방식에 관한 대부분의 선행 연구는 현대차의 대립적 노사관계가 유연생산으로의 이행에 부정적 영향을 미치는 것으로 보고 있다. 조순경·이용숙(1990)은 유연생산의 요소가 부분적으로 도입되고 있지만, 국내 완성차업체들은 대립적 노사관계 때문에 대량생산의 틀을 벗어나지 못하고 있다고 파악한다. 이영희(1994)도 현대차 생산방식이 전형적인 테일러주의에 속한다고 보고 있다.

그러나 우리는 현대차 생산방식이 대량생산에 머물러 있지 않고 이미 유연생산으로 이행했다고 본다. 현대차에서는 엔지니어가 주도하는 가운데 기술의 잠재력을 극대화하는 방향으로 시스템 합리화가 이루어졌고, 노동은 주변화된 상태에서 소극적 역할만을 담당하고 있다. 이러한 특징을 지닌 현대차 생산방식은 대립적 노사관계에도 불구하고 이미 유연생산으로 이행했으며 고도성장을 실현해왔다.

한국 자동차산업이 유연생산으로 이행하고 있다고 긍정적으로 평가한 연구도 있다. 정승국(1995)은 한국 자동차산업이 유연생산으로 가는 과도기에 있다고 본다. 유연생산으로 이행하기 위해서는 능력주의적 임금체계 및 인사제도로의 개편이 요구되지만, 대립적 노사관계로 인해 좌절되고 있다고 주장한다. 주무현(1998) 또한 대립적 노사관계를 인정하면서도, 한국 자동차산업의 생산방식을 자본의 효율성과 합리화 노력 덕분에 대량생산과 유연생산이 '복합적으로' 결합된 것이라 판단한다.

그러나 현시점의 현대차 생산방식이 대립적 노사관계로 인해 유연생산으로 이행하는 과도기에 있다고 보기는 어렵다. 현대차의 기민한 생산방식은 '경로의존성(path dependence)'을 갖고 일정한 방향으로 진화해왔기 때문에, 그 자체로 이미 유연생산의 한 형태라고 이해할 필요가 있는 것이다. 달리 말하면 현대차의 기민한 생산방식은 선진 모델의 모방자가 아니라, 또 다른 선진 모델을 정립해야 할 혁신자로서의 위치에 도달해 있다. 그렇다고 해서 현대차의 기민한 생산방식이 규범적으로 이상적이라고 평가하는 것은 아니다. 현대차 생산방식의 문제점을 수정·보완해야 한다고 하더라도, 지금까지의 경로의존성을 고려할 필요가 있다고 보는 것이다.

요컨대, 우리는 현대차의 생산방식을 유연생산으로 이행한 생산방식의 고유한 형태로 파악하고자 한다. 대립적 노사관계는 현대차가 기민한 생산방식을 정립하는 데 작용한 중요 변수로 파악할 것이다.

우리는 신제도학파의 '결정적 국면(critical conjuncture)'이라는 개념을 노사관계의 성격 전환을 설명하기 위해 도입하려 한다.[3] 1990년대 말 대규모 고용조정에서 노사 간의 '완전고용보장 합의'에 이르는 시기는 현대차가 기민한 생산방식으로 이행하기 위해 극심한 갈등을 경험한 시기라고 할 수 있다. 이 시기에 대립적 노사관계가 일정한 성격 전환을 겪게 됨으로써, 현대차는 유연생산 기술과 그에 조응하는 숙련절약적 작업조직이 안정적으로 확립될 수 있는 계기를 마련하게 된다. 따라서 우리는 이 시기를 '결정적 국면'으로 규정하고자 한다.

유연자동화는 기술적으로 일정한 가능성을 제공하는 것일 뿐 작업조직의 성격까지 결정하지는 않는다. 유연자동화란 시장 수요의 변화에 따라 제품과 수량을 유연하게 변화시켜 생산할 수 있는 유연생산의 자동화를 지칭한다(조형제, 2005: 23). 유연자동화가 진전됨에 따라 작업조직은 '구상' 기능을 담당하는 소수의 엔지니어와 대다수의 탈숙련 노동자로 양극화될 수 있는가 하면, 노동자들이 유사한 직무들을 통합하고 나아가서는 엔지니어의 '구상' 기능까지 상당 부분 통합한 재숙련화를 실현할 수도 있다(Kuhlmann and Schumann, 1997: 291~298).

시스템 합리화의 추세 속에서 기술적 요소의 비중이 커지고 있지만, 우리는 노사관계의 성격이 기민한 생산방식을 정립하는 데 중요한 변수로 작용한다고 생각한다. 이제 '결정적 국면'이라는 개념을 활용하

---

**3** "경로의존적 균형은 급격한 변화에 의해 주기적으로 파괴되면서, 역사의 경로에 갑작스러운 굴곡을 만들어낸다. …… 안정기에는 구조가 중요하게 부각되고, 행위는 '결정적 국면'에서 위세를 떨친다"(씰렌, 2011: 66~67).

여 현대차의 경우 노사관계의 전환이 어떻게 기민한 생산방식을 정립하는 데 작용했는지를 설명할 것이다.

# 3 | 결정적 국면: 노사관계의 전환

현대차가 기민한 생산방식으로 정립하게 된 것은 유연생산기술의 발전과 대립적 노사관계라는 특수한 조건이 함께 작용한 결과라고 할 수 있다. 1998년 4월부터 8월까지 진행된 고용조정을 둘러싼 노사 갈등, 그리고 교체된 경영진과 노조 집행부가 '완전고용보장 합의'에 도달한 2000년 6월까지의 기간은 현대차 노사관계에 중요한 전환이 이루어진 '결정적 국면'이었다. 이 절에서는 이 시기에 나타난 노사관계의 성격 전환이 현대차 생산방식에 어떻게 영향을 미쳤는가를 살펴보기로 하자.

## 3.1 | 대립적 노사관계와 숙련형성

1987년 이전의 현대차는 표준화된 고유모델 제품을 대량생산하고 있었고, 노사관계는 권위적이었다. 현대차 노사관계가 본격적으로 대립적 성격을 갖게 된 것은 1987년 노조가 설립된 이후이다. 1990년대 들어 현대차가 세계 자동차산업의 시스템 합리화에 대응하여 유연생산으로 이행하는 데에 대립적 노사관계는 걸림돌로 작용했다.

〈표 3-1〉에서 보는 바와 같이 현대차에서는 1990년대 들어서도 1994년과 1997년을 제외하고는 매년 파업이 발생했다.[4] 협상 절차의

---

**4**    1997년에는 임금협상을 위한 파업은 없었지만, 노동법 개정을 요구하는 파업이 네

표 3-1
## 현대자동차 파업일수 추이(1992~1999년)

|        | 1992 | 1993 | 1994 | 1995 | 1996 | 1997 | 1998 | 1999 |
|--------|------|------|------|------|------|------|------|------|
| 전면파업일수 | 11 | 2 | 0 | 0 | 15 | 0 | 36 | 0 |
| 부분파업일수 | 27 | 27 | 0 | 3 | 5 | 0 | 0 | 15 |
| 잔업거부일수 | 0 | 0 | 0 | 0 | 0 | 0 | 0 | 0 |
| 휴업일수 | 10 | 0 | 0 | 5 | 0 | 0 | 0 | 0 |

자료: 현대자동차 사내자료(2012).

마지막 수단인 파업이 거의 매년 되풀이된다는 것은 노사 간의 불신이 얼마나 뿌리 깊은지를 잘 나타낸다. 특히 1992년에는 전면파업 11일, 부분파업 27일, 휴업 10일이나 되며, 대규모 고용조정이 이루어졌던 1998년에는 전면파업이 무려 36일에 이른다.

이미 노동대체적 자동화의 추세가 지배적이었지만, 현대차에서 작업자의 숙련을 체계적으로 형성하여 활용하고자 하는 시도가 없었던 것은 아니다. 1990년대 들어 현대차는 유연생산기술에 상응하는 유연작업조직을 도입하려는 목적으로 두 차례에 걸쳐 체계적인 숙련형성 시스템을 도입하고자 했다. 그러나 노사 간 뿌리 깊은 불신과 대립적 노사관계 때문에 그러한 시도는 좌절되고 말았다.

현대차는 첫 번째 시도로 1990년대 초 직제 개편을 통해 숙련형성을 체계적으로 추진하는 '직능자격제도'를 도입하고자 했다. 이 제도는 생산직 노동자들을 대상으로 현장교육과 집체교육(Off the Job Training: Off-JT)을 통해 단계적으로 숙련 수준을 향상시키면서 조반장, 기사로 승진하는 것을 주요 내용으로 했다. 그러나 조합원들 간의 개별 경쟁을 심

---

차례나 있었기 때문에, 실제로 파업이 없었던 것은 1994년 한 해에 불과하다.

화시키고 단결력을 약화시킬 수 있다는 노동조합의 반대로 이 제도의 도입은 좌절되었다. 노사 간의 불신이 제도의 도입을 가로막았던 것이다(조형제·이병훈, 2008: 245).

두 번째 시도는 외환위기 당시인 1997년에 진행되었다. 현대차는 가동률 저하로 여유인원이 급격히 늘어난 상태에서 여유인원에 대한 교육훈련을 통해 생산직 노동자들의 숙련을 향상시키려 했다. 그 핵심이 '기술교육경로(Training Road Map: TRM)' 프로그램이다. 이 프로그램은 직능자격제도의 연장선상에서 선배가 '암묵지(tacit knowledge)'의 형태로 갖고 있던 직무상의 지식을 '형식지(formal knowledge)'의 형태로 전환하여 후배에게 체계적으로 전수하는 것이 핵심적 내용이다. 이러한 시도는 외환위기로 가동률이 떨어진 상태에서 여유인원을 교육훈련에 투입할 조건이 마련되어 있다는 점에서 가능성이 큰 것처럼 보였다. 그러나 같은 해에 발생한 대규모 고용조정에서 비롯된 격렬한 노사 갈등과 최고 경영진의 교체로 좌절되고 말았다(조형제·이병훈, 2008: 245~246).

이렇게 두 차례의 숙련형성 시스템 도입 시도가 좌절되면서, 현대차는 현장 작업자의 숙련에 대한 의존을 최소화하는, 기술중심적·숙련절약적 생산방식을 본격적으로 발전시키게 된다.

숙련절약적 생산방식에서 작업 현장의 유연성은 작업자의 숙련을 활용하는 기능적 유연성이 아니라 저임금과 유연한 고용에 의존하는 수량적 유연성을 통해 획득될 수 있다. 그러나 대립적 노사관계(노사불신)와 강한 노조가 존재하는 조건에서 현대차는 수량적 유연성을 적극적으로 활용할 수 없었다. 이런 상황에서 1990년대 말과 2000년대 초 노사관계의 '결정적 국면'은 현대차가 필요로 하는 수량적 유연성을 본격화할 수 있는 계기를 마련해주었다. 이 '결정적 국면'은 현대차가 유연생산으로 이행하면서 숙련절약적 생산방식을 본격적으로 발전시킬 수 있는 하나의 전환점이 된 것이다.

## 3.2 │ 담합적 성격의 강화

1990년대 말 대규모 고용조정은 현대차 노사 간의 불신과 대립을 돌이킬 수 없는 것으로 만들었다. 외환위기로 가동률이 50%대로 떨어진 상태에서 경영진은 여유인력으로 산정된 1만 5000여 명이 넘는 생산직 노동자들을 일방적으로 정리해고하려고 했고, 노조는 이에 맞서 극단적으로 대립했다. 최종적인 정리해고자는 277명으로 최소화되었지만, 무급휴직자 1961명과 희망퇴직자까지 포함하면 고용조정된 종업원 규모가 1만여 명에 달했다. 정리해고자와 무급휴직자들은 경기회복 후 복직되었으나 대부분의 명예퇴직자는 복직되지 못했다(조형제, 2005).

고용조정은 외환위기로 초래된 경영난을 계기로 유연생산으로 이행하기 위해 노조를 무력화시키려 했던 회사 측의 공세였다고 할 수 있다. 그러나 노조의 전투적 저항에 의해 회사의 고용조정은 의도대로 관철되지 못했고, 노사 불신은 더욱 깊어졌다. 정리해고자와 무급휴직자들은 복직된 후 노조 활동을 주도하면서 현장 조직력을 복원시켰다.

1998년 고용조정의 경험은 이후 현대차에서 상시적인 고용 불안과 노사 불신의 '트라우마'로 작용하게 된다. 언젠가 자신도 고용조정 대상이 될지 모른다는 불확실한 미래 앞에서 노동자들은 지금의 자리에서 확보할 수 있는 가시적 이익에 집착하는 단기주의 성향을 보인다(김철식, 2011: 185). 회사에 대한 불신 속에서 노동자들은 노동조합의 조직력과 힘을 동원하여 자신의 고용 보장과 임금 인상을 추구하게 된다.

주목할 것은 2000년대 들어 현대차의 대립적 노사관계에 일정한 성격 전환이 발생한다는 사실이다. 2000년 6월에 이루어진 '완전고용보장 합의'는 조직력을 동원한 노동조합의 자기보호 노력이 사내하청 비정규직 증대를 통해 유연성과 비용 절감의 이익을 확보하려는 회사의 이해와 맞아떨어진 결과라고 할 수 있다. 완전고용보장 합의서의 주요 내용을 보면, 회사가 노조 조합원의 완전고용을 보장하고 있고, 그 대신에 노조가 사내하청 비정규직의 비율을 고용조정 이전의 수준인 16.9%로 허용하는 데 동의하고 있다. "노조의 비정규직 비율 합의는 정규직 고용유지를 위해 사내하청 노동자의 사용을 노조가 허용해준 결과가 되었다"(전국금속노조 현대자동차지부, 2009: 355).

완전고용보장 합의 이후 현대차의 노사관계는 대립적 외양과는 달리 실제로는 제3자로의 비용 전가를 전제로 한 상호 이익을 극대화하는 '담합(collusion)' 관계로 전환했다고 할 수 있다. 비정규직 증가는 현대차 노사 간 담합의 소산이다. 노조는 자신의 고용 보장과 임금 인상에 집중하면서 비정규직 증가를 묵인해주고, 회사는 정규직 노동자의 고용을 유지해주는 대신 내부적으로 사내하청 비정규직의 활용을 확대해나가고 외주화의 비중을 높여 모순을 외부로 전가함으로써, 높은 수익을 실현할 수 있게 된 것이다. 이와 같은 노사 담합은 비정규직으로 대체하는 것이 용이한 숙련절약적 작업조직에 의해 기술적으로 뒷받침되고 있다. 즉, 정규직의 탈숙련 노동이 비정규직으로 쉽게 대체될 수 있는 조건에서 노사 담합이 이루어진 것이다.

노사관계에서의 담합은 불확실성이 지속되는 상황에서 흔히 나타나는 행위 유형이다. 미래가 불확실하고 앞으로의 상황을 기약할 수 없을 때 행위자들은 현재 위치에서 확보할 수 있는 가시적 이익에 집착하는 단기주의 성향을 보인다. 그 과정은 기본적으로 노사 간의 불신과 대립을 전제하고 있다. 그런데도 제3의 희생양을 통한 부담 전가에 암묵적 동의가 이뤄지게 되면 노사 간의 담합이 형성되면서, 외양적 대립에도 불구하고 실리적 공모와 협력이 나타나게 된다(김철식, 2011: 184~185).

그렇다면 담합적 성격으로의 노사관계 전환은 현대차의 기민한 생산방식 발전에 어떤 영향을 미쳤는가? 전술했듯이 숙련절약적 생산방식에서 작업 현장의 유연성은 기능적 유연성보다는 수량적 유연성을 통해서 달성될 수 있다. 실제로 현대차는 구상과 실행의 분리를 극단화하고 현장 작업자의 숙련에 대한 의존을 최소화하여 별달리 숙련되지 않은 작업자도 쉽게 업무를 수행할 수 있도록 작업조직을 구성함으로써, 수량적 유연성을 용이하게 만드는 기술적 조건을 마련해왔다. 그러나 노조의 강력한 저항으로 인해 수량적 유연성을 본격적으로 구현하는 데는 한계를 노정할 수밖에 없었다. 이런 상황에서 노사관계의 담합은 기술적으로 가능했던 수량적 유연성을 실제로 구현하는 조건을 마련해주었다. 이제 노조의 묵인하에 회사가 비정규직 노동을 고용의 유연성과 임금비용 절감의 수단으로 적극 활용할 수 있게 된 것이다. 이런 점에서 노사관계의 성격 전환은 숙련절약적 작업조직을 특징으로 하는 현대차의 기민한 생산방식 정립에 중요한 계기로 작용했다고 할 수 있다.

현대차 노사관계의 담합적 성격은 '의례화된' 파업 관행을 통해서 쉽게 확인할 수 있다. 숙련절약적 생산방식으로 인해 숙련형성에 기반을 둔 교섭력을 지닐 수 없는 상태에서 현대차 노조는 투쟁을 통해 조합원들의 경제적 이익을 최대한 실현하는 '저항적 실리주의'(박태주, 2014)의 성격을 강화해가고 있다. 그 과정에서 이제 노사 갈등은 합의에 도달하기 위한 일종의 '게임 규칙'과 같은 성격을 지니게 된다.

〈그림 3-1〉은 현대차의 연간 생산대수와 파업손실시간의 추이를 함께 살펴본 것이다. 1998년의 외환위기를 제외하면 현대차의 생산대수는 지속적으로 증가한 것을 알 수 있다. 특히 2000년대 들어서는 해외 현지공장들이 가동을 시작함에 따라 국내 생산대수가 보합세를 보이다

그림 3-1
**현대자동차 연간 생산대수 및 파업손실시간 추이**

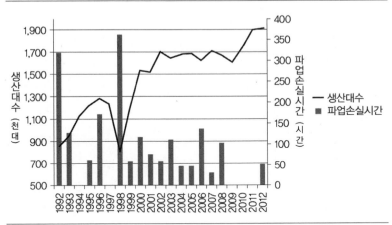

주: 파업손실시간은 전면파업 10시간, 부분파업 4시간, 잔업거부 2시간, 휴업 10시간으로 계산함.
자료: 윤기설(2012).

가 2008년의 글로벌 금융위기 이후 수출 증가 덕에 다시 급속히 성장하는 것을 알 수 있다. 놀라운 것은 1990년대의 일부 기간을 제외하고는 파업으로 인한 생산 차질이 생산대수 증가에 부정적 영향을 미치지 않고 있다는 사실이다. 1998년에는 외환위기 때문에 수요 자체가 절반 이하로 줄어들었던 것이기 때문에 파업으로 인한 생산 차질이라고 할 수 없다. 2000년대 들어서는 파업손실시간이 줄어드는 추세 속에서 생산대수는 지속적으로 증가하는 것을 볼 수 있다.

　이는 파업이 곧바로 생산 차질을 결과하지 않는다는 의미이다. 실제로 임금 및 단체협상이 타결된 후에는 주말 특근을 더 함으로써 생산 차질 물량을 만회하고 있다.[5] 이런 점에서 연례행사처럼 되풀이된 현대차의 파업은 경영의 아킬레스건이라기보다는, 오히려 조합원들의 이익

을 실현하는 수단이 되어 현대차의 성장에 부정적 영향을 미치지 않았던 셈이다.[6]

이상에서 살펴본 것처럼, 1990년대 말의 고용조정과 2000년대 초의 완전고용보장 합의는 현대차의 대립적 노사관계가 담합적 성격으로 전환하는 '결정적 국면'이었다. 유연생산에 조응하는 담합적 방식으로 현대차 노사관계의 성격 전환이 이루어진 것이다. 현대차는 체계적인 숙련형성의 시도가 좌절된 상태에서, 작업자들의 적극적 참여를 활용하는 것이 아니라 노동의 역할을 최소화하고 작업자들의 숙련형성에 의존하지 않는 기술 중심의 유연생산을 추진했다. 담합을 통한 노동의 분할과 순치가 이루어진 가운데 현대차는 기민한 생산방식을 본격적으로 정립하게 된다.

# 4 | 현대차 노사의 공생?

이 Chapter에서는 현대차의 기민한 생산방식이 지닌 특징을 노사관계의 성격과 연관시켜 해명하고자 했다. 현대차의 기민한 생산방식은 유연생산의 구체적 형태로서 파악할 수 있다. 시스템 합리화의 전반적 추세 속에서 대립적 노사관계는 현대차가 기민한 생산방식을 정립하는

---

**5**   임금 및 단체협상이 타결된 후에는 주말에도 작업자 1명당 월 5~6회 정도의 특근을 해서 생산 차질을 보충하고 있기 때문에, 실제 가동시간은 더욱 많은 셈이다.

**6**   실제로 주문을 했던 고객이 파업으로 제때 자동차 제품이 공급되지 않아 다른 회사의 제품을 구입하는 경우가 전혀 없지는 않다고 한다. 그러나 현대차 그룹은 내수시장에서 독점적 공급자이기 때문에, 그로 인한 차량 구입의 관행을 감안한다면 매출 손실의 타격은 거의 없다고 할 수 있다(면담정리, 2013).

데 중요한 촉진 요인으로 작용했다.

기민한 생산방식에 상응하는 노사관계가 협력적 노사관계인 것만은 아니다. 현대차는 대립적 노사관계에도 불구하고 2000년을 전후하여 기민한 생산방식을 정립하게 된다. 진화론적으로 설명하자면, 현대차의 기민한 생산방식이라는 변이는 결정적 국면에서 선택되어 일정한 관행으로 정립되었다.

이 시기에 현대차는 대립적 노사관계의 외연을 유지하면서도 실제로는 담합적 노사관계로 전환하면서 숙련절약적 작업조직을 발전시켰다. 노사관계의 이와 같은 전환은 현대차 생산 현장에서 작업자의 역할을 최소화하면서 안정적으로 기민한 생산방식을 정립하는 데 중요하게 작용했다. 회사의 고도성장과 노조의 고용안정이라는 이해관계가 함께 실현되기 위해 '적대적 공생' 관계가 성립한 것이다. 현대차의 기민한 생산방식은 상반된 이해관계를 지닌 노사의 공생 속에서 고도성장을 실현해간다.

# 2

## 현대차 생산방식의 가치사슬

Part 1에서 우리는 현대차의 기민한 생산방식 형성에 기여한 최고경영진, 엔지니어, 근로자라는 세 주역을 살펴보았다. Part 2에서는 이렇게 만들어진 생산방식이 어떻게 엔지니어 주도로 기민함을 발휘하면서 작동하는지 가치사슬별로 살펴보고자 한다. 앞에서도 언급했듯이 이 책에서 사용하는 '생산방식'이란 개념은 기업 활동의 가치사슬 중 일부인 생산 기능만을 지칭하는 것이 아니라, 가치사슬 전반의 성격을 지칭하는 패러다임적 의미이다.

Chapter 4에서는 현대차 생산방식의 가장 중요한 요소인 제품개발조직을 들여다본다. 이 제품개발조직은 매트릭스 조직이면서도 핵심 의사결정이 수직적 거버넌스에 의해 기민하게 이루어지는 특징이 있다. 제품개발조직 중에서도 파일럿 센터를 현대차 제품개발의 전형적 사례로 보고 분석한다.

Chapter 5를 통해 현대차 생산 과정의 특징을 구체적으로 알아본다. 유연자동화, 그리고 이와 결합된 근로자 숙련 성격의 변화를 살펴볼 것이다. 현대차의 유연생산기술이 어떻게 발전해왔고, 작업조직 속에서 근로자의 숙련이 어떻게 저활용되는지, 그 과정에서 엔지니어는 어떤 역할을 담당하는지를 보여준다.

Chapter 6에서는 현대차 생산방식의 공간적 확대인 모듈형 부품업체 관계를 살펴본다. 자동차산업은 통합적 아키텍처임에도 불구하고 어떻게 현대차는 모듈형 부품업체 관계로 전환하게 되었는지, 이것이 어떻게 작동되고 있는지를 보여준다. 모듈형 부품업체 관계는 현대차 생산방식이 기민함을 발휘하는 중심적 요소로 기능하고 있다.

Chapter 7은 현대차 엔지니어들이 가치사슬의 개별적 요소들을 통합적으로 관리하는 조직 능력을 어떻게 보여주고 있는지 생산관리에 초점을 맞춰 풀어간다. 현대차의 생산관리가 수요지향적으로 변화된 과정과 생산계획에 따라 기민한 부품 공급이 이루어지는 메커니즘을 살펴본다.

# CHAPTER 4

# 기민한 제품개발조직

## 1 │ 제품개발조직의 거버넌스

지금까지 기업조직 내부의 작동 메커니즘은 일종의 블랙박스로, 공학적 요인에 의해 결정되는 것으로 여겨졌다. 그러나 기업 내 조정방식의 차이가 경쟁 우위를 결정하는 주된 요인이라는 것이 점차 알려지고 있다. 정보가 기업 내에서 어떻게 처리되고 조정되는가에 따라 상이한 성과가 나올 수 있기 때문이다(Aoki, 2000: 22~23). Chapter 4에서는 다중적 거버넌스(Aoki, 2010: 33)의 관점에 입각하여 하부 조직 내부에서 이루어지는 중간 관리자와 엔지니어 간의 정보처리 방식뿐 아니라, 하부 조직 간의 갈등을 처리하는 상층 경영진과 중간 관리자 간의 정보처리 방식을 함께 다루고자 한다. 즉, 현대차 제품개발조직의 거버넌스가 지닌 특징을 설명하는 것이 이 Chapter의 목적이다.

현대차의 고도성장은 제조 영역의 효율성에 기반을 둔 린 생산방식과는 달리 제품기술의 우위에 기인하는 것이라는 주장이 제기되고 있다. 일례로 후지모토 다카히로(Fujimoto, 2006)는 한국 기업의 조직 능력이 재벌 시스템의 과감한 투자와 개방형 모듈 아키텍처에 있다고 주장한 바 있다. 자동차 제품은 '통합형' 아키텍처(integral architecture)를 기본 특징으로 한다. 즉, 자동차산업은 제품의 특성상 구조와 기능을 일대일로 연계하기 어렵기 때문에 제품개발 과정에서 복합적 조율을 필요로 한다(Ulrich, 1995: 422).[1] 그럼에도 현대차는 정보화를 통해 모듈적 성격을 강화해왔다. 이에 따라 제조 과정이 상대적으로 단순해지면서, 가치사슬에서 제품이 차지하는 비중이 상대적으로 커지고 있다.

Chapter 1을 통해 우리는 환경 변화에 기민하게 대응하여 다양한 제품을 개발·생산하는 현대차의 기민한 제품개발 능력을 확인한 바 있다. Chapter 4에서는 현대차의 제품개발조직이 어떤 거버넌스를 통해 기민하게 완성차 제품을 개발하는지를 살펴보고자 한다.

아오키 마사히코(Aoki, 2000)는 기업이 항상 합리적으로 효율적인 정보처리 방식을 선택하는 것은 아님을 강조한다. 기업 구성원은 '제한적 합리성(bounded rationality)'을 지닌 존재이기 때문에 모든 기업에서 정보가 항상 효율적으로 처리되고 조정되는 것은 아니라는 것이다. 따라서 제품개발 과정에서 조정과 통합을 달성하는 방법은 다양할 수 있다.

이런 맥락에서 여기서는 현대차의 제품개발조직에서 나타나는 기민함을 해명하고자 한다. 현대차는 주요 완성차업체들과는 구분되는 고유한 제품개발조직을 발전시키면서, 이를 바탕으로 세계시장에서 경쟁력을 발휘하고 있다. 현대차는 고유한 디자인의 다양한 모델을 개발하고 있으며, 디트로이트 모터쇼에서 제네시스와 아반떼가 '올해의 차'로

---

[1] 통합형 아키텍처는 수많은 부품들을 '섬세하고 치밀하게 상호 조정'해서 최적화해야 최종 제품이 충분한 기능을 발휘하게 되는 특징을 지닌다(Fujimoto, 2006).

선정되는 등 세계시장에서 호평을 받고 있다(≪동아오토≫, 2015.1.12).

현대차의 제품개발조직은 어떤 특징을 갖고 있는가? 현대차는 제품개발 과정에서 기능적 조직의 전문성이 강하다는 장점이 있지만, 조직 간 관계에서는 협력적 관계보다 경쟁적 관계가 부각된다. 이는 조직 간의 협력이 중요시되는 통합형 아키텍처의 자동차산업에서는 부정적으로 작용할 여지가 큰 것이 사실이다. 그러나 현대차는 조직 간의 경쟁과 갈등의 여지를 상층 경영진의 강력한 리더십에 입각한 수직적 정보처리 방식으로 조정하면서 고도의 성과를 발휘해왔다. 현대차 제품개발조직의 이러한 특징은 어떻게 설명될 수 있는가?

이 Chapter에서는 앞서 소개한 다중의 행위자로 구성되는 거버넌스 개념을 활용해 현대차 제품개발조직의 특징을 설명하고자 한다. 〈그림 4-1〉은 완성차업체 제품개발조직의 유형을 보여준다. 이 그림은 하부 조직 간의 관계, 거버넌스의 특징에 따라 제품개발조직을 네 가지 유형으로 분류하고 있다.

먼저, 조직 간 관계를 볼 때, 자동차 제품은 '통합형' 아키텍처를 기본 특징으로 하는 것을 고려할 필요가 있다. 따라서 이러한 제품을 개발하는 기능적 하부 조직 간의 관계는 상호 보완적일 수밖에 없다. 통합형 아키텍처에서는 제품개발 활동의 결과에 대한 불확실성이 크므로 설계 변경이 가능하도록 지속적인 피드백과 협력이 필요하다(Aoki, 2000: 39). 제품개발 과정에서 조직 간의 업무를 중복적으로 추진하는 '동시공학(concurrent engineering)' 기법이 강점을 발휘하는 것은 이런 맥락에서이다.

자동차 제품은 이처럼 기능과 구조 간의 복잡한 상호 조정과 통합을 필요로 한다는 점에서 통합적 아키텍처에 속하지만, 최근 주요 완성차업체들은 제품개발 과정에서 플랫폼 통합과 모듈화, 정보화를 진전시키고 있다. 플랫폼 통합과 모듈화에 따라 부품 표준화가 진전되고 정보

그림 4-1
**제품개발조직의 유형**

| | | 조직 간 관계 | |
|---|---|---|---|
| | | 상호 보완성 | 대체 가능성 |
| 거버넌스 | 수직적 정보처리 | 1유형 (GM) | 2유형 (현대자동차) |
| | 수평적 정보처리 | 3유형 (도요타) | 4유형 (폭스바겐) |

화에 따라 정보 공유와 처리 능력이 발전할수록 하부 조직 간에 긴밀하게 상호 협의하고 조정할 필요성이 줄어들면서 상호 보완성(complementarity)이 감소한다(Aoki, 2000: 41).

따라서 플랫폼 통합과 모듈화, 정보화를 어느 정도 적극적으로 수용하는가에 따라 완성차업체의 조직 간 관계는 '상호 보완성'의 정도가 높은 유형과 낮은 유형으로 구분된다. 즉, 플랫폼 통합과 모듈화, 정보화에 소극적이면 조직 간의 이질성이 여전히 높은 가운데 상호 보완성이 높고, 반대로 적극적이면 조직 간의 유사성이 높아지면서 상호 보완성이 낮을 수 있다.[2]

---

**2**  모듈화에 따라 하부 조직 간 거래의 단순화, 정보의 부호화와 표준화가 진전되면 하부 조직 사이의 암묵지 교환은 줄어들지만 조직 내부의 암묵지 교환은 복잡해지면서 모듈 조직의 블랙박스화가 진전된다(Gereffi, Humphrey and Sturgeon, 2005).

다음으로 완성차업체의 제품개발 거버넌스, 즉 행위자들 간의 정보처리 방식을 보면 전통적으로는 수직적 정보처리가 특징이다. 기존의 완성차업체들은 경영진에 정보처리 권한이 집중되면서 하위 조직에 과제가 분담되는 기능적 거버넌스를 통해 효율성을 실현해왔다. 그 대표적 사례가 테일러주의적 조직 원리에 입각한 포드주의이다.

그러나 수직적 정보처리와는 구분되는 상이한 정보처리 방식에 입각한 거버넌스 유형도 출현하고 있다. 새로운 거버넌스 유형의 완성차업체들은 경영진에 집중된 권한의 상당 부분이 중간 관리자, 엔지니어 등 하위 조직으로 분산되는 가운데 수평적 정보처리를 특징으로 한다. 즉, 일정한 규칙이 정해지면 하위 조직은 그에 입각하여 자신의 환경을 평가하는 가운데 스스로의 활동을 자율적으로 결정한다. 따라서 수평적 거버넌스에서는 정보처리의 분산화에 따른 유연한 의사결정이 가능해진다(Aoki, 2000: 30~31).

〈그림 4-1〉의 하부 조직 간 관계에서 상호 보완성의 높음과 낮음, 거버넌스의 수직적 정보처리와 수평적 정보처리를 결합시켜보면, 이념형적으로 제품개발조직의 네 가지 유형을 구분할 수 있다. 현대차의 제품개발조직은 조직 간 관계에서는 상호 보완성이 낮은 유형에 속하고, 거버넌스에서는 경영진에 권한이 집중되어 수직적 정보처리가 지배적인 유형, 즉 제2유형에 속한다. 현대차는 플랫폼 통합과 모듈화, 정보화를 적극적으로 진전시켜 하부 조직 간의 상호 보완성이 낮아지면서 경쟁적 성격이 강화되는 가운데, 거버넌스에서는 강력한 수직적 정보처리 방식을 통해 조직 간의 갈등을 조정하면서 제품개발을 추진하고 있는 것이다. 여기서는 이러한 특징을 지닌 현대차 제품개발조직이 어떻게 형성되었고, 어떻게 작동하는지를 해명하고자 한다.

현대차 제품개발조직의 거버넌스를 전반적으로 살펴보는 것뿐만 아니라, 그중에서도 '파일럿 생산(pilot production)' 단계를 담당하고 있는 '파일럿 센터(pilot center)'[3]의 사례를 상세하게 살펴보려 한다. 파일럿 생산이란 제품개발 과정의 일부분으로서 신제품 양산에 돌입하기 전 시점에 설계·제조상의 문제점을 점검하기 위해 이를 시험적으로 생산하는 단계를 지칭한다. 따라서 파일럿 생산을 담당하는 조직인 파일럿 센터의 성격을 통해 한 기업의 제품개발 과정의 특징을 집약적으로 파악할 수 있다.

2003년부터 현대차는 신제품의 파일럿 생산을 담당하기 위해 남양 연구소 구내에 연구소와는 독립된 조직인 대규모 파일럿 센터를 설립하여 운영해왔다. 주요 완성차업체들은 파일럿 생산을 기존 공장의 양산 라인에서 실시하기 때문에 독립적인 파일럿 센터가 존재하지 않거나 존재하더라도 소규모로 운영하고 있다. 이를 감안할 때 현대차의 파일럿 센터는 현대차 제품개발 과정의 고유한 특징을 보여주는 대표적 조직이라고 할 수 있다.

이 Chapter에서는 단일 사례 연구의 방법을 사용했다. 단일 사례 연구란 대표성을 가진 하나의 사례를 선택해 집중적으로 연구하는 것이다. 자동차 제품개발조직이 지닌 특성을 파악하기 위해 현대차를 단일 사례로 연구했으며, 특히 현대차의 제품개발조직 중에서도 그 특징이 뚜렷한 파일럿 센터를 자세하게 연구했다.

또한 사례 연구의 구체적 방법으로 질적 면접을 수행하여 제품개발 조직의 특성을 파악했다. 이를 위한 자료 생성 방법으로는 심층면접(in-depth interview)을 수행했다. 여기서는 현대차의 남양 연구소에 근무하는 현직 연구원, 그리고 퇴직 연구원 및 임원과의 심층면접(2014년 7월~2014

---

**3**   현대차에서는 '파이로트 센터'로 지칭한다.

년 12월) 결과를 활용했다. 동일한 피면담자들을 여러 차례 만나면서 심층적으로 면담을 진행했을 뿐 아니라, 다른 관계자들과의 면담을 통해 동일한 사항들을 교차 확인함으로써 면담 내용의 객관성과 정확도를 높였다. 특히 현직에서 은퇴한 고위 임원과의 면담은 면담 내용의 신뢰도를 높이는 데 크게 기여한 것으로 판단된다.

## 2 | 제품개발조직의 발전

### 2.1 | 제품개발 과정의 조직 간 관계

자동차산업의 신제품 개발에서 중요한 두 가지 원리는 '전문성(specialty)'과 '통합(integration)'이다. 섀시, 차체, 의장 등 기능적 서브 시스템의 기술적 전문성을 최대한 높이는 것과 동시에, 완제품으로서 차량 전체의 통합(일정관리, 원가, 상품성, 품질 등)을 종합적으로 고려하는 것이 요구되는 것이다. 예컨대, 파워 트레인 부서에서 엔진룸의 성능을 고려하면서 레이아웃을 설계할 때, 차체 설계 부서에서는 크기가 크다는 문제를 제기하고, 스타일링 부서에서는 모양이 안 좋다는 문제를 제기할 수 있다. 제품개발 과정에서는 이처럼 기능적 조직들 간의 상이한 요구를 조정(coordination)하고 통합하는 것이 필요하다(면담정리, 2014).[4]

제품개발조직은 구성원을 기준으로 할 때, 기능적 조직들과 특정 프로젝트팀이 서로 교차되는 매트릭스 조직을 기본으로 한다(쿠수마노·노

---

[4] 예를 들어 소나타는 대중적인 차이기 때문에 연비와 성능이 제일 중요하다. 반면에 에쿠스는 고급차이기 때문에 스타일링, 고급 내장을 우선에 두고 연비와 성능을 희생한다.

베오카, 1999: 64). 통합을 고려할 때는 기업 내부에서 서브 시스템 간의 통합을 고려하는 것만이 아니라, 최종적으로 시장에서 고객이 제품에 대해 느끼는 만족도까지 고려하지 않으면 안 된다. 즉, 내부적 통합뿐만 아니라 외부적 통합까지 요구되는 것이다(Clark and Fujimoto, 1991). 그러나 앞에서 언급한 것처럼 기업 구성원의 속성인 '제한적 합리성'을 감안할 때, 통합을 달성하는 방법은 다양할 수 있다.

현대차는 1970년대 초반 고유모델 '포니'를 개발하고 생산하면서 자체적인 연구개발을 시작했다. 현대차 기술 연구소는 1974년 울산에서 설립된 이후 연구개발 투자를 증가시키면서 선진 완성차업체를 본격적으로 '추격(catch-up)'하는 궤적을 밟아왔다. 1990년대 후반 현대차 기술 연구소는 울산에서 수도권으로 이전하게 된다. 기술 연구소는 엔진과 변속기의 독자 개발을 위해 1984년에 설립된 마북리 연구소와 통합하고, 2002년 남양으로의 이전을 완료했다. 현대차는 제조 기술부터 시작하여 독자적인 제품개발에 이르는 제품수명주기의 반대 순서로 독자적인 자동차 기술을 개발해왔다(Kim, 1998: 518~519).[5]

현대차의 제품개발 과정은 어떻게 이루어지고 있는가? 제품개발은 ① 선행기획, 상품기획 단계(본사) → ② 선행개발 단계(연구소) → ③ 제품개발 단계(연구소) → ④ 양산준비 단계(연구소)를 거치면서 이루어진다(현대자동차, 2005a). 제품개발 기간은 일반적으로 새 모델이 고정된 때부터 양산에 돌입할 때까지 소요되는 시간을 의미한다. 현대차가 기민함

---

5   현 수준에서 현대차의 기술 능력은 설계, 제조 등 기계공학 분야에서 선진 완성차 업체들과 대등한 수준에 도달한 것으로 평가된다. 메카트로닉스 분야에서는 아직 추격자의 위치에 있지만 ECU, 인젝션 펌프 등의 핵심 부품은 대성전기, 신창전기, 케피코 등 국내 중견기업과의 협력을 통해 조달하고, 핵심적인 비메모리 칩은 삼성전자, 독일 인피니온과의 공동개발을 통해 조달하고 있다(면담정리, 2014).

그림 4-2

## 현대자동차의 제품개발 과정

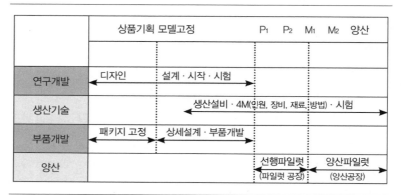

| | | 상품기획 모델고정 | | P₁ | P₂ | M₁ | M₂ | 양산 |
|---|---|---|---|---|---|---|---|---|
| 연구개발 | 디자인 ←→ | 설계 · 시작 · 시험 ←——————→ | | | | | | |
| 생산기술 | | | 생산설비 · 4M(인원, 장비, 재료, 방법) · 시험 ←——————————————————————————→ | | | | | |
| 부품개발 | 패키지 고정 ←→ | 상세설계 · 부품개발 ←——————→ | | | | | | |
| 양산 | | | | 선행파일럿 ←———→ (파일럿 공장) | | 양산파일럿 ←———→ (양산공장) | | |

자료: 현대자동차 사내자료(2008).

을 발휘하여 제품개발 기간을 단축하고 다양한 모델을 개발할 수 있었던 데는 플랫폼 통합과 모듈화, 선제적 문제해결 등이 주된 요인으로 작용했다. 이들 요인을 차례대로 살펴보기로 하자.

첫째, 2000년대 이후 현대차가 추진한 플랫폼 통합과 모듈화는 제품개발 기간을 단축하는 데 크게 기여했다. 현대차는 기아차를 인수한 후에 플랫폼 수를 11개로 줄였고, 그 후 다시 6개로 줄였다. 또한 모비스, 덕양산업, 한라공조 등 1차 부품업체와 협력하여 세 가지 주요 서브시스템(칵핏, 섀시, 프론트엔드)의 모듈화를 완료했다. 현대차의 모듈화 비율은 폭스바겐과 대등한 것으로 완성차업체 중 최고 수준이라고 한다(면담정리, 2014).

둘째, 선제적 문제해결은 '동시공학'이 구체화된 형태라고 할 수 있다. 동시공학이란 연구개발, 생산기술, 부품개발, 양산의 각 과정이 시기적으로 일정하게 겹치면서 병렬적으로 제품개발이 이루어지는 것으로 정의된다(〈그림 4-2〉). 개발자들이 제품개발 과정의 상류 공정(up-stream)에서 하류 공정(downstream)의 요구를 미리 고려하여 의사결정을 한다(Gerwin and Susman, 1996: 118)는 점에서, 동시공학이 구체화된 형태가 선제적 문제해결이라고 할 수 있다.

선제적 문제해결이란 문제의 발견과 해결을 제품개발 과정의 초기 단계로 앞당겨서 제품개발 성과를 향상시키는 전략으로 정의된다. 대표적으로 ① 이전 프로젝트들의 문제해결 경험을 새 프로젝트로 전수하는 방법, ② 문제 발견과 해결의 속도를 단축하기 위해 정보기술을 적용하는 방법을 사용한다(Thomke and Fujimoto, 2000: 132).

현대차는 2000년대 중반부터 제품개발 과정에 선제적 문제해결을 도입하여, 위의 두 가지 방법을 활용해왔다. 첫째로, 제품 세그먼트 별로 고유모델을 지속적으로 개발하면서 5~6번에 걸친 제품 사이클의 경험을 축적했다. 이러한 개발 경험의 축적은 새 프로젝트의 시행착오를 줄이는 데 필수적 역할을 수행한다. 둘째로, 제품개발 과정에서 다양한 정보기술을 활용하면서 실제 차량 제작에 소요되는 비용과 시간을 단축해왔다. 구체적으로는 새 모델의 엔지니어링 적합성을 평가하는 SEG(Studio Engineering Group), 3차원 CAD 설계인 카티아(CATIA), 양산 도면을 검토하는 CAE(Computer Aided Engineering), 선행 해석을 하는 CFD(Computer Fluid Dynamics), 가상의 예비 조립인 DPA(Digital Pre-Assembly) 등 다양한 프로그램을 활용하고 있다.

이상과 같은 제품개발 과정의 혁신을 통해 제품개발 과정에서 조직 간 관계는 상호 보완성이 높은 유형에서 낮은 유형으로 전환했다. 이전에는 제품개발 과정에서 수많은 부품을 섬세하게 상호 조정해서 최적화해야하기 때문에 기능적 조직의 관계가 상호 보완적이었다. 그러나 플랫폼 통합과 모듈화에 따라 부품 표준화가 진전되고 정보를 공유하고

처리하는 능력이 발전할수록 통합적 아키텍처가 단순화되면서 하부 조직 상호 간 긴밀하게 협의하고 조정할 필요성이 감소하게 된다. 즉, 하부 조직 간의 상호 보완성이 감소하는 것이다. 이처럼 하부 조직 간의 상호 보완성이 감소함에 따라 현대차의 조직 간 조정은 기술적으로 용이해지고 제품개발 기간도 단축되었다. 그러나 전통적으로 전문성이 강한 연구소의 하부 조직 간 경쟁은 더욱 증가하게 되었다.

## 2.2 | 수직적 정보처리의 거버넌스[6]

이처럼 기능적 조직의 전문성이 강한 현대차 연구소의 제품개발 과정에서 기능적 조직들 간의 상이한 요구를 조정하고 통합하기란 쉽지 않다. 현대차가 제품개발 과정에서 기능적 조직 간의 갈등을 조정하기 위해 어떤 노력을 해왔는지 조직적 측면에서 구체적으로 살펴보자.

현대차는 2012년 연구소의 조직 개편을 단행했다. 차종별로 흩어져 있던 연구개발조직을 자동차 시스템 단위별로 통폐합해 전문성을 갖춘 조직으로 재편한 것이다. 예컨대, 이전에는 차체 섀시 부서가 소형·중형·대형 차종으로 세분되어 있었지만, 개편 후에는 서브 시스템 단위인 섀시로 통합하여 현대차의 모든 차종에 들어가는 섀시를 통합 개발하게 되었다(《동아일보》, 2012.2.2).

이는 차종별로 흩어져 있던 엔지니어들의 개발 경험과 정보를 공유하기 위한 것이다. 그렇다고 해서 매트릭스 조직의 기본 원리가 포기되는 것은 아니다. 기능적 조직들과 특정 프로젝트팀이 교차되는 매트릭

---

**6**   이 항의 내용은 2014년 하반기에 필자가 실시한 현대차 관계자들과의 심층 면담정리 자료에 전적으로 의지하여 재구성했다.

스 조직의 성격은 지속적으로 유지된다(면담정리, 2014). 이와 같은 조직 개편 덕에 기능적 조직들의 기술적 전문성은 더 강화되었지만, 기능적 조직들 간의 조정과 통합을 담당하는 프로젝트 매니저(Project Manager: PM) 조직이 차량 전체를 조정·통합하는 것은 더 어려워지게 되었다.

현대차가 2013년 PM 조직을 독립적인 센터로 끌어올리며 연구소의 조직 개편을 다시 단행한 것은 이런 맥락에서이다. 현대차에서는 기능적 조직의 영향력이 강했기에 PM 조직이 기능적 조직들을 원활하게 조정할 수 있도록 PM 조직의 위상을 센터로 격상시킨 것이다. 기능적 조직들의 기술적 전문성이 강화되는 것은 바람직하지만, 차량 전체의 통합을 실현하고 제품개발 일정을 단축하기 위해 PM 조직의 강화가 요구되었기 때문이다.

〈그림 4-3〉은 2013년 조직 개편 이후 현대차 남양 연구소의 조직도를 보여주고 있다. PM센터는 신제품 개발의 일정관리, 원가관리, 품질, 상품성 등을 관장한다. 제품개발의 엔지니어링을 직접 수행하지는 않지만, 엔지니어링을 총괄한다.

PM센터는 조정 효과를 높이기 위해 매달 5차종의 '제품 전략 회의'를 개최하고 있다. 현대차가 한 해에 15개의 차종을 개발하기 때문에, 차종당 3개월마다 한 번씩 회의를 개최하는 셈이다. 이 회의에는 생산, 구매, 품질 등 각 분야의 책임자가 참석하여 일정, 예산, 재료비, 생산 준비, 생산 계획, 물류, 자재 등에 관한 차종별 진행 상황을 보고받고 조정 작업을 한다. 기능적 조직들의 이해관계 때문에 조정이 어려울 때는 연구개발 본부장이 최종적으로 결정을 내린다.

그러나 PM센터의 자율성이 완전하다고 보기는 어렵다. 도요타의 PM[7]이 상품기획, 제품개발, 영업, 재경 등 제품개발과 관련된 가치사슬 전체를 총괄하는 것에 비해, 현대차의 PM은 제품개발과 관련된 연구소

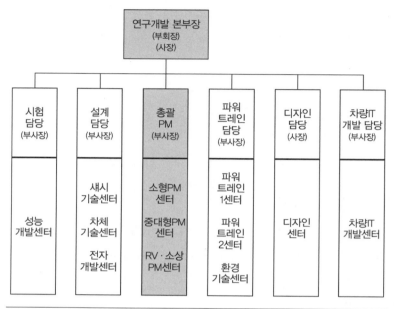

그림 4-3

## 현대자동차 남양연구소 조직도

자료: 디지털타임스(2013.1.22).

중심의 일정관리를 총괄한다. 다시 말하면, 상품기획과 영업, 재경은 현
대차 본사의 별도 조직들이 담당하고 있는 것이다. 이는 제품개발의 모
든 과정을 담당할 만큼 폭넓은 경력을 가진 임원이 현대차에 존재하지
않기 때문이기도 하지만, 다른 한편으로는 기능적 조직의 발언권이 큰
현대차 조직 문화의 특성을 반영하는 것이라고도 볼 수 있다. 즉, 제품
개발과 관련된 모든 가치사슬을 연구소 PM센터가 조정·통합하기 어렵

---

**7** 도요타의 PM은 주사(主査) 또는 CE(Chief Executive)라고 지칭되기도 한다.

기 때문에, 본사에 상품전략본부, 영업본부, 재경본부 등 별도의 본부 조직을 두고 본부들 간의 견제와 균형을 통해 효율적 제품개발을 추진하는 것이다. "제품개발 과정 전반을 연구소에 자율적으로 맡기기보다는 본사의 '시어머니 역할'이 필요하다"(면담정리, 2014).

예컨대, 상품전략본부에서 재원, 파워트레인, 상품성(디자인, 주행 능력, 안전) 등 신제품과 관련된 시장의 요구를 파악하여 반영하기를 요구하면, 연구소 PM센터는 대부분 수용하지만 10% 정도 수용하지 않는 경우가 있다. 대개의 경우는 원가 절감의 목표를 달성하기 어렵기 때문이다. 구체적인 예로, 소나타 신제품의 특정 부품 재료비를 130만 원에서 100만 원으로 낮추려고 하는데 원가 절감이 가능한지, 어떻게 절감해야 할지에 대해 관련 부서 간의 합의가 이루어지지 못할 때가 있다. 또 다른 예를 들면, 스타렉스 후속 제품의 시트를 구현하는 기술적 문제가 자율적으로 해결되지 못하는 경우도 있다. 이런 경우에는 최고경영진이 주관하는 최상위의 의사결정기구인 '상품위원회'에 해당 안건을 올려 결정하게 된다. 부사장급이 책임을 맡고 있는 본부 수준에서 자율적으로 해결할 수 없기 때문에 상품위원회의 안건으로 올라가는 것이다. 상품위원회에 상정되는 안건들은 전체의 10%라는 상대적으로 낮은 비율에도 불구하고 핵심적이며 중요한 안건이다.

상품위원회는 제품개발과 관련된 현대차 그룹의 최고 의사결정기구로서 최고경영진의 주관 아래 매달 한 번씩 개최된다. 상품위원회에서는 제품개발 과정에서 차종당 4번씩 검토하는 정규 안건[8]에 더해 원가, 기술 등의 현안 문제에 관한 안건을 처리한다. 상품위원회에서 원만

---

**8**    상품위원회에서는 차종마다 다음과 같이 4번씩의 검토를 한다. ① 모델고정 전 개발 여부 결정, ② 상품 발의, ③ 상품기획, ④ 프로젝트 추진 중간 점검.

하게 합의가 이루어지지 못할 경우에는 최고경영진이 최종적으로 결정한다.

이상에서 살펴본 것처럼, 현대차는 제품개발 과정에서 기능적 조직의 전문성과 발언권이 강하다. 이로 인해 발생하는 조직 간의 갈등은 자율적으로 조정되고 통합되기보다 해당 본부장 중심의 수직적 정보처리와 조정에 의해 해결된다. 본부 차원에서 자율적으로 해결되지 않을 경우에는 강력한 리더십을 지닌 최고경영진이 최종 결정을 내리는 중층의 수직적 거버넌스가 작동하고 있다. 요컨대, 현대차의 제품개발 과정에서는 최고경영진을 정점으로 하는 중층의 수직적 정보처리 방식이 기능적 조직들 간의 상이한 이해관계를 조정하는 데 작동하고 있는 것이다.

## 3 | 파일럿 센터: 수직적 정보처리의 사례

그러면 현대차가 제품개발조직에서 어떻게 기능적 전문성과 조정·통합 간의 모순된 관계를 해결하고 있는지 파일럿 센터의 사례를 통해 구체적으로 살펴보기로 하자.

2003년 현대차는 남양 연구소에 대규모 파일럿 센터를 설립했다. 파일럿 센터 건설을 위해 3000억 원의 투자비를 투입했다고 한다. 파일럿 센터는 제품개발 과정에서 시작차(프로토카)와 파일럿카를 제작하여 양산시에 발생할 수 있는 문제점을 사전에 파악하고 해결하는 것을 목적으로 한다.[9] 파일럿 센터 중 2동에서는 실제 양산 금형을 장착한 2개

---

**9**  파일럿 센터는 시작차를 제작하는 시작동(1동), 파일럿카를 제작하는 파일럿동(2동)으로 구성되고, 파일럿동에는 2개의 생산 라인이 있다. 1동은 시작차를 제작하여 차량 구조를 검토하고 시작차 부품개발을 수행하는 시작실의 기능을 담당하며,

의 파일럿 생산 라인에서 신제품들의 파일럿카를 제작하고 있다. 파일럿카 센터는 실제 자동차 생산 과정에 상응하는 프레스, 차체, 도장, 의장 라인을 갖추고 있으며, 양산공장의 생산 라인과 동일한 규모를 자랑한다. 문제점을 하류 공정보다 상류 공정에서 파악하고 해결할수록 비용이 적게 들기 때문이다. 특히 신차개발의 P1, P2 단계에 해당하는 파일럿카 제작 단계에서는 설계 도면과 실제 제품을 동시에 볼 수 있기 때문에, 예상되는 문제점을 파악하고 해결하기가 용이하다. 즉, 파일럿 센터는 연구소와 생산공장을 연결시켜 주는 핵심적 고리라고 할 수 있다. 현대차는 대규모 파일럿 센터를 설립함으로써 적극적으로 선제적 문제해결의 원리를 적용했다. 이는 최고경영진의 강력한 의지가 작용한 것으로, 현대차 제품개발조직의 가장 중요한 특징이다.

파일럿 센터가 설립되기 전에는 현대차 공장별로 양산 라인에서 파일럿카를 제작해야 했다. 해당 공장에서 신제품을 양산하기 전에 파일럿카를 제작하면서 품질·조립성의 문제를 사전에 발견해서 해결해야 했기 때문이다. 그러나 파일럿카 한 대를 제작하는 시간이 양산차 7~15대를 제작하는 만큼 소요되어 공장 운영에 부담을 주었다. 즉, 공장에서 시험에 필요한 차량을 원활하게 생산하지 못한 것이 주된 요인이었다고 할 수 있다. 현대차가 제품개발 기간을 단축하기 위해 노력할수록 파일럿카를 신속하게 제작해야 할 필요성은 더욱 커졌다.

또한 해외 공장에서 처음부터 양산을 시작하는 차종이 늘어나면서, 이 제품들의 파일럿카 제작을 국내에서 담당하는 기관이 필요해졌다. 해외 공장에서 파일럿카를 제작하여 문제를 해결할 수 없었기 때문이

---

2동은 파일럿카를 제작하여 양산 조건의 문제를 미리 파악하고 해결한다. 여기서는 2동만을 분석 대상으로 한다.

다. 남양 연구소 부지 내에 파일럿카 센터가 설립된 것은 이런 맥락에서이다. 현대차는 연구소 부지 내에 파일럿 센터를 설립함으로써 국내외 공장의 파일럿카 제작 기능을 통합하고, 선제적 문제해결 기능의 '규모의 경제'를 실현하고자 했다.

국내 공장의 적대적 노사관계도 공간적으로 분리된 수도권에 파일럿 센터를 건설하는 데 일정하게 작용했다고 볼 수 있다. 신제품 생산과 관련된 인원 배치 협상이 타결되지 않은 상태로 파일럿카를 양산 라인에서 제작하게 되면 노사 갈등을 피할 수 없기 때문이다. 현대차는 파일럿 센터를 수도권에 건설함으로써 대립적 노사관계를 우회하고 연구소와도 긴밀하게 협력할 수 있는 방법을 선택한 셈이다.

현대차의 파일럿 센터는 다른 완성차업체들에서는 유례를 찾아보기 어렵다. 현대차가 파일럿 센터를 건설하는 데 가장 큰 계기로 작용한 것은 벤츠의 사례였다. 2003년 현대차 최고경영진이 벤츠의 파일럿 라인을 견학한 후 파일럿 센터를 설립하기로 결정했다고 한다. 그러나 벤츠의 파일럿 라인은 15개의 작업 스테이션으로 이루어진 셀 방식이었기 때문에, 양산 라인과 동일하게 컨베이어 벨트를 사용하는 현대차의 파일럿 센터와 같지는 않다.

현대차의 이와 같은 신차개발 과정은 도요타와도 주목할 만한 차이를 보인다. 도요타에도 파일럿 센터가 있기는 하다. 그러나 도요타는 숙련 노동자를 중심으로 하면서 생산 현장과의 피드백을 중요시하기 때문에 파일럿 센터는 소규모 시설에 그치고 있다.

도요타는 파일럿카를 기존 공장의 양산 라인에서 생산한다. 양산 단계에서 발생할 문제를 양산 라인 내의 파일럿카 생산을 통해 점검한다는 원칙에 충실한 것이다. 이는 근로자가 자신의 작업에 책임을 지는 도요타의 노사 문화 덕분에 가능하다고 할 수 있다. 즉, 도요타는 P1 단계에서 별도의 설비를 활용하여 소규모의 시험생산을 수행하되, 그 후 대부분의 시험생산은 양산 라인에서 수행하고 있다. 현장 근로자들의 문제해결과 제안 능력에 크게 의존하는 것이다. 도요타의 파일럿 조직은 해외 공장에 투입하기 위한 제품의 사전 점검이나 해외 공장 작업자 교육을 위해 소규모로 운영되고 있다.

닛산자동차도 양산을 준비하기 위해 별도의 파일럿 조직을 운영하고 있지만, 주요 공정의 지그나 자동화 기계 등이 제대로 움직이는지를 점검하고, 개량하는 데 목적이 있다(오재원, 2014).

파일럿 센터의 핵심 조직은 신차개선팀(Cross Functional Team: CFT)이다. CFT는 제품개발과 관련된 모든 부서의 엔지니어들이 함께 파일럿카의 문제점을 파악하고 해결하도록 함으로써 신제품 개발에 필수적인 통합과 조정 작업을 수행한다.

〈그림 4-4〉를 통해 파일럿 센터의 CFT가 어떻게 운영되고 있는지를 구체적으로 살펴보기로 하자. 첫째, CFT의 총괄팀장은 파일럿 센터장이 맡고, 총괄간사는 파일럿 2동의 팀장과 선행생기의 팀장이 맡고 있다. 이들은 CFT 조직에서 이루어지는 선제적 문제해결 업무를 총괄한다. 둘째, CFT 조직은 섀시, 외장, 내장, 무빙 등 서브 시스템의 기능 단위들과 파일럿 센터, 시작실, 선행생기, 생산, 품질, 연구소 등 특정 프로젝트 단위로 통합·조정을 담당하는 부서들이 상호 교차하는 매트릭스 방식으로 이루어져 있다. 서브 시스템 팀별로 파일럿 센터와 파일럿 시작실, 선행생기 센터의 엔지니어가 간사를 맡아 각 부서들과의 공동 작업을 조정한다. 간사를 맡은 부서의 담당자들은 파일럿 센터에 상주하지만, 그 외 부서의 담당자들은 문제해결을 위해 필요할 경우에만 파일럿 센터에 와서 회의에 참여한다. CFT의 상근 간사 1명은 서브 시스템 단위로 2~3개 정도 차종의 프로젝트를 동시에 담당하고 있다. 셋째,

그림 4-4

## 현대자동차 파일럿 센터 신차개선팀(CFT) 조직도

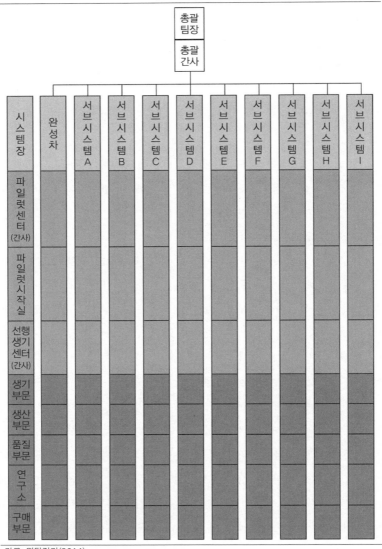

자료: 면담정리(2014).

CFT의 업무는 양산 시에 예상되는 품질과 조립성의 문제를 파일럿카 제작 단계에서 미리 발견하여 담당자들 간의 회의를 통해 해결하는 것이다. 여기서 팀별로 차장급이 담당하는 PM은 문제가 해결되지 않았을 경우 총괄 CFT에 문제를 상정하는 역할을 담당하고 있다.

파일럿 센터는 신제품당 P1 단계에서 평균 100대 정도의 파일럿카를 생산하고, P2 단계에서도 평균 100대 정도의 파일럿카를 만든다. P1과 P2는 모두 양산 금형을 장착하여 양산에 근접하는 조건에서 파일럿카를 생산한다. 각 단계별로 평균 한 달 정도 소요된다. 한 차종의 CFT는 P1과 P2, 양산 후 2주까지 활동한다. CFT는 차종별로 평균 1000개 내지 1500개의 문제점을 파악하여 빠른 시간 내에 원인을 규명하고 개선하는 작업을 수행한다. CFT는 파일럿카의 속도, 표면처리, 열처리 등 양산에 따른 품질과 조립성의 문제점을 발견하고 해결하고 있다. CFT의 목표는 관련 부서 간의 갈등을 조정하여 바람직한 방향으로 문제를 해결하는 것이다. 문제를 파악하면 문제를 해결하기 위해 해당 부서에 요구하여 설계 구조를 변경하거나, 설비·부품을 개선하고, 동일 구조로의 표준화를 추진한다.

먼저, 품질상의 문제를 어떻게 해결하는지 예를 들어 보기로 하자. 신제품의 윈도우 와이퍼가 밑으로 움직일 때 이음 부분에서 소음이 나는 것을 발견하면, CFT가 원인을 파악한 후 그 원인으로 파악된 설계 데이터를 수정하고, 부품 제조상의 오류를 수정하고, 부품 제조의 오차 범위를 수정하여 관리한다.

다음으로 조립성 문제를 어떻게 해결하는지 알아보자. 예를 들어 루프 랙(roof rack)을 장착할 때 공장별로 조립 라인의 작업 공간 구조가 다르기 때문에, 그에 따른 문제를 해결하기 위해 설계를 변경할 필요가 있다. 즉, 작업 공간이 작을 때는 부품 수를 줄여 한꺼번에 장착하도록

해야 하고, 작업 공간의 위치가 낮을 때는 볼트의 길이를 줄이거나 구멍을 크게 하여 장착이 용이하도록 할 필요가 있다. 여기서 루프 랙의 장착 작업을 편하게 하는 것은 품질 향상에도 영향을 미치기 때문에 품질 담당 간사와도 긴밀하게 협력한다.[10]

설립 초기 파일럿 센터의 엔지니어들은 현대차 그룹 각 공장의 시작동, 설계, 생산기술, 구매 출신 경력자로 충원되었지만, 파일럿 센터로 신규 입사한 엔지니어의 비중이 높아지고 있다. 파일럿 센터에는 70~80명의 'CFT' 간사들이 근무하고 있다.

현대차도 파일럿 단계에 생산직 근로자들이 참여하여 제조 과정에서 나타나는 문제점을 수정하는 절차를 거친다. 파일럿 센터에 소속된 생산직 근로자 300여 명이 직접 파일럿카를 제작하고 있다. 초기에는 국내 공장에서 온 숙련공 30~40명으로 시작했는데, 그 후에는 파일럿 센터로 신규 입사한 생산직 근로자들이 대부분을 차지하게 되었다. 이들은 초기에는 자신들이 제작한 파일럿카의 문제점을 파악하여 제기하는 데 적극적이었으나, 현재는 엔지니어들과 협력하지 않은 채 파일럿카를 제작하는 단순 업무에만 종사하고 있다. 대부분의 문제해결과 제안을 통한 설계 변경은 엔지니어들이 담당하고 있다.

주목할 만한 것은 신제품을 생산할 해외 공장에서 조반장 급의 현지인 생산직 근로자 70여 명이 파일럿 센터로 한 달씩 두 차례 출장을 와서 해당 제품의 파일럿카 제작을 담당한다는 것이다.[11] 출장자는 파일럿카 제작이 끝난 후 해외 공장으로 돌아가 현지 근로자들에게 신제

---

10  파일럿 센터의 문제해결 과정에서 품질과 조립성은 50:50의 비중을 차지하는 것으로 여겨지지만, 실제 중요성을 감안하면 70:30의 비중을 차지한다고 볼 수 있다.

11  해외 공장의 생산 운영 능력이 발전함에 따라, 최근에는 신제품 준비를 위해 남양 연구소로 출장오는 인력이 70명에서 40~50명 수준으로 감소하고 있다.

품 생산을 위한 교육 내용을 전달하고 있다.

현대차 파일럿 센터에도 다음과 같은 방식으로 선제적 문제해결의 일반적 원리가 적용된다. 첫째로, 파일럿 센터에는 설립 이후 10여 년간 문제해결의 데이터가 축적되어왔다. 문제에 대한 답안을 정리한 설계요건서가 축적되어 있고, 최근에는 이에 대한 해설서도 축적되고 있다. 둘째로, IT를 활용한 문제해결도 증가하고 있다. 예컨대, 새 모델의 주행 사진이나 동영상을 갤럭시 탭으로 찍어 시스템에 올려 문제해결을 요청한다. 또한 현대차에는 현장 고객의 차종별 요구를 직접 담당자들에게 전달하여 도면 단계에서 문제를 해결하도록 하기 위한 파일럿 통합정보 시스템이 설치되어 2015년부터 운영 중이다.

앞에서 언급한 것처럼 현대차 연구소에서는 차체, 무빙, 섀시, 조향, 전장, 내장, 의장 등 기능적 조직들의 발언권이 강한 것이 사실이다. 또한 인사고과권을 해당 부서장이 행사하기 때문에 기능적 조직들의 이해관계를 최우선으로 할 수밖에 없다. 따라서 기능적 조직들 간의 상충하는 이해관계를 조정하고 통합하는 것이 파일럿 센터에서도 최대의 과제가 된다. 전문성과 통합 사이의 균형은 제품개발 과정 전체에서 항상 요구되는 것이기도 하다.

그러면 파일럿 센터는 업무 추진 과정에서 기능적 조직 간의 견해 차이가 나타날 때 어떤 방식으로 조정하는지를 구체적으로 살펴보기로 하자. 파일럿 생산 단계에서 발생하는 대부분의 문제는 CFT 회의에서 해결되지만, 해당 기능적 조직의 불인정과 비협조 때문에 품질 문제가 해결되지 못하는 경우가 5~10% 정도 생긴다.[12] 예컨대 특정 제품개발

---

12  문제를 발견해서 해결해야 하지만, 특정 부서에서 문제가 많이 발견되는 것이 부담스러울 경우 중간에서 문제가 은폐되는 일도 발생한다고 한다(면담정리, 2014).

의 품질 문제 1450건이 발생했는데, 이 중에서 해결되지 않은 문제가 70건 있다면 총괄 CFT의 안건으로 올라간다. 총괄 CFT 회의는 개별 CFT에서 해결되지 못하는 문제를 다루는 기구로서 매주 1회 개최된다. 총괄 CFT 회의에서는 각 부서장들이 출석하여 안건으로 올라오는 문제들을 회의를 통해 해결한다.

총괄 CFT 안건으로 올라오는 문제들은 낮은 비율을 차지하지만 기능적 조직 간의 조정을 통해 해결되지 못한 핵심적 문제들이다. 이러한 문제해결 방식은 현대차 제품개발 거버넌스의 특징을 잘 보여준다. 현실적으로 문제가 쉽게 해결되지 않는 대부분의 경우는 원가와 관련된 것이다. 예컨대, 수밀테스트에서 물이 자꾸 새는 경우 이를 해결하기 위해 설비를 변경하면 원가 인상 요인이 발생하는데, 인상에 따른 추가 부담이 해당 부서장의 재량권을 넘어설 경우에는 상층의 판단에 위임할 수밖에 없다. 해당 부서의 자율성이 부족한 상태에서 수직적 정보처리를 통해 문제가 해결되는 것이다.

총괄 CFT에서도 문제가 해결되지 않으면, 품질을 총괄하는 부회장에게 보고하여 문제를 해결한다. 부회장 보고는 매달 1~2회 이루어진다. 기능적 조직들 간의 자율적 조정이 잘 이루어지지 않을 때, 중층의 수직적 정보처리 방식으로 문제를 해결하는 것이다.

끝으로 주목할 것은 현대차 파일럿 센터가 제품개발 과정에서 파일럿 생산 단계를 담당하고 있음에도 불구하고, 조직상으로는 연구소(연구개발본부)에 소속되어 있지 않다는 사실이다. 파일럿카 제작도 제품개발 과정의 한 부분이기 때문에 연구소에 소속되는 것이 자연스러울 것으로 생각되지만, 파일럿 센터는 연구소와 별개로 운영되고, 품질을 총괄하는 품질본부 부회장의 관할에 있다. 연구소 PM센터는 일정관리와 관련해서 파일럿 센터에 관여할 뿐이다. 이처럼 파일럿 센터를 연구소 조직과 분리한 것은 본부들 간의 견제와 균형을 통해 문제를 해결하는 현대차의 독특한 조직 문화가 반영된 것이다. 즉, 파일럿 센터의 문제해결 방식은 예외적인 것이 아니라 현대차 제품개발 거버넌스의 특징을 집약적으로 보여주고 있다.

연구소와 파일럿 센터를 별도의 조직으로 분리한 데에는 합리적 이유도 있는 것처럼 보인다. 연구소가 제품개발의 일정관리를 담당하기 때문에 품질 문제를 드러내어 해결하기가 어렵다는 점을 감안하여, 품질 문제의 파악과 해결 기능을 별도의 품질본부에 소속된 파일럿 센터에 맡긴 것이다. 이러한 본부 조직의 상위에는 제2절에서 논의한 바와 같이 최고경영진 중심의 정보처리 방식이 작동되고 있다.

# 4│ 기능적 조직과 수직적 정보처리

지금까지 현대차 제품개발조직의 특징을 기업 거버넌스에 초점을 맞춰 살펴보았다. 현대차는 자국의 제도적 조건과 상호작용하는 가운데 일정한 경로의존성을 가지고, 조직 간의 상호 보완성이 낮고 수직적 정보처리를 특징으로 하는 기민한 제품개발조직을 발전시켜왔다.

현대차의 제품개발조직은 주요 완성차업체들의 제품개발조직 유형과는 뚜렷하게 구분된다(〈그림 4-1〉). 즉, 조직 간의 상호 보완성이 높고 수직적 정보처리 방식이 지배적인 GM이나, 조직 간의 상호 보완성이 높으면서도 수평적 정보처리 방식이 지배적인 도요타자동차와 대비된다. 또한 폭스바겐의 제품개발조직은 조직 간 관계의 상호 보완성이 낮다는 점에서 현대차와 유사하지만, 하부에 좀 더 자율성을 부여하는 수평적 정보처리 방식이라는 점에서 현대차와는 구분된다. 이에 대해서는 더 상세하고 심층적 논의가 필요하지만, 미래의 연구 과제로 남겨둔다.

현대차의 제품개발조직은 기민한 생산방식의 핵심적 요소이다. 현대차 그룹은 기민한 제품개발조직을 통해 환경 변화에 신속하게 대응하여 다양한 모델을 신속하게 개발하고 있다. 또한 이와 같은 제품개발조직을 통해 신제품의 개발 기간을 지속적으로 단축해왔다. 현대차는 엔진과 변속기의 풀 라인업이 완료된 2011년에는 18개월로까지 줄이는 데 성공했다. 이는 도요타 등 선진 완성차업체의 제품개발 기간과 동일한 것이다.

이제 이 Chapter의 연구 성과를 좀 더 일반화시켜 정리해보기로 하자. 첫째, 현대차에서 기능적 조직들 간의 자율적 문제해결이 어려운 것은 전통적으로 기능적 조직의 발언권이 강할 뿐 아니라 부서장이 엔지니어의 인사고과를 독점하고 있기 때문이다. 이와 같은 문제는 조직론적으로 '대리인 문제(agency problem)'에 해당한다. 즉, 최고경영진이 위임한 대로 기업 전체의 이익을 실현해야 하지만, 엔지니어들은 기능적 조직의 이익을 중심으로 실현하고 있기 때문이다(Eisenhardt, 1989: 60). 달리 말해, 이는 기능적 전문성에는 충실하지만 통합의 과제에는 배치되는 것이다.

둘째, 현대차는 제품개발 과정에서 상호 보완성이 낮은 기능적 조직들 간 이해관계를 조정하기 어려울 때, 해당 본부장이 최종적으로 문제를 해결한다. 대부분의 문제는 '총괄 CFT 회의' 등의 조정 기구를 통해 해결되지만, 최종적으로는 해당 본부장의 결정으로 문제를 해결한다. 이러한 문제해결 방식은 "조직 간의 이해관계가 클수록 집중화된 조직에서 결정하는 것이 적절하다"(Hart and Moore, 2005: 678)는 조직론의 명제에 부합한다.

셋째, 현대차의 제품개발 과정은 연구소와 파일럿 센터가 병행적으로 담당하고 있다. 파일럿 센터가 연구소와 무관한 별도의 조직으로 설립된 것은 연구소가 일정관리에 몰두한 나머지 품질 문제를 드러내기 부담스러워하기 때문에, 품질 문제만을 전담하는 조직을 별도로 설치할 필요가 있었다고 이해할 수 있다. 파일럿 센터를 별도의 조직으로 분리한 데는 연구소에 업무가 집중되는 것을 견제하기 위한 최고경영진의 의도가 작용했다는 해석도 존재한다. 이는 조직의 합리성 때문이라기보다는, 조직 간의 '견제와 균형'의 원리가 작용한 것이라고 볼 수도 있다(면담정리, 2014). 이처럼 특정 목적을 위해 별도의 조직으로 만들어진 본부 조직들 간의 관계는 강력한 리더십을 지닌 최고경영진에 의해 최종적으로 조정이 이루어진다.

결론적으로, 현대차는 대체 가능한 기능적 조직 사이의 경쟁을 뛰어넘는 중층의 수직적 정보처리 방식을 통해 제품개발 과정의 조정과 통합을 실현하고 있다. 현대차는 기능적 조직 간의 경쟁과 갈등을 자기완결적으로 조정·통합하기보다는 해당 본부장 중심의 수직적 정보처리와 조정으로 해결한다. 본부 차원에서도 자율적으로 해결되지 못할 경우에는 강력한 리더십을 지닌 최고경영진이 최종 결정을 내리는 수직적 정보처리 방식이 작동되고 있다.

# CHAPTER 5

# 유연자동화와 숙련의 상관관계

## 1 | 유연생산과 숙련의 성격

　　생산기술이란 제품 정보를 생산 과정을 통해 대량으로 복제하는 방식으로 한 기업의 경쟁력을 결정하는 중요한 요소이다(藤本, 2001: 28). 자동차산업에서는 제품을 잘 개발하는 것이 우선적으로 중요하긴 하지만, 그 제품을 대량생산하는 과정에서의 생산성과 품질이 경쟁력을 결정하게 된다. 생산 과정에서는 생산설비의 원활한 운영도 중요하지만, 노동의 효율적 사용도 마찬가지로 중요하다(Wilkinson, 1983: 9).

　　Chapter 5에서는 현대차에서 유연생산의 자동화가 진전됨에 따른 숙련 성격의 변화를 해명하고자 한다. 유연자동화는 동일한 생산 라인에서 여러 제품을 생산할 뿐 아니라 모델 변경 시 설비교체 시간이 단축되고 제품별 생산량을 임의로 조절할 수 있다는 등의 장점이 있다.

　　유연자동화에 따라 생산 현장에서 일하는 근로자들의 숙련은 어떻게 변화되는가? 수요 변화에 유연하게 대응하기 위해 생산설비의 다품종 생산이 가능해질 뿐 아니라 근로자들의 노동도 '재숙련화(reskilling)' 경향을 보인다는 것이 지배적 견해이다(Piore and Sable, 1984). 생산 현장의 변화에 유연하게 대응하기 위해 근로자들의 고숙련이 요구된다는 것이다. 여기서 자동화 설비가 고도화됨에 따라 단순한 재숙련화라기보다는 숙련의 성격 자체가 변화된다고 설명하는 견해가 있다. 자동화 설비를 제어하고 감시하는 고숙련의 '시스템조정(system regulation)' 노동이 요구된다는 것이다. 자동화가 진전된다고 하더라도 생산 현장에서 발생하는 문제를 완벽하게 예측할 수 없기 때문에 장비가 자동적으로 대처하는 데는 한계가 있다. 따라서 장비가 자동화될수록 높은 효율성과 유연성을 실현하기 위해서는 광범위한 능력을 발휘하는 '시스템조정' 노동이 필요해진다고 본다(Kuhlmann and Schumann, 1997).

이와는 반대로 유연생산에서의 노동이 대량생산과 본질적으로 다르지 않은 '탈숙련화(deskilling)'의 경향을 보인다는 견해도 있다. 대량생산에서는 생산 현장의 근로자들을 단순반복적 작업에 종사하게 함으로써 '탈숙련화' 경향이 나타난다고 보는 것이다(브레이버맨, 1998). 유연생산에서도 자동화가 진전됨에 따라 생산설비의 자기완결적 성격이 강화되면서, 직접노동은 주변화되어 단순반복적 작업의 수평적 확대에 지나지 않게 된다는 것이다(野村, 1993).

현대차가 유연자동화를 본격화한 2000년대 들어 숙련의 성격은 어떻게 변화되고 있는가? Chapter 5에서는 기민한 생산방식의 고유한 특징과 관련해 현대차 근로자들의 숙련이 재숙련화되는 것이 아니라 탈숙련화된다는 것을 보여주고자 한다. 이미 살펴본 바와 같이, 현대차 기민한 생산방식의 가치사슬에서는 생산 과정의 중요성이 감소하면서 근로자들의 숙련도 절약, 즉 탈숙련화된다는 것을 설명하려는 것이다.

또한 현대차 엔지니어들이 유연생산에서 어떤 역할을 수행하는지를 구체적으로 살펴보고자 한다. 현대차 생산방식은 엔지니어들이 주도하는 가운데 저숙련 생산직 근로자들의 역할을 보완하면서 진화했다(조형제·김철식, 2013b). 이는 엔지니어가 기술적 요소의 잠재력을 최대한 활용하면서, 조직적 요소에서 근로자가 담당하는 노동의 비중을 최소한으로 줄인 것을 특징으로 한다. 달리 말하면, 엔지니어가 '구상'을 전담하고 근로자는 '실행'만을 담당하는 테일러주의적 분업 관계가 강화된 것을 보여주고자 한다.

끝으로, 현대차 차체공장을 사례 연구의 대상으로 선택하여 생산현장 근로자의 숙련 성격 변화를 구체적으로 살펴볼 것이다. 차체공장의 용접 자동화율은 100%에 가깝게 진전되었지만 일부 공정에서 여전히 근로자의 직접노동이 필수적으로 요구된다는 점에서, 유연자동화에 따른 숙련 성격의 변화를 연구하기에 적합한 사례라고 할 수 있다. 현대차 차체공장의 유연자동화는 어떻게 진전되고 있으며 그에 따라 생산현장 근로자들의 숙련은 어떻게 변화되고 있는가?

## 2 │ 유연자동화와 숙련절약적 작업조직

유연생산을 환경 변화에 대응하여 생산 과정을 지속적으로 혁신하고 다양한 제품을 공급하는 생산방식이라고 한다면, 현대차는 2000년을 전후하여 유연생산으로 이행했다고 할 수 있다. 2000년대 들어 현대차는 플랫폼 공용화, 모듈화 등을 진전시키면서 모델 수를 증가시켰을 뿐아니라, 유연자동화를 통해 한 라인에서 여러 모델을 생산하는 혼류 생산(mixed production)을 진전시켜 유연생산을 확립했다(조형제 외, 2008). 현대차의 유연생산은 엔지니어 주도의 유연자동화와 그에 조응하여 노동

표 5-1

## 현대자동차 울산공장 현황(2013년 12월)

| | 생산 모델 | 연간 생산 능력(의장공장기준) |
|---|---|---|
| 1공장 | 엑센트, 엑센트 위트, 벨로스터 | 350,000대 |
| 2공장 | 싼타페, 아반떼, i40, 베라크루즈 | 301,000대 |
| 3공장 | i30, 아반떼, 아반떼 하이브리드 | 360,000대 |
| 4공장 | 그랜드 스타렉스, 제네시스 쿠페, 투싼, 포터 | 270,000대 |
| 5공장 | 제네시스, 에쿠스, 투싼 Ix | 297,000대 |
| 합계 | | 1,578,000대 |

자료: 현대자동차 사내자료(2014).

의 역할을 최소화한 숙련절약적 작업조직으로 구성된다.

## 2.1 | 유연자동화와 정보화

먼저 현대차의 유연생산 현황을 보기로 하자. 〈표 5-1〉에서 보는 바와 같이 의장공장을 기준으로 할 때 대부분의 라인에서 3~4개의 모델을 혼류 생산하고 있다. 현대차의 생산 라인이 이처럼 상대적으로 소수의 모델만을 혼류 생산하고 있는 이유는 최근까지는 모델당 생산대수가 커서, 한 라인에서 여러 모델을 생산할 필요가 없었기 때문이다.

그러나 최근의 세계화 추세는 수요 변화에 따른 혼류 생산의 필요성을 증가시키고 있다. 현대차도 기존 생산 라인의 전면 개편(renovation)을 통해 더욱 많은 모델의 혼류 생산이 가능한 다차종(multi platform) 라인으로 진화하고 있다. 즉, 최소한의 장비 개조나 프로그래밍, 치공구 교환만으로 다른 모델을 생산할 수 있는 범용 설비, 그리고 여러 모델의 서열 납품이 가능할 정도로 충분한 공간 확보 등을 추진하고 있다. 울산 1공장의 1라인이나 5공장의 1, 2라인이 대표적 사례이다. 현대차의 북경공장은 이미 5~6개의 모델을 혼류 생산하고 있다.

혼류 생산은 시장 수요 세분화에 따라 모델당 생산대수가 감소하면서 더욱 촉진될 것으로 예상된다. 예컨대, 베르나 모델의 경우 과거에는 울산공장에서만 연산 45만 대까지 생산했으나, 현재에는 첸나이공장(인도, 유럽시장), 북경공장(중국, 동남아시장), 울산공장(미국, 국내시장)에서 동시에 생산하여 전 세계로 공급한다. 따라서 모델당 생산대수가 1/3 정도로 감소하면서, 한 라인에서 단일 모델을 생산하기보다 다른 모델과의 생산 비율을 유연하게 조정하여 여러 모델을 생산하는 다차종 생산의 필요성이 커지고 있다.

생산 라인의 유연성은 모듈화의 진전과 결합되면서 더욱 강화되고 있다. 덩치가 큰 부품들이 모듈 단위로 중간 조립되어 완성차 조립 라인에 서열로 투입되기 때문에, 다차종 생산에 따라 증가하는 부품 조립을 위한 공간이 크게 절약되고 생산성도 향상된다(면담정리, 2011).

현대차에서는 자동화를 하더라도 생산직 노동자의 고용보장을 하고 있기 때문에 여유인원을 정리해고하기가 어려워진 것이 사실이다. 이에 따라 인원 절감을 위해 자동화를 추진하려는 동기는 약해졌다고 볼 수 있다. 그럼에도 품질 향상을 위해 체결공수를 줄여 공정 자체를 줄이려는 자동화와 모듈화는 지속적으로 추진되고 있다.

## 2.2 | 숙련절약적 작업조직

현대차의 작업조직은 숙련절약적 성격이 특징이다. 이는 30명 내외의 근로자로 구성되는 반을 기본 단위로 한다. 한 반은 다시 7~8명씩의 근로자로 구성되는 3~4개의 조로 구성되고 있다. 한 조는 조장과 일반 근로자, 그리고 근로자의 결원을 보충하는 키퍼(keeper)로 구성된다. 반장은 근로자에게 작업량을 할당하고 품질을 책임지는 등 작업조직 전반의 운영과 관리를 담당한다. 대부분의 반 내에서는 자율적인 직무교대가 이루어진다. 그러나 이는 작업의 단조로움을 덜기 위해 자율적으로 이루어지는 성격의 직무교대이기 때문에, 회사 차원의 체계적 다능공화 프로그램이 존재한다고 보기는 어렵다(조형제 외, 2008).

여기서 강조할 것은 대립적 노사관계로 인해 생산 현장의 근로자들에 대한 체계적 숙련형성이 이루어지지 않는다는 사실이다. 생산직 근로자의 직무 능력을 향상시키기 위한 교육훈련은 거의 존재하지 않는다. 2~3주간의 신입사원 교육을 받고 현장에 배치되어 OJT를 받는 것을 제외하면 직무 능력 향상을 위한 교육을 거의 받지 못한다. 수시로 받는 정신교육을 제외하면 근속년수 4년차에 3일간 받는 '직장인 의식혁신과정'과 8년차에 3일간 받는 '교류분석과정'이 전부이다. 이 프로그램들은 직장생활을 원만하게 수행할 수 있도록 하는 정신교육이지, 직무수행 능력 향상을 위한 교육이 아니다(조형제, 2005: 115~119; 조형제 외, 2008).[1]

"대부분의 근로자들이 근속년수 20년을 넘겼고 같은 부서에만 근무해왔기 때문에 경험적으로 보면 여러 공정의 작업을 수행할 수 있다는 점에서 다능공화되었다고 볼 수도 있겠지요. 그러나 자신의 직무 능력을 발전시키겠다는 적극적 동기를 지닌 사람이 거의 없기 때문에, 현대차의 대다수 노동자들은 단기간 내에 숙달 가능한 단순반복적 작업을 수행하고 있습니다. 회사가 체계적으로 숙련을 향상시키는 것은 사실상 포기한 상태입니다"(면담정리, 2013).

[1]  현대차의 이와 같은 숙련형성 시스템은 모든 근로자들을 단순다능공, 고도다능공, 전문공으로 분류하여 체계적으로 숙련을 향상시키고 있는 도요타의 경우(小池, 2001)와 대조적인 것으로 여겨진다.

표 5-2

## 현대자동차 울산공장 의장 라인 배치도(2012년 8월 14일 기준)

| | | 파이널(FOH) | | | 파이널 | | | | | | | | | | | | |
|---|---|---|---|---|---|---|---|---|---|---|---|---|---|---|---|---|---|
| | | 1 | 2 | 3 | 34 | 35 | 36 | 37 | 38 | 39 | 40 | 41 | 42 | 43 | 44 | 45 | 46 |
| A조 | LH | O | O | O | ☆ | OO | O | ☆ | ☆ | O | O | ★ | O | ★ | OO | O | O |
| | RH | O | O | | O | O | O | ☆ | ☆☆ | O | | ★ | ★ | ★★ | ★ | | OO |
| B조 | LH | O | O | O | ★ | ★O | O | O | ★ | ☆ | O | O | O | ★ | O | ★O | O | O |
| | RH | O | O | | ★★ | ★ | O | ★ | ☆☆ | O | | ★ | ★ | ★★ | O | O | OO |

| | | OK 수정 | | | | | | | | | 수밀 | 사이드 |
|---|---|---|---|---|---|---|---|---|---|---|---|---|
| | | 1 | 2 | 3 | 4 | 5 | 6 | 7 | 8 | 9 | | |
| A조 | LH | O | O | ★ | ★ | ★ | ★ | O | O | O | OOO | OOO |
| | RH | O | O | ★ | ★ | ★ | ★ | O | O | O | OO | OO |
| B조 | LH | O | O | ★ | O | O | O | O | O | O | OOO | OOO |
| | RH | O | O | ★ | O | O | O | O | OO | O | OO | OO |

주: O는 직영, ★☆는 하도급업체가 다른 하청을 표시.
자료: ≪한겨레신문≫(2013.2.15).

　　이처럼 체계적인 숙련형성을 경시하는 것은, 정규직과 비정규직 간의 직무 구분을 무의미하게 해서 비정규직 노동자의 고용 증가를 용이하게 만드는 기술적 조건으로 작용했다. 현대차의 생산 현장에서 정규직과 비정규직 노동자 간의 숙련도 차이는 거의 없다. 현대차 노사 간에 '완전고용보장 합의'가 이루어진 2000년 이후 비정규직 노동자의 고용이 늘어난 것은 이런 맥락에서 이해할 수 있다(면담정리, 2013).

　　〈표 5-2〉는 현대차 의장(조립)공장의 전형적인 작업조직을 보여준다. 2012년 당시 스타렉스와 제네시스 쿠페를 혼류로 시간당 30대를 조립하던 파이널 주간조(A조)의 경우를 보면, 한 반이 각기 7~8명씩의 3개 조, 도합 30명으로 구성되어 있는데, 여기에는 인원 결원 시 대신 일을 하는 조장 3명까지 포함하고 있다. 파이널 주간반에서는 34공정에서 45공정까지 한 공정마다 좌우에 업무량에 따라 각각 1~2명의 근로자들이

배치되어 일하고 있다. 주목할 만한 것은 현대차 정규직인 직영 17명과 비정규 하청 근로자 13명이 같은 반 안에서 혼재되어 일한다는 것이다. 고용조정 이후 신모델로 교체할 때마다 하청 인원이 배치되었는데, 대개는 중량물을 취급하거나 힘든 공정으로, 정규직이 기피하는 공정에 배치되었다고 한다. 정규직 노동자들은 임금 인상과 편한 업무에만 관심을 가졌기 때문에, 힘든 업무는 상대적으로 낮은 임금의 비정규직 노동자들이 담당하는 비율이 높아졌다. 이처럼 기피업무 여부에 따른 업무 구분이 뚜렷해지게 되면서, 이전에는 활발했던 직무 로테이션도 제대로 이루어지지 않고 있다.

## 3 | 엔지니어의 역할

이 절에서는 2000년대 이후 현대차의 가치사슬에서 엔지니어들이 어떻게 생산직 근로자들의 저숙련을 보완하는지를 구체적 사례를 통해 살펴보기로 하자. 엔지니어들이 생산 현장에서 직접 작업할 수는 없는 것이 사실이다. 〈그림 5-1〉에서 볼 수 있는 바와 같이, 현대차 엔지니어들은 '프로젝트형 문제해결 능력'을 발휘하면서 시스템적으로 근로자들의 저숙련을 보완하고 있다. 여기서는 대표적 사례로 ① 파일럿 생산을 통한 선제적 문제해결, ② 정보화를 통한 조립 품질 향상, ③ 품질관리 시스템을 살펴보기로 하자.

### 3.1 | 파일럿 생산을 통한 선제적 문제해결

현대차 신차개발 과정의 가장 중요한 특징은 파일럿 센터이다. 현

그림 5-1

## 현대자동차 생산방식과 엔지니어의 역할

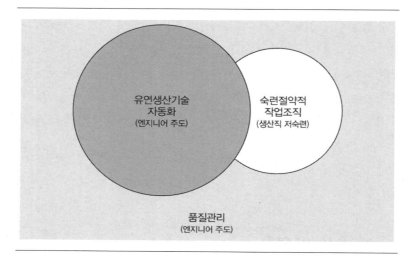

유연생산기술
자동화
(엔지니어 주도)

숙련절약적
작업조직
(생산직 저숙련)

품질관리
(엔지니어 주도)

대차 엔지니어들은 특정 모델의 양산을 시작할 때 발생할 수 있는 모든 문제를 파일럿 생산을 통해 사전에 파악하여 해결하려고 노력하고 있다. 파일럿 생산의 자세한 내용은 Chapter 4에서 살펴본 바와 같다.

숙련 노동자 중심의 생산 현장을 강조하는 일본적 생산방식과는 달리, 대규모 파일럿 센터는 선행 개발 중심의 현대차 생산방식이 지닌 강점을 보여준다. 파일럿 센터의 파일럿 생산 단계는 신차개발의 전 과정에서 50% 이상의 중요성을 차지하고 있다고 한다. 제품개발 과정의 고유한 경험과 노하우가 축적됨에 따라 제품개발 기간이 단축되었을 뿐 아니라, 공장에서 신제품 양산을 시작하여 궤도에 오르는 기간도 단축되고 있다. 파일럿 센터가 양산 과정에서 발생할 수 있는 문제를 선제적으로 해결해주기 때문이다. 특정 제품의 경우 양산 시작 후 궤도에 오르는 기간이 6개월에서 1개월로 단축되기도 했다(면담정리, 2013).

## 3.2 | 정보화를 통한 조립 품질 향상

현대차의 생산 현장에서 엔지니어들이 생산기술의 혁신을 통해 근로자의 저숙련을 보완하고 있는 구체적 사례가 '이종 방지(fool proof)' 장치이다. 현대차는 조립공장의 노동과정에서 근로자의 부주의나 실수가 품질에 악영향을 주지 않도록 하기 위해 '이종 방지' 장치를 발전시켰다. 이종 방지 장치는 사양이 복잡한 공정에서 다른 사양의 부품이 장착되지 않도록 예방하는 장치이다. 이 장치는 근로자들의 착오나 부주의로 인한 잘못된 부품 장착이나 불량을 막기 위한 것으로서, 조립공장에서 일하는 공정기술 엔지니어들의 제안에 따라 생산기술 센터의 엔지니어들이 개발한 것이다. 이종 방지 장치는 주요 완성차업체들이 모두 적용하고 있지만, 현대차의 경우 생산직 근로자들의 참여를 기대하기 어렵기 때문에 더욱 적극적으로 도입하고 있다.[2]

이종 방지 장치는 다음과 같은 4유형에서 작동된다. 1유형, 차량이 생산 라인에 진입하면 해당 사양을 알리는 불이 부품 박스의 램프에 켜진다. 2유형, 차량이 생산 라인에 진입하면 모니터에 해당 사양이 표시된다. 더욱 중요한 부품의 경우 근로자는 모니터에 나온 사양을 확인하는 것뿐 아니라 해당 부품의 바코드를 스캔하여 램프 점등을 확인한 후 장착한다. 3유형, 부품을 조립할 때 볼트나 너트의 체결이 일정 토르크

---

[2]  도요타에서는 근로자가 차종별로 자신이 장착하는 부품의 사양을 기억한 후 사양표를 보고 순간적으로 식별하여 장착했다고 한다. 그러나 최근 도요타에서도 비정규직의 비중이 늘어나면서 이종 장착을 방지하기 위해 사양별로 부품을 미리 선별하여 공급하는 키트(kit) 시스템을 도입하고 있다고 한다(오재훤, 2013).

(torque) 수치에 도달하면 자동으로 정지한다. 일정 수치를 넘어갈 때는 붉은 색으로 표시되어 잘못된 조립을 방지한다. 4유형, 마지막 검사 공정에서 로봇(U-로봇)을 이용한 전장 검사를 통해 조립된 제품의 품질을 자동으로 점검한다. 이와 같은 '이종 방지' 장치들의 가동에 힘입어 제품의 불량이 거의 발생하지 않고 있다(면담정리, 2013).

'이종 방지' 장치는 새 모델로 교체될 때 개발·적용되는 경우가 대부분이다. 해당 공정의 근로자 또는 엔지니어가 제안하면 생산기술 센터의 엔지니어가 개발하여 적용하고, 성과가 좋으면 다른 공장의 동일한 공정으로 확대 적용한다. 현재는 조립공장에서 문제가 자주 발생하는 대부분의 공정에는 '이종 방지' 장치가 도입되어 있다. 이 장치는 생산 과정의 모든 기록이 남겨지기 때문에, 불량이 발생할 경우 책임을 규명하기도 용이하다.

최근에는 기존의 방식에서 더 나아가 설계 단계부터 다양한 사양의 부품을 단순화하여 공용화하거나 부품 구조를 변경하여 이종 장착의 여지를 원천적으로 배제하고 있다. 달리 말하면, 다양한 사양의 모델에서 동일한 부품을 사용하도록 설계하거나, 동일 모델의 부품 구조를 지역에 따라 다르게 설계하여 실수의 여지를 원천적으로 없애는 것이다. 이와 같은 설계 변경을 통한 품질 향상의 노력도 넓은 의미의 이종 방지에 포함된다고 볼 수 있다. 요컨대, 현대차는 엔지니어의 생산기술 혁신과 부품 설계 변경을 통해 직접 생산자의 저숙련을 보완하고 있다(면담정리, 2013).

## 3.3 | 품질관리 시스템

엔지니어들이 주도하는 품질관리 시스템은 생산 현장 근로자의 숙련에 의존하는 정도가 높지 않은 현대차 생산방식의 특징을 그대로 드러낸다. 이는 생산 현장에서 근로자들의 숙련 부족을 보완하여 유연성을 달성하는 현대차 유연생산의 고유한 성격이라고 할 수 있다.

현대차 '품질 경영'의 중심 역할을 담당하는 품질본부는 신차개발 과정에서 품질에 대한 제반 기준을 설정하고, 그 달성 여부를 평가·피드백하는 역할을 수행한다. 즉, 디자인, 설계, 시작(試作) 등 신차개발 과정에서 일정한 품질 기준을 충족하지 못하면 다음 단계로 통과시키지를 않는다. 이와 같은 품질관리 방식은 현대차의 설계 품질 향상에 크게 기여한 것처럼 보인다.

현대차의 품질 향상에는 이와 같은 설계 품질뿐 아니라, 현대차에 납품되는 부품 품질의 향상도 크게 기여했다. 품질본부는 부품의 초도 품질을 부품업체에 위임하지 않고 직접 검사한다. 또한 시험생산 과정에서 발생한 문제점은 부품업체에 통보하여 설계 변경을 통해 해결하도록 한다. 이를 통해 완성차의 초기 품질뿐 아니라 내구 품질도 향상시키기 위해 노력하고 있다. 또한 모듈화의 진전은 모듈 부품업체가 부품의 중간 조립에 책임지도록 하기 때문에 부품 품질이 지속적으로 향상되고 있다.

현대차는 양산 초기에 설계, 구매, 품질보증, 생기 등 관련 부서에서 모두 참여하는 품질확보 회의를 수시로 개최하면서 구 모델의 경험을 반영하고 신모델의 품질을 일정 수준으로 확보한다. 또한 양산 이후 품질 안정화 단계에 돌입한 후에도 품질 회의를 정례화하여 품질 향상을 위해 노력한다. 그뿐 아니라, 고객의 불만사항, 품질 관련정보 등을 입수하여 문제의 원인을 파악하고 설계 변경, 공정 혁신 등을 통해 재발 방지를 위해 노력하고 있다. 현재 최종 합격률은 92% 수준으로 도요타의 95% 수준에 근접하고 있다(조형제 외, 2008: 48).

현대차는 완성차 제품 생산이 완료된 후에도 3중의 품질검사 절차를 추가로 마련했다. 수출품에 대해서는 선적부두의 PDI(Pre-Delivery Inspection), 현지 하역부두의 검사, 딜러의 검사를 통해 품질 불량을 발견하고 해결한다. 발견된 불량에 대해서는 원인을 규명하여 해당 부서장에게 책임을 묻기 때문에, 품질 향상을 위해 노력하지 않을 수 없다. 이처럼 중층적으로 품질검사를 수행함에 따라 추가 비용이 드는 것은 사실이다. 그러나 품질 불량 때문에 발생하는 리콜 비용, 브랜드가치 저하 등을 감안하면, 다른 선택의 여지는 없어 보인다(면담자료, 2008).

# 4 | 차체공장의 사례

이 Chapter에서 사례 연구의 대상이 된 차체공장은 1975년 최초의 고유모델 포니를 생산한 후 지금까지 현대차의 소형차 제품을 생산하는 주력 공장이라는 위상을 유지하고 있다. 1985년에는 수출전략 모델인 X-1을 대량생산하여 미국으로의 대량수출에 성공했고, 그 후에도 소형차를 지속적으로 대량생산해왔다. 2010년의 시점에서는 경기불황 속에서도 MC와 TB 2개의 모델을 2개의 전용 라인에서 각기 시간당 55대와 40대씩 생산하고 있다.

## 4.1 | 유연자동화와 외주화

차체공장은 프레스공장과 더불어 유연자동화가 가장 진전되어 있다. 차체공장의 자동화는 생산 현장의 수동 용접을 담당하는 근로자 1명을 1대의 용접 로봇이 대체해가는 방식으로 이루어진다. 경제적으로 로

표 5-3
## 현대자동차 차체공장 스폿용접의 자동화(단위: 용접점 개수, %)

| | 모델 | 수동 | 자동 | 硬 (멀티용접기) | 軟 (로봇) | 로봇 대수 |
|---|---|---|---|---|---|---|
| **1975** | 포니 | 2,080(65.0) | 1,120(35.0) | 960(30.0) | 160(5.0) | - |
| **1985** | X-1 | 1,778(53.6) | 1,542(46.4) | 940(28.3) | 602(18.1) | 46 |
| **1989** | X-2 | 639(22.0) | 2,265(78.0) | 929(32.0) | 1,336(46.0) | 280 |
| **1994** | X-3 | 36(1.6) | 2,206(98.4) | 351(15.7) | 1,855(82.7) | 397 |
| **1999 (2005)** | MC | 0(0.0) | 1,937(100.0) | 0(0.0) | 1,937(100.0) | 239 |
| **2002** | TB | 0(0.0) | 1,744(100.0) | 0(0.0) | 1,744(100.0) | 173 |

자료: 심상완(1997); 현대자동차 사내자료(2010).


봇 1대의 비용은 5000만 원이기 때문에 근로자 1명의 평균 연봉과 비슷하지만, 로봇은 유지 보수가 잘될 경우 근로자보다 훨씬 많은 일을 한다. 로봇은 내구 수명이 10년 정도이기 때문에 한번 설치하면 근로자 10년 인건비 정도의 비용을 절감하는 셈이다.[3] 더욱이 현대차처럼 대립적 노사관계에서는 근로자들의 능동적 역할을 기대하기 어렵기 때문에 자동화가 촉진될 수밖에 없다(면담정리, 2011).

〈표 5-3〉을 보면, 스폿용접의 자동화가 어떻게 진전되어왔는지 알 수 있다. 1975년에 생산을 시작한 최초의 고유모델 포니는 전체 스폿용접의 35%만 자동화되고, 나머지 65%는 수동으로 진행할 정도였다. 자동화장비도 로봇보다는 전용성이 강한 멀티용접기가 대부분이었다. 그러나 새 모델로 갈수록 차체공장의 자동화가 급진전되어 1994년에 생산

---

**3**  1990년대 초에 로봇 1대의 비용이 1억 5000만 원, 내구 수명이 3년에 불과했던 것을 감안하면, 현재는 자동화에 훨씬 유리한 여건이 조성되었다고 할 수 있다.

을 시작한 X-3에 와서는 자동화가 98.4%에 이르게 되고 자동화장비도 유연자동화장비인 로봇이 압도적 비중을 차지하게 된다. 1999년에 생산을 시작한 MC와 2002년에 생산을 시작한 TB에 와서는 자동화율이 100%에 도달하고, 자동화장비도 로봇이 전체를 차지하고 있다. 용접 로봇의 대수도 급격히 늘어나, 1990년대 중반 이후에는 400대를 상회하고 있다.[4]

차체공장의 유연자동화는 순조롭게 진행되어왔다. 스폿용접을 담당하는 로봇은 프로그램을 바꾸는 것에 따라 다양한 모델을 생산할 수 있다. 현재는 2개의 생산 라인에서 각기 1개의 모델을 생산하지만, TB 라인에는 소나타를 혼류 생산하기 위한 유연차체 라인(Flexible Body Line: FBL) 설비가 이미 준비되어 있다.[5] 유연차체 라인이란 생산계획 정보 시스템에 따라 상이한 모델을 생산하는 데 필요한 지그를 대차 방식으로 공급받는, 차체 라인의 혼류 생산방식을 지칭한다.[6] 혼류 생산은 1개 생산 라인에서 2개 이상의 모델을 동시에 생산하는 것을 지칭하지만, 넓은 의미에서는 같은 라인에서 엔진, 도어, 시장 등의 다양한 사양을 혼합해서 생산하는 것을 의미하기도 한다. 이렇게 보면, 혼류 생산은 어떤 모델이나 사양을 같은 라인에서 함께 생산하는가에 따라 그 정도가 달라진다고 할 수 있다. 현재 TB 라인도 대차와 지그 등 생산설비가 다양한

**4** 두 모델이 동일한 세그먼트에 속하는 데도 MC(엑센트)에 비해 TB(클릭) 생산 라인의 로봇 대수가 작은 이유는 MC에 비해 TB의 차체 크기가 작기 때문이다.

**5** 현대차는 아산공장의 소나타 생산 라인을 울산공장으로 옮겨 생산하기 위해 한 생산 라인에서 여러 차종을 동시에 생산하는 유연생산설비를 이미 2006년에 완료한 상태이지만, 아산공장 노조 지부가 고용 불안을 우려하여 이를 반대하는 바람에 가동되지 못하고 있다.

**6** 대차 방식이 셔틀 방식에 비해 훨씬 안정적으로 상이한 모델을 생산할 수 있다는 점에서 유연차체 라인은 모두 대차 방식을 채택하고 있다(면담정리, 2011).

표 5-4

## 현대자동차 차체공장 스폿용접의 외주화(단위: 용접점 개수)

| | 모델 | 자체용접(MIP) | 부품업체 | 총계 |
|---|---|---|---|---|
| **1975** | 포니 | 3,200 | - | 3,200 |
| **1985** | X-1 | 3,320 | - | 3,320 |
| **1989** | X-2 | 2,904 | 1,005 | 3,909 |
| | | 74.3% | 25.7% | 100.0% |
| **1994** | X-3 | 2,242 | 1,720 | 3,952 |
| | | 56.7% | 43.5% | 100.0% |
| **1999 (2005)** | MC | 1,937 | 3,144 | 5,081 |
| | | 38.1% | 61.9% | 100.0% |
| **2002** | TB | 1,744 | 3,355 | 5,099 |
| | | 34.2% | 65.8% | 100.0% |

자료: 현대자동차 사내자료(2010).

차종에 대응하도록 개·보수가 완료되었고 TB 3도어와 5도어를 함께 생산한다는 점에서, 혼류 생산이라고 볼 수 있는 셈이다.

용접 로봇은 모델이 변경되면, 프로그램 변경과 학습(teaching)을 통해 상이한 임무를 수행한다. 또한 동일한 모델을 생산하더라도 정보 시스템을 통해 전달되는 생산계획 정보에 따라 상이한 임무를 수행하게 된다. 상이한 모델을 혼류 생산하게 되면 그에 상응하는 부품을 공급하기 위한 자재관리가 2~4배 정도 복잡해진다. 근로자들 또한 작업을 해야 하는 자재의 종류가 증가하기 때문에, 작업 시 주의력을 집중해야 하므로 노동강도가 강화된다.

차체 라인에서는 운반작업도 자동화가 크게 진전되었다. 프레스에서 만들어진 외부 차체측면(side outer)은 일종의 모노레일인 램런(ramrun)에 의해 이송된다. 도어 등 외주화된 차체무빙(B/M) 공정의 부품들은 자동창고에 쌓여 있다가 운반(carriage) 로봇에 의해 대차에 장착된 후 행거

(hanger)에 의해 생산 라인으로 투입된다. 라인 간의 작업물 이동도 대부분이 왕복장치(shuttle)에 의해 자동적으로 이루어진다. 이는 기술적으로 가능하다면 인간의 노동을 사용하지 않으려고 하는 현대차의 '생산 철학'을 반영하고 있는 것처럼 보인다.

차체공장의 외주화도 자동화보다는 뒤지지만 1980년대 말부터 본격적으로 진행되어왔다. 〈표 5-4〉를 보면 1989부터 생산을 시작한 X-1 후속차종의 외주화율은 전체 스폿용접 중에서 25.7%에 불과했지만, 지속적으로 증가하여 2002년 생산을 시작한 TB에 와서는 65.8%까지 증가했다.[7] 부품업체들은 현대차에 비해 60~70%의 임금 수준이기 때문에, 부품업체의 기술 수준이 향상될수록 현대차가 외주화의 확대를 통해 비용 절감을 추구하는 것은 당연하다. 또한 현대차의 대립적 노사관계도 외주화를 촉진하는 요인으로 작용하고 있다(면담정리, 2011).

차체 부품 중에서 카울, 패키지 트레이 등은 일찍부터 외주화되었다. 외주화는 모듈화가 진전되면서 더욱 촉진되고 있다. TB 생산 라인은 모듈의 진전에 따른 외주화의 급속한 진전을 보여준다. TB의 사이드 패널은 5개의 패널로 분리 설계·외주화되어 성우하이텍, 태성공업 등에서 서열로 납품된 후 차체측면(B/S) 공정에서 하나로 용접된다. TB 모델부터 도어, 트렁크 등 움직이는 차체무빙 공정은 통째로 외주화되어 성우하이텍 등에서 납품되고 있다. 센터 플로어, 리어 플로어 등도 외주화되어 엠에스오토텍 등에서 납품되고 있다(현대자동차 사내자료, 2009).

---

**7**  뉴 MC는 2005년에 생산을 시작했지만 1999년에 설치된 생산 라인의 레이아웃을 쉽게 바꿀 수 없었기 때문에, 외주화율은 TB에 비해 떨어지는 것으로 나타난다.

표 5-5

## 차체공장 노동자 수의 시계열적 변화[1)]

|  | 모델 | 생산 | (키퍼)[2)] | 반장 | 보전 | 품질관리 |
|---|---|---|---|---|---|---|
| 1985 | X-1 | 843 | 22 | 25 | 55 | - |
| 1989 | X-2 | 738 | 24 | 22 | - | 38 |
| 1994 | X-3 | 466 | 52 | 20 | - | 22 |
| 1999 (2005) | MC | 124 | 24 | 8 | 120 | 275 |
| 2002 | TB | 50 | 14 | 4 | | |

주: 1) 생산 근로자와 반장은 2교대 인원까지 포함한 것임.
　　2) 키퍼 인원은 생산 근로자에 포함된 것임.
　　3) MC와 TB의 생산 근로자 수에는 청소, 공구관리, 물류 등 기타 인원 92명이 포함되어 있지 않음.
자료: 현대자동차 사내자료(2010).

## 4.2 │ 노동력 구성의 변화

　　차체공장의 유연자동화와 외주화는 직접적으로는 차체공장에 근무하는 생산 현장 근로자 규모의 급격한 감소를 가져온다. 〈표 5-5〉는 지난 15년간 현대차 차체공장의 생산 라인에서 진행된 노동력 규모와 구성의 극적인 변화를 보여주고 있다.

　　1985년 X-1을 생산할 때 직접 생산자가 843명이던 것에 비해, 2002년부터 생산을 시작한 TB의 직접 생산자는 50명에 불과하다. 각 모델별로 생산 라인에 배치된 직접 생산자를 정확하게 비교하기 위해서는 물론 상이한 작업 속도(UPH)와 생산 능력을 감안해야 하지만, 전체적 추세만을 개략적으로 확인하더라도 극적인 감소가 아닐 수 없다.

　　〈표 5-6〉과 〈표 5-7〉을 보면, 생산 현장 노동력의 규모가 가장 급격히 축소된 곳은 차체바닥(B/F), 차체측면(B/S), 차체성형(B/B) 공정의 작업반이다. 1994년에는 3개 작업반에 배치된 근로자의 총수가 84명이었던 데 비해, 2009년에는 3개의 작업반이 하나로 축소되었고 근로자도

표 5-6

## 차체공장의 작업반별 인원 구성(1994년, 65UPH 기준)

|  | 근로자 | 키퍼 | 조장 | 반장 | 합계 |
|---|---|---|---|---|---|
| B/F | 11 | 3 | 2 | 1 | 17 |
| B/S | 34 | 2 | 3 | 1 | 40 |
| B/B | 22 | 2 | 2 | 1 | 27 |
| B/M | 20 | 2 | 2 | 0 | 24 |
| B/C | 18 | 2 | 2 | 1 | 23 |
| 합계 | 105 | 11 | 11 | 4 | 131 |

자료: 심상완(1997)에서 재인용.

표 5-7

## 차체공장의 작업반별 인원 구성(2010년, 40UPH 기준)

|  | 근로자 | 키퍼 | 조장 | 반장 | 합계 |
|---|---|---|---|---|---|
| B/F, B/S, B/B | 8 | 6 | 3 | 1 | 18 |
| B/C | 15 | 1 | 3 | 1 | 20 |
| 합계 | 23 | 7 | 6 | 2 | 38 |

자료: 현대자동차 사내자료(2010).

18명에 불과하다. 지난 15년간 스폿 용접의 자동화와 외주화가 진행되면서 근로자 숫자가 무려 1/5 수준으로 감소한 것이다. 차체무빙 공정은 아예 통째로 외주화되어 사라져버렸다. 그럼에도 작업반 별로 키퍼의 숫자가 거의 변함없는 것을 보면, 생산 공정의 자동화가 진전되더라도 생산 현장의 품질관리나 문제해결 작업은 지속적으로 중요할 뿐 아니라 상대적 중요성은 오히려 커진다는 것을 알 수 있다.

이에 비해 차체마무리(B/C) 공정의 작업반에서는 근로자 수가 23명에서 20명으로 미세하게 감소하는 데 그치고 있다. 차체마무리 공정에서는 도어 단차를 바로 잡거나 요철을 수정하는 작업 등 품질 확보를 위

142 PART 2. 현대차 생산방식의 가치사슬

해 일부 공정 근로자들의 고숙련이 필요하기 때문에 다른 공정에서처럼 자동화가 일방적으로 진전되지는 못하는 것으로 여겨진다.

## 4.3 │ 작업조직과 숙련 성격의 변화

이상에서 살펴본 것처럼, 차체공장의 유연자동화와 외주화가 진전되면서 노동자 수가 크게 감소했다. 자동화와 외주화로 인해 발생하는 여유인원들은 배치전환 절차를 거쳐 다른 공장으로 이동하거나 차체공장 내의 준직접 부서로 이동하고 있다. 생산 현장에 남아 있는 근로자들의 중심적 역할은 수동 용접 노동에서 설비 유지보전 노동으로 변화되었다고 할 수 있다. 즉, 로봇 감시와 제어 노동, 유연자동화 설비의 유지보수 등이 중심 업무가 된 것이다. 그러나 일부 공정에서는 직접노동의 전통적 역할이 일정하게 남아 있는 것도 사실이다. 여기서는 작업조직 내에서 생산직 근로자들이 담당하는 역할을 직무와 직책에 따라 살펴보기로 하자.

일반 근로자

직접 생산 라인에 남아 있는 일반 근로자의 대부분은 작업물을 장착(loading)하거나 균등하게 샌딩(sanding)하는 작업을 담당한다. 이러한 작업은 현시점에서 기술적으로 자동화가 불가능하거나 과도기적 상태에서 남아 있는 것으로서, 탈숙련화된 작업이라고 할 수 있다. 이들의 작업은 기술적으로 필수적이라기보다는 잔여적인 것으로서 노조의 반대에 의해 유지되고 있는 측면도 있다(면담정리, 2011).

그러나 직접 생산 라인에 남아 있는 모든 근로자들이 탈숙련화된 작업을 수행하고 있는 것은 아니다. 차체마무리 공정의 근로자들은 도

그림 5-2
## 차체공장의 조직도

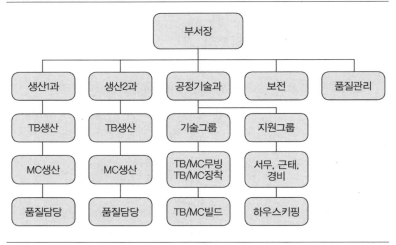

자료: 현대자동차 사내자료(2010).

어의 단차를 바로잡거나 요철을 고르게 하는 작업을 하고 있는데, 이런 작업은 오랜 경험을 통해서만 제대로 수행할 수 있는 고숙련 작업에 속한다. 자동화의 진전에도 불구하고 기계가 부정확하거나 오류를 발생시키는 부분을 바로잡기 위해서는 생산 현장 근로자의 경험적 숙련이 필요한 것이다. 근로자들 간의 직무교대(job rotation)는 2주 또는 한 달마다 자율적으로 실시하고 있다.

일반적으로 근로자들은 자신에게 주어진 업무를 수행하는 것 외의 개선이나 제안 활동에는 소극적 태도를 보인다. 예컨대, 패널의 분리가 자주 발생한다거나 나사가 매번 풀리는 것처럼 생산 현장에서 반복적으로 발생하는 문제에 대해서도 직접 그 원인을 찾아 개선하려고 하기보다는 보전이나 생산관리 요원을 불러 해결하는 데 그치고 있다.

표 5-8
**키퍼의 일상적 점검 항목**

| 점검 항목 | 빈도 |
| --- | --- |
| 팁 드레서 작동상태 점검 | 매일 10회 |
| 팁 교환 | 매일 2회 |
| 용접 상태 누락 및 분리 검사 | 매일 2회 |
| 에어 압력, 칩 및 찌꺼기 유입 여부, 팁 포인트 일치 여부, 생크 고정 상태 | 매일 1회 |
| 커터 마모 상태, 볼트 풀림 여부, 배관손상 및 빠짐 | 매주 1회 |

자료: 현대자동차 사내자료(2010).


키퍼

일반 근로자의 역할이 이처럼 일부 공정을 제외하고는 잔여적 성격
에 머물고 있는 데 반해 키퍼의 역할은 더욱 중요해지고 있다. 키퍼라는
제도가 생긴 것은 노사관계가 대립적으로 된 1980년대 말 이후이다. 근
로자들의 적극적 참여를 기대하기 어려운 상태에서 품질 문제를 해결하
는 직무를 분리시켜 별도의 근로자에게 맡기게 된 것이다. 키퍼란 생산
현장의 품질을 지켜주는 근로자라는 의미로서, 반 내에서 상당 정도 다
능공화되어 있고 근속년수 10년 이상의 경력을 지닌 근로자가 맡는다.
키퍼는 조장으로 승진하기 직전의 직책으로서, 생산 현장에서 일반 근
로자들의 소극적 태도나 기량 부족으로 인해 발생하는 품질 문제를 보
완하는 역할을 주로 수행하고 있다.

차체공장에서는 로봇 20~30대당 한 명의 키퍼를 두고 있다. 일반적
으로는 근로자 9명으로 구성되는 1개 조에 2명의 키퍼를 배치하고 있
다. 〈표 5-8〉에서 알 수 있는 바와 같이, 키퍼는 작업조직 내에서 장비
점검, 팁 포인트 일치 여부 확인 등의 작업을 담당하다가 휴식 시간에는
분리 테스트, 팁 교환 등의 업무를 수행한다. 장비 고장 시에는 보전 요
원이 올 때까지 설비의 기능 정지 등 응급조치를 수행하고 있다.

현재 로봇 티칭은 키퍼가 담당하는 것이 아니라 전자보전에서 담당한다. 키퍼는 근로자 중에서 능력이 뛰어난 사람 중에서 선발되기 때문에 키퍼와 일반 근로자 간의 직무교대는 이루어지지 않고 있다(면담정리, 2011).

이처럼 키퍼는 고도의 숙련을 필요로 하는 시스템조정 노동을 하고 있다기보다 예방보전 업무에 치중하고 있는 것처럼 보인다. 제조 불량이 발생할 경우 설비의 특성과 불량의 형태에 따라 불량의 원인이나 이를 유발한 설비의 오작동 유형을 가장 먼저 파악할 수 있고 가장 빨리 조치를 취할 수 있는 것이 키퍼이다. 그럼에도 불구하고, 설비에 대한 능동적 조치를 취할 수 있는 권한이 없어 보전공에게 상황을 전달하는 역할만을 수행하고 있다.

### 조·반장

조·반장은 생산 현장에서 회사의 공식적인 보직 임명을 받아 근로자들을 감독하고 관리하는 현장감독자이다. 조장은 이전에는 근로자 9~10명으로 구성되었으나 현재는 6~7명으로 구성되는 1개 조의 관리를 담당한다. 조장은 0.5명분의 고유한 작업을 수행하면서 반장을 도와 작업조직을 관리하고, 반장은 2~3개 조로 구성되는 1개 반을 관리하고 있다. 반장은 연령이나 기량 면에서 가장 우수한 사람 중에서 임명되며, 고유한 작업을 부여받지 않은 채 작업조직을 총괄적으로 관리하는 역할을 수행한다. 한 반에는 공식·비공식적 결근률 5%를 기준으로 하여 1명 정도의 대치 인원을 배치하지만, 조장과 반장은 대치 인원이 부족할 때 결원을 보충하여 직접노동을 수행하기도 한다(면담정리, 2011).

이상에서 살펴본 것처럼, 차체공장의 작업조직은 유연자동화와 외주화로 인해 탈숙련 근로자의 대부분이 감소한 상태에서 노동력 구성의 중요한 변화가 진행되고 있다. 앞의 〈표 5-7〉과 〈표 5-8〉에서 알 수 있는 것처럼, 1994년 당시에는 일반 근로자가 전체의 80% 정도였으나, 현재는 50%로 줄어들고 있다. 차체공장의 노동력은 고숙련 작업을 수행하는 생산 라인의 일부 근로자와 키퍼, 조·반장 중심으로 재편되고 있다. 잔여적 성격의 직접노동을 수행하는 일부 근로자가 남아 있는 것은 사실이지만, 과도적으로 존재하는 것에 불과하다.

이와 같은 추세를 감안하면, 일견 차체공장 노동력의 구성에서 숙련 노동자의 비중이 증가하는 것처럼 보인다. 이들의 노동은 전통적 의미의 경험적 숙련뿐 아니라, 유연자동화에 따른 시스템조정의 성격도 뚜렷해지고 있다. 즉, 유연자동화 라인에서는 품질 불량과 설비 고장에 대비하여 그에 대처하는 능력을 지닌 근로자들이 요구되기 때문이다(면담정리, 2011).[8] 설비의 신뢰성을 평가할 수 있는 중요한 지표인 설비 평균 수리시간(Mean Time To Repair: MTTR)이 길면 길수록 데드타임(dead time)이 발생하여 생산의 흐름이 원활하지 못하게 되기 때문에 이를 보완하기 위해 각 공정 간에 재공 재고를 두어 흐름이 끊기는 것을 예방하는 것이 필요하다. 이러한 평균 수리시간을 짧게 하기 위해 가장 중요하게 요구되는 것이 생산직 노동자의 시스템조정 능력이다.

그럼에도 현대차 생산직 노동자들의 현실적 숙련 수준은 체계적 교육훈련이 부족한 상태에서 객관적으로 요구되는 수준에 못 미치는 것으

---

[8]　그러나 일반 근로자의 용접 작업이 자동화에 따라 로봇으로 대치된 것도 있지만, 외주화에 따라 부품업체들로 이전된 것도 있다는 것을 고려해야 한다. TB 라인의 경우에는 전체 용접 공정 중 2/3 정도나 외주화가 이루어졌다. 따라서 완성차업체 내부에만 시야를 한정시킨 채 숙련 노동자의 비중이 증가하고 있다고 단순하게 해석하기는 어렵다.

로 평가된다. 키퍼와 조·반장을 포함하더라도 생산 현장의 노동자들이 고도의 숙련을 요구하는 시스템조정 노동을 수행하고 있다고 보기 어려운 현실이다. 이에 따라 현대차는 설비 고장으로 길어질 수밖에 없는 데드타임 때문에 전 공장 생산의 흐름이 끊기는 것을 방지하기 위해 재공재고를 늘리는 방법을 활용하고 있다.

### 공정기술자

차체공장에서 흥미로운 것은 직접 생산부서와는 구분되는 공정기술과의 역할이다. 앞의 〈그림 5-2〉에서 본 것처럼, 공정기술과는 조직도 상으로도 일상적 생산을 관리하는 생산부서와는 별도로 구성되어 있다. 1991년에 신설된 공정기술과는 생산기술본부와 생산직 노동자들 간의 중간적 위치에 서서 차체공장의 품질과 생산성을 향상시키는 데 주도적 역할을 수행하고 있다. 공정기술과는 4년제 대학을 졸업한 엔지니어들과 고졸 생산직에서 승진한 엔지니어들로 구성된다.

공정기술과는 새 모델을 준비할 때는 생산기술본부와 협력하여 생산설비를 설치하고 원활하게 가동하도록 하는 것과 동시에 맨아워(m/h) 협상[9]을 통해 근로자들을 적절하게 배치하는 업무를 수행한다. 새 모델의 대량생산이 시작된 후에는 생기본부 자동화기술부, 보전부서와 협력하여 라인 가동률을 높이고 품질과 생산성을 향상시키는 역할을 담당한다. 노조 대의원과 인원 배치를 협상하거나 요구사항을 수용하는 노무관리자로서의 역할도 수행하고 있다(면담정리, 2011).

---

**9**  맨아워 협상이란 평균적 숙련을 지닌 근로자들이 생산 현장에 몇 명이 배치되어야 하는가를 노사가 협상하여 결정하는 것이다. 현대차는 모답스(MODAPTS) 공법에 기반을 두고 근로자의 인원을 산정하지만 노조는 이를 인정하지 않기 때문에 새 모델을 설치하거나 변경할 때 상당한 갈등과 시간 지체가 발생하고 있다.

표 5-9

**차체공장 근로자 숙련의 4가지 유형**

| | 직위 | 다능공화 정도<br>(늦지 않게 작업) | 능력 범위 |
|---|---|---|---|
| 레벨 1 | 일반 근로자 | 하나의 직무 | 불량 소수, 안전 실수하지 않음 |
| 레벨 2 | 키퍼 | 3~5개의 직무 | 품질 불량 발견, 설비 불량 대처 |
| 레벨 3 | 조장, 반장 | 반 내 10~15개의 직무 | 품질 및 설비 불량의 원인 파악 |
| 레벨 4 | 공정기술자 | 인접 반의 직무 가능 | 새 모델 생산준비, 불량 해결 가능 |

자료: 小池(2001); 면담정리(2011).

지금까지 살펴본 것처럼, 공정기술과의 엔지니어들은 키퍼라는 직책과 함께 생산직 노동자들의 부족한 기량과 문제해결 능력을 보완해주고 있다. 요컨대, 현대차의 숙련 시스템은 일반 근로자의 부족한 기량을 키퍼와 조·반장이 보충하고, 생산직 노동자들 전체의 부족한 기량은 공정기술자들이 보완하는 방식으로 운영되고 있다. 〈표 5-9〉는 차체공장 생산직 노동자들과 공정기술자들의 숙련을 유형별로 정리한 것이다.[10]

### 간접공

앞에서도 언급한 바와 같이, 현대차 생산 현장의 직접노동자들은 키퍼, 조·반장이라고 할지라도 생산설비의 고장을 근본적으로 해결하지는 못한다. 생산설비가 고장나면 보전공이 도착할 때까지, 5분 이내의 시간 동안 응급조치를 하는 정도의 역할만을 담당하고 있다. 문제해결 능력이라는 점에서 현대차는 간접공인 보전공에 의존하는 정도가 크다고 할 수 있다.

[10] 일본의 자동차업체에서는 일반적으로 레벨 1과 레벨 2의 작업을 일반 근로자가 담당하고, 레벨 3을 반장(우리는 조장), 레벨 4를 조장(우리는 반장)이 담당하고 있다(小池, 1991).

고 할 수 있다.

앞의 〈표 5-5〉에서 확인할 수 있는 것처럼, 유연자동화와 외주화가 진행되었음에도 보전 요원의 숫자는 거의 늘지 않고 있다. 이는 한정된 보전공의 노동강도가 늘어난다는 의미이다. 더욱이 보전 요원은 평일 휴식 시간이나 주말에 휴식을 취하지도 못한 채 보전 작업을 하는 경우가 많기 때문에, 보전 요원 되기를 기피하는 경우가 많다(면담정리, 2011).

차체공장의 보전공은 전자보전과 차체보전 소속으로 구분된다. 전자보전의 보전공은 유연자동화에 따른 로봇의 티칭(teaching)과 작동을 담당하고 서보모터(servo motor)도 관리하고 있다. 차체보전의 보전공은 전자보전이 관장하는 업무를 제외한 영역, 즉 에어실린더, PLC(program-mable logic controller), 유공압, 기계소재 등의 기계장비를 담당하고 케이블 교환도 담당한다.

여기서 흥미로운 것은 현대차에서는 직접노동자뿐 아니라 보전공에 대한 체계적 숙련형성도 이루어지지 못하고 있다는 사실이다. 생기본부 자동화기술부에서 생산설비를 설치한 후 1주일 정도 보전공에 대한 현장교육(OJT)을 실시하지만, 교육 성과가 크지 않은 편이다. 이는 보전 부서 관리자들이 업무 차질을 우려하여 보전 요원 교육에 협력하지 않기 때문이기도 하지만, 보전공 스스로 교육에 대한 동기가 부족한 탓도 크다. 해당 장비업체에서도 보전공들에게 PLC, 유공압, 가스용접 등에 관한 집체교육(Off-JT)을 제공하지만, 집체교육은 자동차산업뿐 아니라 다양한 업종에서 온 사람들에게 장비 사용법에 관한 일반적인 교육을 실시하는 것이기 때문에, 특성화된 장비 활용법이나 노하우 전수 같은 효과적 교육이 되지 못하고 있다.

이런 이유로 인해 보전공들이 생산설비에서 발생하는 문제를 자율적으로 해결하려고 하기보다 장비업체에 의존하는 정도가 높아지고 있다. 이에 따라 장비업체의 A/S 요원이 생산 현장에 상주하게 되는 경우가 많고, 심지어는 장비를 아예 장기임대 형식으로 제공하는 경우도 발생하고 있다. 이처럼 현대차에서는 직접노동자들은 문제해결을 간접공에게 의존하고, 간접공은 다시 장비업체에 의존하는 현상을 특징적으로 보여준다. 현대차는 다른 부품업체들에 대한 태도와 마찬가지로 장비고장 시 생산손실분에 대한 책임의 상당 부분을 장비업체로 전가하는 태도를 보이고 있다(면담정리, 2011).

여기서 주목할 것은 품질관리 요원이 급속히 증가했다는 것이다. 앞의 〈표 5-5〉를 보면, MC와 TB 생산 라인에는 무려 275명의 QC 요원이 상주하고 있다. 뉴X-1이나 엑센트 모델에 비해 거의 10배 정도나 늘어난 것이다. 이는 1990년대 후반에 취임한 현대차 그룹의 회장이 품질경영을 선언하면서 품질을 강조하고 있기 때문이라고 할 수 있다. 이처럼 품질을 강조하고 있지만 생산 현장에서는 직접 생산자들에 의한 제조 품질의 향상이 어렵기 때문에, 간접공인 QC 요원들을 중복 배치하여 재작업을 수행함으로써 품질 향상을 도모하고 있다. QC 요원들은 간접공임에도 불구하고, 직접노동자들의 부족한 숙련을 보충하기 위해 생산 현장에 상주하면서 품질 향상을 위해 노력하고 있다. 이에 따라 키퍼와의 업무 중복이 발생하기도 한다.

한편, 차체공장에서 지그정비반은 직접노동자를 지원하여 지그 관리, 요철 관리, 단차 조정, 금형 밸런스 등 품질과 관련된 정밀한 작업을 수행하고 있다. 지그정비반의 간접공들은 5년 이상의 경력자 중에서 선발되며 자체교육 3주, 장비교육 4박 5일, 성래훈련원 용접교육 2~3일 등을 받고 배치된다(면담정리, 2011).

# 5 | 숙련절약적 생산방식

지금까지 우리는 현대차의 유연자동화와 그에 따른 숙련 성격의 변화를 살펴보았다. 유연자동화와 외주화가 진행됨에 따라 노동력 규모가 급격히 감소하면서 탈숙련화가 진행되는 것을 확인할 수 있었다. 교육훈련을 통한 체계적 숙련형성이 충분하게 이루어지지 않은 상태에서 이들의 문제해결 능력이 떨어지기 때문에 보전공 등 간접 부서에 대한 의존도가 크다. 또한 근로자들의 저숙련은 엔지니어들이 파일럿 생산의 선제적 문제해결, '이종 방지' 장치, 품질 경영 등을 통해 시스템적으로 보완하고 있었다.

차체공장의 사례는 유연자동화에 따른 근로자들의 탈숙련화 추세를 잘 보여준다. 유연자동화에 따라 로봇이 수동 용접을 대치하고 외주화가 진전됨에 따라, 차체공장에 남은 직접노동자들은 일부 잔여적 노동에 종사하는 근로자들을 제외하고는 대부분이 상대적으로 고숙련 노동에 종사하고 있는 것처럼 보인다. 그렇지만 차체공장의 근로자들이 충분한 기량을 발휘한다고 보기는 어렵다. 간접 부서의 노동자들도 충분한 기량을 발휘한다고 보기 어렵다. 보전공에 대한 체계적 숙련형성이 이루어지지 않은 상태에서 공정기술 엔지니어와 장비업체에 대한 의존도가 커지고 있다.

이 Chapter에서는 유연자동화에 따라 생산 현장에서 일하는 근로자들의 숙련 성격이 어떻게 변화되는가를 살펴보았다. 이 Chapter의 연구 성과에서 도출할 수 있는 함의는 무엇인가? 현대차의 생산 현장에서는 유연자동화가 진전되어 직접 근로자의 수가 감소함에도 불구하고 탈숙련화가 진행되고 있다. 특히 차체공장에서는 근로자들의 자율적 문제해결 능력이 부족한 상태에서 공정기술 엔지니어와 장비업체에 대한 의존도가 증가하고 있다. 현대차 생산방식의 이와 같은 특징이 지닌 함의는 다음 Chapter를 통해 부품업체까지 포함하는 시스템 합리화의 관점에서 종합적으로 재해석할 필요가 있다.

# CHAPTER 6

# 모듈형 부품업체 관계

## 1 │ 통합형인가 모듈형인가

전통적으로 한국 자동차산업의 모기업·부품업체 관계(이하에서는 '부품업체 관계'로 지칭)는 완성차업체에 납품하는 1차 부품업체 위주의 단층적 구조로 이루어진 것으로 알려져 왔다(산업연구원, 1985: 225). 그러나 최근 한 논문은 2000년대 들어 한국 자동차산업의 부품업체 관계가 1차 부품업체뿐 아니라 2차, 3차 부품업체들로 이루어지는 중층적 구조로 전환했음을 보여주고 있다(김철식, 2011: 98~101).

이처럼 한국 자동차산업의 부품업체 관계가 변화된 이유는 무엇인가? 시스템 합리화론에서는 외주화를 통한 기업 간 관계의 합리화를 통해 대기업과 부품기업 간의 격차가 확대되는 일반적 경향에 대해 지적한다(Sauer et al., 1992). 이러한 일반적 경향에 덧붙여 필자는 2000년대 이후 본격적으로 도입된 '모듈화'가 부품업체 관계의 변화를 초래한 직접적 원인이라고 생각한다. 모듈화는 기민한 생산방식의 핵심적 요소로서, 현대차는 수요 변화에 대응하여 다양한 모델을 기민하게 개발하고 생산하기 위해 모듈화를 적극적으로 추진해왔다.

프롤로그에서 언급한 바와 같이, 모듈화란 모듈형 아키텍처의 원리에 입각하여 설계된 제품을 모듈이라는 하나의 중간부품 단위로 만들어 최종 조립 라인에 투입하는 생산방식을 말한다. 현대차에서는 모듈화를 완성차업체가 아니라 외주화를 통해 1차 부품업체가 담당하고 있다. 따라서 현대차의 모듈화는 부품업체 관계가 중층적 구조로 전환하는 데 크게 기여했다. 소수의 1차 부품업체가 모듈 부품업체로 성장하고, 나머지 1차 부품업체는 2차 부품업체로, 상당수의 2차 부품업체는 3차 부품업체로 전환한 것이다.[1]

그러면 외환위기 이후 이처럼 중층적 구조로 전환된 한국 자동차산업 부품업체 관계의 성격은 어떠한가? 전통적으로 한국 자동차산업에서 부품업체 관계의 성격은 전속적(captive)이었다. 독점적 지위에 있는 소수의 완성차업체들은 부품업체들에 대해 일방적으로 거래 조건을 결정하는 지배자로서 군림해왔다. 외환위기 이후 부품업체 관계는 이전의 전속적 관계를 지속하고 있는가? 아니면 수평적 관계로 전환했는가?

2000년대 중반 산업연구원의 보고서는 "한국 자동차부품업체들이 특정 완성차업체에 전속적으로 의존하는 전속적 거래관계에서 다양한 수요기업과 거래하는 개방적 거래관계로 전환되고 있다"고 서술한다(산업연구원, 2005: 169). 그러나 또 다른 논문은 "거래선 다변화가 …… 그 자체로 부품업체의 자율성 강화나 교섭력 증대를 의미하는 것으로 해석하

---

1  모듈화에 따라 부품업체 관계가 훨씬 복잡해진다고 볼 수도 있다. 일정 모델의 모듈을 납품하는 부품업체가 다른 모델에서는 다른 모듈 부품업체에 부품을 납품하는 2차 부품업체가 되기도 하기 때문이다. 여기서는 완성차업체의 일정 모델에서 이루어지는 부품 납품을 중심으로 하여 부품업체 관계의 변화를 보고자 한다.

기는 어렵다"고 말하고 있다(홍장표, 2003: 203).

이처럼 한국 자동차산업의 부품업체 관계에 관한 연구들은 최근 부품업체 관계의 성격 변화에 대해 대조적 견해를 나타내고 있다. 폐쇄적 관계에서 개방적 관계로 전환했다고 보거나(송창석·김기찬·강명수, 2003; 조철·이항구·김경유, 2005; 복득규, 2008), 아니면 기존의 전속적 성격을 벗어나지 못하고 있다고 주장할 뿐(김상표, 2000; 장석인 외, 2010), 부품업체 관계의 성격 변화가 지닌 새로운 의미에 대해 제대로 해명하지 못하고 있다.

필자는 기존 연구들의 한계를 뛰어넘어 외환위기 이후 한국 자동차산업의 부품업체 관계가 이전과는 상이한 성격의 네트워크로 전환되고 있다고 본다. 여기서 네트워크란 시장(market)도 아니고 위계(hierarchy)도 아닌 중간적 성격을 지닌 기업 간 관계를 의미한다(Thorelli, 1986). Chapter 6에서는 전속적 또는 수평적 관계로 단순화하기 어려운 부품업체 관계의 '네트워크적' 성격을 해명하고자 한다. 이를 위해 게리 제레피와 존 험프리, 티머시 스터전(Gereffi, Humphrey and Sturgeon, 2005)의 유형화를 적용하여 한국 자동차산업 부품업체 관계의 성격이 네트워크 중에서도 구체적으로 어느 유형에 속하는지 해명할 것이다.

Chapter 4에서 논의한 바와 같이, 자동차산업은 통합형 아키텍처에 속함에도 불구하고 현대차는 모듈화, 즉 모듈 부품의 개발과 생산을 적극적으로 추진해왔다. 달리 말하면, 통합형 아키텍처 아래에서도 구조와 기능이 일대일로 연계되는 모듈 부품의 비중을 높여가고 있다. 여기서는 현대차에 납품하는 주요 1차 부품업체들에 초점을 맞춰 현대차의 부품업체 관계가 모듈화를 통해 어떻게 '전속형'에서 '모듈형'으로 전환되는지를 해명하고자 한다.

## 2 │ 부품업체 관계의 거버넌스

먼저 자동차산업의 네트워크적 부품업체 관계를 이론적으로 살펴볼 필요가 있다. 제레피·험프리·스터전(Gereffi, Humphrey and Sturgeon, 2005)에 의하면, 경영 환경의 변화 속에서 모기업은 다른 기업이 모방할 수 없는 고유한 핵심 역량(core competence)에 집중하면서 여타 가치사슬에 대해서는 외주화를 추진할 수밖에 없다. 즉, 모기업은 제품개발, 마케팅 등에 집중하고 대부분의 다른 기능은 외부 전문업체에 의존하는 가치사슬이 진전된다. 이에 따라 자동차산업에서도 모든 기능을 기업 내로 내부화시킨 위계도 아니고, 대부분의 기능을 시장에서 구입하는 것도 아닌 네트워크적 성격의 부품업체 관계가 발전하게 된다. 현재 모든 주요 완성차업체의 부품업체 관계는 네트워크형에 속한다고 해도 과언이 아닐 것이다.

제레피·험프리·스터전은 네트워크형의 부품업체 관계를 다시 세 가지 변수, 즉 ① 부품업체의 능력, ② 거래의 복잡성, ③ 거래를 부호화하는 능력의 정도에 따라 세 가지 유형으로 구분하고 있다. 〈표 6-1〉의 모듈형, 관계형, 전속형이 그것이다.

세 가지 네트워크형의 부품업체 관계를 좀 더 알기 쉽게 도식화하면 〈그림 6-1〉과 같다. 제레피·험프리·스터전의 기업 간 관계 유형화는 가치사슬의 모기업과 핵심 부품공급업체라는 개별 기업 간의 관계를 유형화한 것으로, 자동차산업의 경우 모기업인 완성차업체와 모듈 부품업체 간의 관계가 이에 해당된다. 이 때 완성차업체와 모듈 부품업체는 각각 별개로 존재하는, 상호 독립적인 기업으로 가정된다.

모듈형 부품업체 관계는 부품업체의 역량 증가에 기초하여 완성차업체와 부품업체 간의 개방적이면서도 대등한 관계가 형성된 것을 의미

표 6-1
## 부품업체 관계의 거버넌스 유형

| | 모듈형<br>(Modular) | 관계형<br>(Relational) | 전속형<br>(Captive) |
|---|---|---|---|
| 부품업체의 능력 | 부품업체의 기술 능력이 향상되면서 품질에 대해 총체적 책임 | 부품업체의 능력이 높음, 복잡한 암묵지는 대면적 상호작용을 통해 교환되고 조율 | 부품업체의 능력은 낮음, 부품업체는 조립 등 제한적 기능만을 담당 |
| 거래의 복잡성 | 모기업의 스펙에 맞춰 부품을 제조, 인터페이스 수가 감소하면서 거래가 단순해짐 | 모기업과 부품업체 간의 상호 의존, 높은 수준의 자산 전용성 | 거래관계에서 소규모 부품업체는 훨씬 큰 모기업에 의존함 |
| 거래를 부호화하는 능력 | 모듈화가 진전될수록 표준화·부호화된 정보 교환과 처리가 용이해짐 | 제품 스펙과 암묵지를 부호화하여 교환하기 어렵고 거래가 복잡함 | 제품 스펙을 부호화하기 어렵고 복잡함 |

자료: Gereffi, Humphrey and Sturgeon(2005: 83~87)을 수정.

한다. 실제로 모듈화에 따라 기업 간 거래의 단순화, 정보의 부호화와 표준화가 진전되면, 완성차업체와 모듈 부품업체 간의 암묵지 교환은 줄어들지만, 모듈업체 내부의 암묵지 교환은 복잡해지면서 모듈 부품기술의 블랙박스화가 진전된다. 그에 따라 완성차업체가 접근할 수 없는 모듈 부품업체 고유의 기술 능력이 발전하며, 이는 모듈 부품업체의 교섭력을 강화한다. 따라서 모듈형 부품업체 관계에서는 완성차업체와 모듈 부품업체가 각기 보유한 기술 능력을 바탕으로 독립적이고 대등한 거래관계를 맺게 된다.

현대차 부품업체 관계의 성격은 〈그림 6-1〉의 세 가지 네트워크 유형 중 어디에 속하는 것일까? 이 Chapter에서 주목할 것은 전체적으로 통합형 아키텍처에 속하는 자동차 제품 내에서도 통합형 아키텍처의 성격을 지닌 부품과 모듈형 아키텍처의 성격을 지닌 부품이 공존한다는 사실이다. 여기서 모듈화가 진전되면, 최종 라인에 투입되는 단위 부품

그림 6-1
## 부품업체 관계 유형

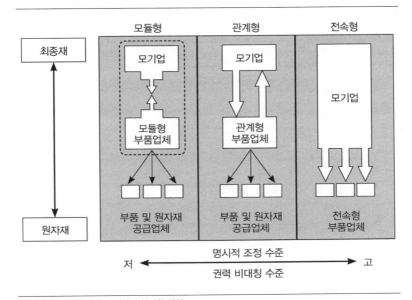

주: 모듈형 그림의 점선은 필자가 부가한 것임.
자료: Gereffi, Humphrey and Sturgeon(2005: 89).

의 수가 줄어들면서 부품 간의 인터페이스도 줄어든다(McAlinden, Smith and Swiecki, 1999: 7).[2] 즉, 조립을 기준으로 볼 때 모듈형으로 분류되는 부품의 비중이 늘어나는 것이다. 또한 특정 기업의 전략에 따라 부품업체 관계의 조정 메커니즘이 상당한 차이를 보일 수 있다(한미경, 2006).

외환위기 이전 현대차 부품업체 관계의 성격이 수직적, 즉 제레피

---

[2]  예컨대, 16개의 부품일 때는 부품 간의 인터페이스가 24개였지만, 모듈화에 따라 4개의 부품으로 줄어들면 부품 간의 인터페이스는 4개에 불과하게 된다. 이는 설계 및 조립의 공수를 파격적으로 줄여준다(McAlinden et al., 1999: 7).

표 6-2

**부품업체 거래유형별 구성(1994년)**

|  | 전속형[1] | 준전속형[2] | 모기업분산형[3] | 기타형 | 합계 |
|---|---|---|---|---|---|
| **업체 수** | 42 | 23 | 7 | 29 | 101 |
| **비율** | 41.6 | 22.8 | 6.9 | 28.7 | 100.0 |

주: 1)하청판매비율이 80% 이상이고, 주거래 모기업 의존도가 75% 이상.
   2)하청판매비율이 60% 이상이고, 주거래 모기업 의존도가 50% 이상.
   3)하청판매비율이 60% 이상이고, 주거래 모기업 의존도가 50% 미만.
자료: 홍장표(1995: 342)에서 재인용.

와 그 동료들의 유형 중 전속형이었던 것은 분명하다. 〈표 6-2〉를 보면, 한국 부품업체들의 특정 완성차업체에 대한 의존도가 높은 것을 확인할 수 있다. 전속형과 준전속형을 합치면, 전체 부품업체의 2/3 정도가 특정 완성차업체에 대한 납품에 의존하고 있는 것을 알 수 있다(홍장표, 1995: 342). 특정 완성차업체에 대한 부품업체들의 전속적 관계가 뚜렷하게 확인된다.

자동차산업의 통합적 성격상 제품 스펙이나 암묵지를 부호화하기 어려웠고, 기술 능력이 낮은 수백 개의 1차 부품업체들이 복잡한 거래를 하기 위해서는 독점적 지위에 있는 현대차에 일방적으로 의존할 수밖에 없었다. 부품업체 관계의 전속적 성격은 소수 완성차업체의 독점적 시장 지배에서 기인하는 것으로 생각된다. 다른 완성차업체와의 거래를 통해 협상력을 발휘할 여지가 거의 존재하지 않았던 것이다. 또한 이 시기까지는 부품개발에서도 제조 단계에서만 협력이 가능할 정도로 부품업체의 기술 능력이 낮은 수준에 머물렀기 때문에, 완성차업체와 수평적 관계로 전환할 만큼의 협상력을 발휘하기도 힘들었다(홍장표, 1995).

그러나 필자는 1990년대 말의 외환위기 이후 모듈 생산의 비율이 높아지면서 현대차 부품업체 관계의 성격이 전속형에서 모듈형으로 전환되었다고 생각한다. 티머시 스터전(Sturgeon, 2002: 455)은 가치사슬에서 특정 노드(node)의 활동은 암묵지에 입각해 이루어진다고 하더라도 노드 간의 연계(linkage)는 부호화된 정보의 교환에 의해 이루어질 수 있다고 본다. 이러한 시각을 적용하면 통합형 아키텍처 제품을 생산하는 자동차산업의 경우 제품이나 부품 개발 과정에서 개별 기업 내부적으로는 복잡한 암묵지 교환이 필수적이라고 하더라도, 기업 간 관계에서는 부품업체의 기술 능력이 향상되고 모듈화에 따라 거래가 단순해지면서 정보를 부호화·표준화하여 교환하는 것이 용이해질 수 있다. 따라서 현대차의 부품업체 관계가 적극적인 모듈화 전략을 통해 상당 정도로 표준화되고 호환 가능한 모듈형 네트워크로 전환하는 데 일정 정도 성공했다고 본다.

거래 이론에 따르면 기업 간에 신뢰가 존재해야 기회주의적 행위를 줄일 수 있다(Thorelli, 1986). 거래 관계에서 상호 신뢰는 기회주의에 따른 갈등을 줄여주는 윤활유 같은 역할을 할 수 있다는 것이다. 그러나 스터전은 기업 간의 신뢰가 부족하더라도 해당 산업 전체의 기술 표준이 성립한다면, 관계가 단순해지고 부호화를 통해 투명한 거래가 이루어짐으로써 외부경제 효과를 실현할 수 있다고 본다(Sturgeon, 2002: 480).

필자는 현대차가 기아차와의 통합을 통한 규모의 경제 실현과 국내 시장 독점을 통해 사실상의 표준을 실현한 상태에서 기업 간 거래를 단순화하고 부호화된 정보의 교환 비중을 높임으로써 모듈형 부품업체 관계를 실현했다고 본다.[3] 현대차의 경우 모듈형 부품업체 관계가 형성되

---

3  현대차의 부품업체 관계가 모듈형으로 전환되었어도, 통합형 아키텍처인 자동차산업의 특성상 현대차의 제품이나 부품이 그룹 외부의 다른 완성차업체와 호환 가능한 정도로 부호화되고 거래가 단순화되는 것은 아니다. 모듈형 부품업체 관계의 부호화된 정보 교환과 처리는 현대차와 현대차가 거래하는 1차 부품업체들의 범위

그림 6-2

## 외환위기를 전후한 현대자동차 부품업체 관계의 성격 변화

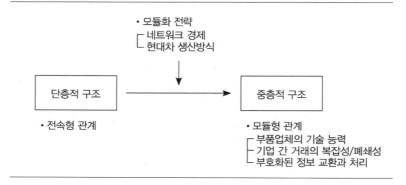

고 있지만, 그 구체적 모습은 서구의 경우와 대조적이다. 현대차와 거래하는 핵심 모듈업체들은 별개의 상호 독립적 기업이 아니라 대부분 동일 그룹의 계열사이다. 즉, 현대차의 경우에는 모듈화를 본격화하면서 주요 모듈사업을 외부 부품업체에 맡기는 것이 아니라 계열사가 담당하도록 함으로써, 그룹 계열사들 간의 내부거래를 중심으로 모듈형 부품업체 관계를 실현한 것이다.

현대차 부품업체 관계의 고유한 특성을 '폐쇄적' 모듈형으로 개념화해보자. 현대차가 형성한 모듈형 부품업체 관계는 앞의 〈그림 6-1〉의 모듈형 관계에서 점선으로 표시하고 있는 것처럼 그룹 계열사들 간의 폐쇄적 거래를 특징으로 한다. 〈그림 6-2〉는 현대차 부품업체 관계의 성격을 분석하기 위한 분석틀이다.

내로 제한되고 있다.

# 3 | 모듈형 부품업체 관계로의 전환

이 절에서 우리는 1990년대 말의 외환위기 이후 현대차의 부품업체 관계가 어떻게 전속형에서 폐쇄적 모듈형으로 전환했는지를 살펴보려고 한다. 현대차가 모듈화를 추진하게 된 데에는 네트워크 경제로의 환경 변화에 따른 일반적 요인 외에도 현대차에만 고유하게 작용한 특수적 요인을 고려할 필요가 있다. 이 절에서는 먼저 외환위기 이후 본격적으로 추진된 모듈화를 현대차 생산방식의 특징과 연결시켜 설명한 후, 그에 따른 그룹 계열사를 중심으로 한 부품업체 관계의 재편을 서술한다. 마지막으로는 이렇게 재편된 현대차 부품업체 관계의 현황을 살펴볼 것이다.

## 3.1 | 현대차 생산방식과 모듈화

현대차는 1990년대 말 최고경영진 교체 이후 2000년대 초부터 모듈화 TFT를 구성하여 모듈화 전략을 본격적으로 추진하기 시작했다. 모듈화 전략의 상위에는 플랫폼 공용화 전략이 있다. 현대차는 기아차와의 통합 이후 플랫폼 공용화를 통해 하나의 플랫폼에서 여러 개의 모델을 개발한다는 전략을 수립한 후, 그에 입각하여 모듈화 전략을 추진했다. 모듈화가 이루어지면 부품 공용화를 통해 제품개발 기간을 단축할 수 있을 뿐 아니라, 생산 유연성도 크게 높일 수 있기 때문이었다(면담정리, 2012).

〈그림 6-3〉과 〈표 6-3〉은 2000년대 후반 현대차의 차종별 모듈화 현황을 보여주고 있다. 현대차 그룹은 프론트 섀시, 리어 섀시, 프론트 엔드, 운전석(칵핏), 루프(헤드라이닝), 도어실드로 구성되는 6개 모듈을 공

그림 6-3

## 현대자동차의 모듈 구성 현황

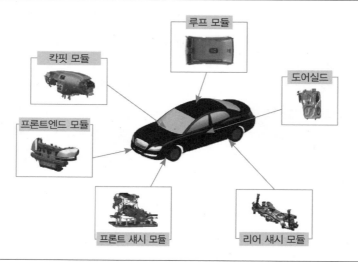

자료: 현대자동차 사내자료(2006).

식적인 모듈화 대상으로 선택하고 있다(현대자동차 사내자료, 2005). 이 그림에서 보는 것처럼, 현대차가 모비스 등 그룹 내 계열사를 중심으로 추진해온 6개 모듈의 모듈화는 거의 완료된 것처럼 보인다. 차종에 따라차이가 있지만, 대략적인 모듈화율은 대당 금액 기준으로 30~45%에 달한다(면담정리, 2012).[4]

현대차의 적극적인 모듈화 전략은 앞서 언급한 모듈화의 일반적 이점 이외에도, 현대차 생산방식의 특징과 밀접히 연관된다고 할 수 있다.

**4**  현시점에서 현대차는 폭스바겐 등 독일 완성차업체 수준에 버금가는 모듈화율을 실현한 것으로 알려져 있다.

표 6-3

## 현대자동차의 차종별 모듈화 현황

| 구분 | 소형승용 | | 준중형승용 | | 준중형승용 | | 중형승용 | | SUV | | | 트라제 | MPV(미니밴) |
|---|---|---|---|---|---|---|---|---|---|---|---|---|---|
| | 클릭 | MC | XD | HD | 투스카니 | 라비타 | TG | NF | JM(5공장) | (EN) | CN | | (TQ) |
| **칵핏 모듈** | | | | | | | | | | | | | |
| 메인 크래쉬패드 | ● | ● | ● | ● | ● | ● | ● | ● | ● | ● | ● | ● | ● |
| 카울 크로스멤버 | ● | ● | ● | ● | ● | ● | ● | ● | ● | ● | ● | ● | ● |
| 크래쉬패드 와이어링 | | ● | ● | ● | ● | ● | ● | ● | ● | ● | ● | ● | ● |
| 스티어링 칼럼 | | ● | ● | ● | ● | ● | ● | ● | ● | ● | ● | | ● |
| **루프 모듈** | | | | | | | | | | | | | |
| 헤더/블로워/에바 | ● | ● | ● | ● | ● | ● | ● | ● | ● | ● | ● | ● | ● |
| 헤드라이닝 | ● | ● | ● | ● | | | ● | ● | ● | ● | ● | | ● |
| 루프 와이어링 | ● | ● | ● | ● | | | ● | ● | ● | ● | ● | ● | ● |
| 램프 | | | | | | | ● | ● | ● | ● | ● | | |
| 아시스트 핸들 | ○ | ○ | ○ | ○ | ○ | ○ | ● | ● | ● | ● | ● | | ○ |
| **도어 모듈** | | | | | | | | | | | | | |
| 도어 인너 모듈 | | | ● | ● | | | ● | ● | ● | ● | ● | | ● |
| 도어 와이어링 | | ● | ● | ● | ● | ● | ● | ● | ● | ● | ● | ● | ● |
| 도어 트림 | ● | ● | ● | ● | ● | ● | ● | ● | ● | ● | ● | ● | ● |
| **프론트엔드 모듈** | | | | | | | | | | | | | |
| 쿨링 모듈 | ● | ● | ● | ● | ● | ● | ● | ● | ● | ● | ● | ● | ● |
| 라디에타 램버 | ● | ● | ● | ● | ● | ● | ● | ● | ● | ● | ● | ● | ● |
| 헤드램프 | ● | ● | ● | ● | | | ● | ● | ● | ● | ● | | ● |
| 프론트범퍼 백빔 | ● | | ● | ● | | | ● | ● | ● | ● | ● | | ● |
| **섀시 모듈** | | | | | | | | | | | | | |
| 프론트 섀시 모듈 | ○ | ○ | ○ | ○ | ○ | ○ | ● | ● | ● | ● | ● | ○ | ● |
| 엔진/변속기 | ○ | ○ | ○ | ○ | ○ | ○ | ● | ● | ● | ● | ● | ○ | ○ |
| 프론트 크로스멤버 | ● | ● | ● | ● | ● | ● | ● | ● | ● | ● | ● | ● | ● |
| 프론트 스트러트 | ○ | | ● | ● | | | ● | ● | ● | ● | ● | | ● |
| 리어 섀시 모듈 | ○ | | | | | | ● | ● | ● | ● | ● | | ● |
| 리어 크로스멤버 | ● | ● | ● | ● | ● | ● | ● | ● | ● | ● | ● | ● | ● |
| 리어 스트러트 | | ● | ● | ● | ● | ● | ● | ● | ● | ● | ● | ● | ● |

주: ●은 모듈화가 완료된 부품, ◐은 부분 완료된 부품, ○은 부품 또는 모듈용 개념 미사용 → 모듈형목(기존차 대비 변경내용)으로 표현함.

엔지니어가 주도한 자동화와 정보화 기술 능력, 그리고 대립적 노사관계라는 조건 속에서 형성되고 발전해온 현대차 생산방식의 특징이 모듈화의 진전에 크게 영향을 미친 것이다. 달리 말하면 현대차 생산방식과 모듈화가 일정한 선택적 친화력을 발휘했다고 할 수 있다.

모듈화의 진전을 촉진한 현대차 생산방식에는 구체적으로 두 가지 특징이 있다. 첫째, 자동화와 정보화 기술 능력이다. 현대차의 이와 같은 능력은 부품업체의 기술 격차와 공간적 거리를 넘어 주요 부품의 외주화와 모듈 생산을 진전시키는 데 크게 기여했다. 또한 모듈화에 참여한 외부 업체들의 관리를 용이하게 함으로써 모듈화를 성공적으로 추진하는 데 기여했다(면담정리, 2012).

둘째, 대립적 노사관계에서 발달해왔다는 것이다. 현대차 생산방식은 대립적 노사관계로 인해 근로자들의 적극적 참여를 기대할 수 없었기 때문에 근로자들의 숙련에 의존하는 정도를 감소시키는 방향으로 진화해왔다. 현대차는 자동화, 정보화를 진전시켜 숙련 근로자에게 의존하는 정도를 감소시켰기 때문에, 최종 조립 라인의 상당 부분을 외주화·모듈화할 수 있었다. 또한 외주화된 모듈 부품을 부품업체에서 숙련 수준이 낮은 근로자들이 생산하여 납품하더라도 생산성과 품질을 유지하는 데 별다른 어려움이 없었다(면담정리, 2012).

요약하면 현대차는 네트워크 경제로의 환경 변화 속에서 근로자들의 숙련에 대한 의존도를 줄이면서 고도의 자동화·정보화에 의존하는 방향으로 진화해왔기 때문에, 모듈화를 성공적으로 추진할 수 있었다.

## 3.2 | 계열사 중심의 폐쇄적 구조 형성

현대차의 모듈화 전략에서 가장 주목할 만한 특징은 대부분의 주요

표 6-4

## 현대자동차 울산공장의 주요 모듈업체 운영 현황(2012년)

| 모듈명 | 공급업체 |
|---|---|
| 섀시(프론트, 리어) | 현대모비스 |
| 운전석(칵핏) | 현대모비스, 덕양산업 |
| 프론트엔드 | 현대모비스, 에스엘, 한라공조 |
| 헤드라이닝(루프) | 한일이화, 대한솔루션 |
| 도어 | 평화정공, 광진상공, 대동하이렉스 |

자료: 한국자동차공업협동조합(각 연도); 각 사 홈페이지에서 재구성.

모듈을 현대차 그룹 내의 계열사들이 담당하고 있다는 것이다. 그중에
서도 모비스는 자동차의 3대 모듈이라고 지칭되는 섀시, 운전석, 프론트
엔드 모듈을 담당하고 있다. 울산공장을 기준으로 할 때, 모비스가 모든
모델의 섀시 모듈 공급을 담당하고 있다(〈표 6-4〉). 운전석 모듈의 경우
초기에는 비계열사인 덕양산업이 모든 모델의 모듈 공급을 담당했지만,
현재는 모비스가 중대형차, SUV 등 대부분 모델의 운전석 모듈을 담당
하고, 덕양산업은 수익성이 낮은 소형차와 준중형차 모델만을 담당한
다. 프론트엔드 모듈에서도 모비스와 비계열사인 에스엘, 한라공조가
운전석 모듈과 유사한 형태의 분업을 지속하고 있다.

　　그 외에 헤드라이닝, 도어 등 나머지 모듈 부품은 주로 비계열 부품
업체들이 담당하고 있다. 예컨대, 도어 모듈은 부품 원가가 큰 데 비해
부가가치는 별로 크지 않기 때문에, 독립적인 부품업체들이 계속 납품
하고 있는 것처럼 보인다.

　　이처럼 현대차 그룹 계열사들이 주요 모듈 부품을 거의 독점하고
있는 이유는 무엇인가? 모듈화가 진전되면서 모듈 부품업체의 기술 능
력이 발전하고 블랙박스화가 진전됨에 따라, 완성차업체는 모듈 부품업
체의 교섭력이 강화되고 관련 기술이 다른 완성차업체로 유출되는 것을

우려하게 된다. 모듈 부품업체의 기술 능력이 지속적으로 향상될 경우에는 완성차업체와의 교섭에서 오히려 주도권이 역전되는 상황이 벌어지기도 한다. 모듈 부품업체가 먼저 신제품을 개발하여 완성차업체에 납품을 제안하는 경우가 발생하는 것이다. 모듈화가 진전될수록 모듈 부품업체의 교섭력이 강화되는 것은 불가피하다.

그러나 현대차의 경우에는 이와는 대조적인 궤적을 밟아왔다. 현대차는 주요 모듈사업을 외부의 부품업체들에 위탁하는 것이 아니라 그룹 계열사들이 담당하도록 하는 폐쇄적 방식으로 모듈화를 추진해온 것이다. 외환위기 직후 만도, 한라공조, 덕양산업 등 국내 유수의 부품업체들 중 다수가 델파이, 비스티온 등 외국계 부품업체에 인수됨에 따라 현대차는 통제력 상실에 대한 우려가 컸다. 이후 현대차가 모비스 등 그룹 계열사를 육성하여 핵심적 모듈사업을 담당하게 했던 것은 외국계 부품업체로의 기업 비밀 유출과 통제력 및 협상력 상실을 막기 위해서였다(현대자동차, 2005b: 12). 또한 막대한 부가가치를 생산하는 모듈사업을 그룹 계열사가 담당하도록 함으로써 모듈화에 따른 경제적 성과가 그룹 내에 귀속되도록 만든 측면도 있다고 추론된다(면담정리, 2012).

이처럼 그룹 계열사들이 담당하도록 하는 폐쇄적 방식의 모듈화는 현대차 부품업체 관계의 고유한 성격이라고 할 수 있다. 달리 말해서 현대차의 모듈화는 비용 절감과 생산 유연성, 품질 향상 등 모듈화의 일반적 목적을 충족시키는 것과 동시에 외주화와 비정규직의 확대를 통해 정규직 노조의 영향력을 줄이면서도 부품업체에 대한 통제력을 유지하고자 하는 다목적성을 지닌 것이다.

## 3.3 | 부품업체 관계의 현황

현대차는 모듈화의 진전과 더불어 외주화를 급격히 진전시켜왔다. 〈그림 6-4〉를 보면 외주화에 따라 2000년대 중반까지 매출액 대비 부품업체 납품액의 비중이 급격히 증가하는 것을 확인할 수 있다. 2000년대 후반 이후 현대차 매출액 대비 부품업체의 납품액 비중이 답보 상태에 있는 것은 외주화가 일정 정도 완료된 상태에서 부품의 '규모의 경제' 실현에 따른 단가 인하 효과가 크게 드러난 것으로 추측된다.

한편, 〈그림 6-5〉에서 보는 바와 같이 외환위기 이후 현대차에 납품하는 부품업체들의 매출액 추이에서는 계열 부품업체와 비계열 부품업체 간의 차이가 뚜렷하게 드러나고 있다. 현대차가 핵심 부품업체를 계열사 중심으로 운영하는 폐쇄적 구조를 형성한 결과, 계열 부품업체의 매출액이 엄청난 규모로 증가하면서 부품업체 매출액 총액에서 계열사 부품업체가 차지하는 비중도 시일이 갈수록 증가하고 있는 것이다.

계열사와 비계열사 간의 격차가 확대되는 현상은 현대차의 주요 모듈업체들만을 대상으로 매출액 추이를 비교한 〈그림 6-6〉에서도 잘 드러난다. 6대 주요 모듈(프론트 섀시, 리어 섀시, 운전석, 프론트엔드, 헤드라이닝, 도어)을 현대차에 납품하는 업체들만을 대상으로 비교한 결과를 보면, 계열 모듈업체인 모비스의 매출액이 엄청난 규모로 증가하면서 나머지 비계열 모듈업체들의 매출액을 모두 합한 것보다 훨씬 큰 규모를 보여주고 있으며, 양자 간의 격차는 시일이 갈수록 증가하고 있다.

〈그림 6-7〉부터 〈그림 6-9〉까지는 부품거래의 중층화 경향을 보여주고 있다. 먼저, 〈그림 6-7〉에서 보는 것처럼, 모듈생산이 시작된 2000년대 현대차의 1차 부품업체 수는 1990년대와 비교해 상당히 감소한 것을 알 수 있다. 1990년대 초·중반 1차 부품업체 수가 400여 개에 이르고

그림 6-4

## 현대자동차 매출액 대비 부품업체 납품액 비중 추이(단위: %)

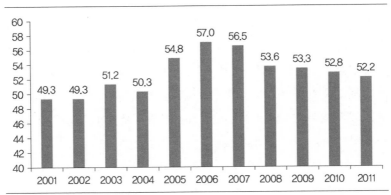

자료: 한국자동차공업협동조합(각 연도).

그림 6-5

## 현대자동차 납품 부품업체 매출액 추이

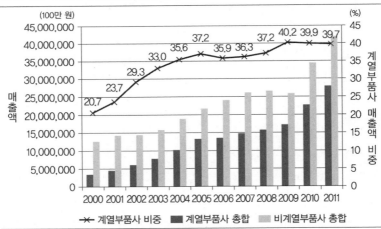

주: 제9차 한국표준산업분류 상의 C30산업(자동차 및 트레일러 제조업) 중에서 현대차에 납품하는 업체
　를 대상으로 함. 현대차 납품업체 선정은 한국자동차공업협동조합에 등재된 부품업체 명단(2011년
　자동차산업편람 기준) 중에서 현대차에 납품한다고 명시된 업체만을 선별함. 이렇게 선별한 기업들 중
　에서 한국신용평가정보(2012)에서 재무데이터를 확보할 수 있는 기업을 최종 분석대상으로 선정함.
　분석에 포함된 최종 업체는 총 231개사임(현대차 계열 부품사 9개, 비계열 부품사 222개).
자료: 한국신용평가정보(2012).

그림 6-6
## 현대자동차의 주요 모듈업체 매출액 추이

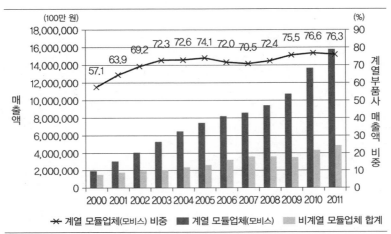

주: 〈표 6-4〉에서 제시한 현대차에 납품하는 9개 주요 모듈업체를 대상으로 함. 그중 계열 모듈업체는 현대모비스 1개사이고 나머지 8개사는 비계열 모듈업체임.
자료: 한국신용평가정보(2012).

그림 6-7
## 현대자동차 1차 부품업체 수 추이

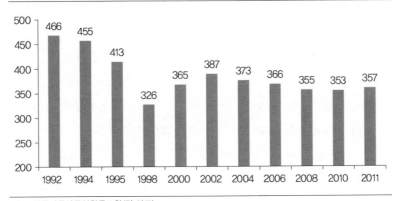

자료: 한국자동차공업협동조합(각 연도).

그림 6-8

## 자동차부품 중소기업의 거래단계별 비중 추이

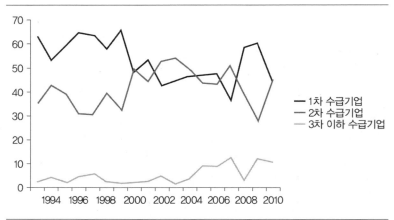

자료: 중소기업협동조합중앙회(각 연도).

있던 것과 달리, 2000년대 들어서 300여 개 수준으로 크게 줄어든 것이
다.[5] 나아가 2000년대 이후에도 1차 부품업체 수는 감소 추세를 보이고
있다. 여기에는 여러 가지 요인이 작용하겠지만, 모듈화가 진전됨에 따
라 1차 부품업체 중에서 2차 이하로 재편되는 부품업체가 늘어나는 것
도 중요한 요인으로 작론된다.

　〈그림 6-8〉을 보면, 2000년대 들어 모듈화가 진전됨에 따라 1차 부
품업체 수의 비중이 감소하고, 2차, 3차 이하 부품업체 수의 비중이 증
가하는 것을 확인할 수 있다. 이 자료는 자동차부품 업종에서 중소기업
의 거래 단계 변화를 보여주는 것이지만, 대부분의 대기업이 1차 부품업

**5**　〈그림 6-7〉에서 1998년 1차 부품업체 수가 326개로 현저히 감소한 것은 1997년
　　말 외환위기의 영향으로 추측된다.

그림 6-9

## 자동차산업의 중층적 네트워크

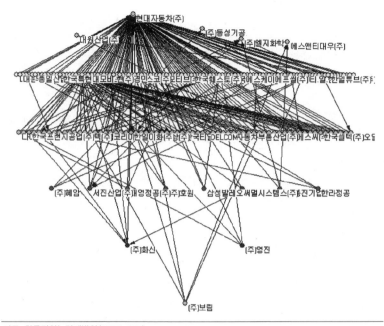

자료: 한국직업능력개발원(2008: 209).

체에 속하는 것을 감안하면, 중소기업의 자료를 통해서도 2~3차 부품업체로의 거래 단계 변화 추세를 확인할 수 있다고 생각한다.

〈그림 6-9〉는 직업능력개발원에서 수행한 기업 간 관계 설문조사 자료에 기초하여 현대차의 네트워크를 그림으로 작성한 것이다. 현대자동차와 모비스를 중심으로 하는 부품업체 관계의 중층적 구조를 잘 보여주고 있다.

한편, 〈그림 6-10〉을 보면 모듈화의 진전에도 불구하고, 복수의 완

그림 6-10
**복수거래 부품업체의 비중 추이**

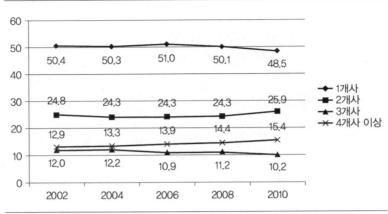

자료: 한국자동차공업협동조합(각 연도).

성차업체와 거래하는 부품업체 수의 비중이 획기적으로 증가하지 않는 것을 알 수 있다. 1개 완성차업체와 전속적으로 거래하는 부품업체 수의 비중이 줄어드는 데 비해, 2~3개의 완성차업체와 거래하는 부품업체 수의 비중은 거의 증가하지 않고 있다. 2개의 완성차업체와 거래하는 부품업체 수의 비중이 미세하게 증가한 것은 현대차와 기아차의 통합에 따른 것으로서 부품업체 교섭력의 의미 있는 증가라고 보기는 어렵다. 또한 4개 이상의 완성차업체에 납품하는 부품업체의 비중이 크게 증가하고 있지만, 이는 범용성을 지닌 부품업체의 거래 증가를 의미하는 것으로서, 부품업체 관계 전반의 개방성 증가로 해석하기는 어렵다.

모듈화가 진전되면 모듈 부품의 제조뿐 아니라 설계까지 부품업체가 직접 담당하기 때문에 부품업체의 기술 능력이 증가하고 그에 따라 모기업에 대한 부품업체의 교섭력이 증가하는 것이 일반적이다(Helper et al., 1994). 부품업체가 단순 제조만을 담당하던 단계에 비해, 독자적인 기술 능력에 기반을 두고 모기업에 대한 거래 조건의 향상을 요구할 수 있기 때문이다. 그러나 현대차의 경우에는 모듈화 이후 부품업체의 기술 능력이 증가했음에도 불구하고, 모기업에 대한 부품업체의 교섭력이 뚜렷하게 증가했다고 보기 어렵다. 모듈형 부품업체 관계로의 전환에도 모기업과의 관계가 비대칭적 관계에서 벗어나지 못하고 있는 것이다.

# 4 <sup>|</sup> 모듈형 부품업체 관계의 동학

이 절에서는 모듈화가 진전됨에 따라 나타나는 현대차 부품업체 관계의 특성을 구체적으로 살펴보고자 한다. 모듈 부품업체의 기술 능력이 진전되면 모기업과의 인터페이스가 단순화되고, 가치사슬 중에서 부호화·표준화·정보화되는 거래의 비중이 높아진다(Sturgeon, 2007: 7). 여기서는 먼저 모듈 부품업체의 기술 능력 현황을 살펴본 후, 그에 입각하여 제품설계와 생산관리에서 확인할 수 있는 모듈형 부품업체 관계의 특성을 살펴보기로 하자.

## 4.1 <sup>|</sup> 기술 능력 향상

모듈화가 진전된 이후 모듈 부품업체들의 기술 수준은 크게 향상되었다고 할 수 있다. 이전에는 수십 개의 부품업체가 각자의 부품을 개발하여 생산하고 납품하던 것을 모듈 부품업체가 해당 부품의 설계 단계부터 발주, 중간 조립, 완성차업체 납품에 이르기까지 전 과정을 주도해야 하기 때문이다. 이에 따라 모듈 부품업체들의 제품 기술과 생산기술 모두에서 상당한 발전이 이루어졌다.

모듈 부품업체들의 기술 능력 향상에는 현대차의 1차 부품업체들을 대상으로 한 품질운영 시스템 평가제도인 5스타 등급제도가 중요한 기여를 했다. 이 평가제도는 신차개발 초기 1차 부품업체가 납품하는 부품 품질과 기술 능력을 별점으로 종합 평가하는 제도이다. 5스타를 획득한 부품업체에는 납품 대금을 현금으로 결제해주고, 각종 행사에도 우선적으로 초청하는 등 여러 혜택을 부여하고 있다(한국자동차공업협회, 2005).

한편, 계열 모듈 부품업체의 기술 능력 향상에는 현대차 그룹의 내부 자원을 동원한 다양한 지원이 중요한 역할을 수행한 것으로 보인다. 모비스의 기술 능력 향상 사례가 대표적이다. 현대차는 모비스의 기술 능력을 향상시키기 위해 그룹 차원에서 수차례에 걸쳐 연구 인력을 지원했다(김철식·조형제·정준호, 2011: 367). 모비스의 연구소와 현대차의 남양연구소는 일상적인 상호 교류와 협력 관계를 지속해오고 있다.

또한, 현대차는 높은 수익을 보장하는 A/S 부품사업을 모비스로 집중시킴으로써 모비스의 안정적 성장을 위한 재정적 토대를 마련해주고 있다. 그 결과 모비스는 안정적 수익을 바탕으로 연구개발투자를 지속적으로 확대하고, 해외 주요 부품업체와 다양한 기술제휴를 추구함으로써 빠른 시일 내에 신속하게 높은 기술역량을 구축할 수 있었다. 실제 모비스는 모듈사업을 시작한지 약 10년 만에 모듈 부품의 단순조립을 의미하는 모듈 생산 1단계, 모듈 적용 부품의 범위를 넓혀가는 2단계를 넘어, 모든 부품을 독자적으로 설계하고 개발할 수 있는 시스템통합 단계인 3단계까지 실행할 준비가 되어 있는 것으로 자체평가하고 있다(김철식·조형제·정준호, 2011: 365).

한편, 해외 다국적 부품업체가 인수한 모듈 부품업체의 경우에는 해당 부품업체를 인수한 다국적 부품업체로부터 일정 정도 기술을 이전

그림 6-11

**현대자동차의 주요 모듈업체 매출액 대비 연구개발비 비율 추이**

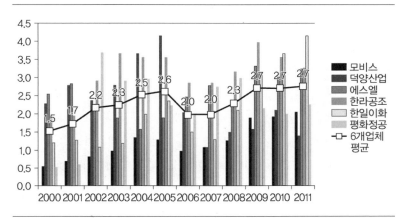

주: 1) 〈표 6-4〉에 제시한 주요 모듈업체를 대상으로 함. 그중에서 광진상공, 대한솔루션, 대동하이렉스
   는 자료 미공개로 생략함.
자료: 각 사 사업보고서(각 연도).

받고 있다. 예컨대, 현대차에 모비스와 함께 칵핏 모듈을 공급하고 있는
덕양산업의 경우에는 소재나 공법 설계 등에서 모기업인 비스티온의 신
기술을 이전받아 현대차에 소개하여 적용하는 방식으로 기술 협력이 이
루어지고 있다(면담정리, 2012).**6**

부품업체들의 기술 발전은 완성차업체의 기술 지원, 해외기술 도입
등을 통해 주로 이루어져 왔지만, 점차 산학연 공동 연구개발처럼 대학,
연구소 등과 협력하는 공공 연구개발의 비중이 커져가고 있다(심상완·이
공래, 2000; 조형제, 2009: 206). 특히 2000년대 중반 이후에는 지자체나 정

---

**6**   덕양산업의 사례는 모기업과 부품업체 간의 개방적 관계의 사례에 속하는 것으로,
      모비스를 중심으로 한 부품업체 관계의 폐쇄적 성격을 보완하고 있다.

부가 지원하는 공공 연구개발 과제의 비중이 모기업의 기술 지원이나 해외기술 도입보다 더 커졌다고 한다(면담정리, 2012). 이는 부품업체 스스로가 기술개발의 주역이 되어 타 기관과의 협력을 추진하고 그 성과를 제품개발에 반영하는 것이기 때문에, 부품업체의 기술 능력 향상을 보여준다고 할 수 있다.

모듈 부품업체들의 기술 능력 향상은 〈그림 6-11〉을 통해 간접적으로나마 확인할 수 있다. 2000년대 들어 모듈화가 본격적으로 추진되면서 주요 모듈업체들은 기술 능력 향상을 위해 연구개발비 투자를 늘려왔다. 그 결과 2006년과 2007년의 일시적인 감소를 제외하면 매출액 대비 연구개발비 비율이 지속적으로 증가하고 있는 것을 확인할 수 있다.

## 4.2 │ 제품개발

모듈화가 진전됨에 따라 부품업체가 현대차의 제품개발 과정에 참여하는 방식이 변화되고 있다(〈그림 4-2〉 참조). 새 모델의 디자인이 확정되어 모델이 고정되면, 현대차가 정해주는 기본 스펙의 범위 내에서 모듈 부품업체들은 해당 부품의 설계를 시작하게 된다. 모듈 부품업체는 2~3차 부품업체들이 납품하는 부품을 포함한 모듈 단위의 설계를 통합적으로 진행하여, 최종적으로 현대차의 승인을 받는다.[7] 자동차 제품은 통합형 아키텍처에 속하기 때문에, 모듈 부품업체들이 해당 모듈을 독립적으로 개발한다고 하더라도 엔지니어들이 직접 만나 서로 암묵지를 교환하고 조율하는 과정이 반드시 필요하다. 달리 말하면, 모듈 부품업

---

[7]    현대차 연구소는 모듈 부품업체가 설계의 많은 부분을 담당함에 따라 발생하는 여유인력으로 신모델뿐 아니라 기존 모델을 해외 시장의 현지 조건에 맞도록 수정해서 개발하는 데 더욱 많은 노력을 기울일 수 있다고 한다(면담정리, 2012).

그림 6-12

## 제품 구조의 모듈화

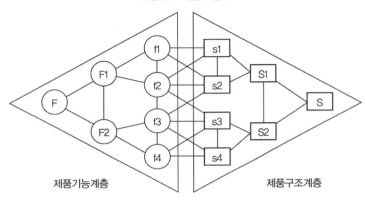

복합구조 제품의 설계

제품기능계층　　　　　　　　　제품구조계층

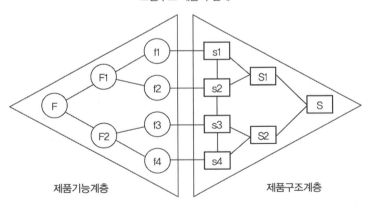

모듈구조 제품의 설계

제품기능계층　　　　　　　　　제품구조계층

주: F=제품 전체의 기능, S=제품 전체의 구조, F1·F2=제품의 서브기능
　　f1~f4=제품의 서브기능, S1,S2=大 모듈, s1~s4=小 모듈, ― =연결
자료: 이군락(2001: 18).

체들은 칵핏이나 섀시, 프론트엔드 등의 모듈을 개별적으로 개발할 수 있지만 각 모듈 간의 조율을 위해 함께 만나 협의하는 과정이 필요한 것이다. 따라서 현대차는 모듈 부품업체들이 현대차 연구소에 게스트 엔지니어(guest engineer)를 파견하여 함께 설계를 진행하면서 부품들 간의 통합성을 높일 수 있도록 주선한다.

이 과정은 대체적으로 디자인이 확정된 후부터 시작품 생산 단계 전까지 9~10개월간 계속되는데, 게스트 엔지니어들이 직접 시제품을 만들거나 카티아 3차원 도면상의 시뮬레이션을 통해 상충되는 부분을 조율을 한다(면담정리, 2012). 게스트 엔지니어링 기간은 다시 신모델의 전체 구조(lay out)를 결정하는 6개월 정도의 패키지 고정 기간과 3~4개월 정도의 상세 설계 및 부품 설치 기간으로 구분된다.

〈그림 6-12〉는 설계 단계에서 모듈화에 따라 부품 구조가 어떻게 변화되는지를 보여주고 있다. 예컨대, 이전에는 각기 설계되어 조율되어야 했던 헤드램프와 회전신호등 부품이 설계 단계에서 일체형으로 통합됨으로써 구조와 기능이 일대일로 대응하는 모듈형 부품으로 되는 것이다.

흥미로운 것은 정보 시스템을 통해 온라인으로 부품을 개발하는 시간의 비중이 증가하고 있다는 사실이다. 정보화는 부호화를 통해 네트워크적 부품업체 관계가 효율적으로 작동하는 데 중요한 역할을 수행한다. 부품업체 관계가 네트워크형으로 전환할 때 발생하는 복잡한 의사소통과 거래상의 문제를 정보화가 완화해주기 때문이다(조철, 2002: 71).

정보화는 현대차의 부품업체 관계가 모듈형으로 전환하는 데 중요한 역할을 수행해왔다. 부품업체의 엔지니어들은 게스트 엔지니어링이 끝난 후에도 현대차의 M 채널을 통해 카티아 프로그램[8]에 온라인으로 접속해 작업할 수 있게 된 것이다. 이에 따라 관련 업체의 엔지니어들이 서로 만나지 않고 효율적으로 정보 교환과 업무 처리를 하는 것이 가능해지고 있다. 이는 암묵지를 부호화하여 교환하고 처리하는 거래의 비중이 증가하는 것으로서, 모듈형의 부품업체 관계가 강화되는 것을 의미한다. 이에 따라 신모델 개발 과정에서 모듈 부품업체의 게스트 엔지니어들이 현대차 연구소에 상주하면서 작업하는 시간이 점차 줄어들어, 이전에는 전체 개발 기간의 절반 정도를 체재해야 했지만 최근에는 30% 정도만 체류하면 된다고 한다(면담정리, 2012).

## 4.3 │ 생산 과정

모듈화가 진전됨에 따라 생산 과정에서도 많은 변화가 이루어지고 있다. 일단 새 모델을 생산할 때마다 외주화가 진전되면서 완성차 최종 조립 라인의 길이가 단축된다. 즉, 모듈화는 기존의 1차 부품업체가 납품하는 부품들을 중간 조립하는 것뿐 아니라 완성차 최종 조립 라인 일부에 대한 외주화를 수반하기도 한다. 따라서 모듈화가 진전될수록 현대차의 입장에서는 최종 조립 라인에 투입되는 부품 수가 줄어들기 때문에 조립 생산성이 향상될 뿐 아니라, 생산에 필요한 근로자의 수도 지속적으로 줄어든다. 산업공학적 측면에서 볼 때, 최종 조립 라인의 생산비와 노무비를 크게 절감할 수 있는 것이다.

〈그림 6-13〉은 부품개발뿐 아니라 생산과 납품까지의 가치사슬에서 이루어지는 모듈화에 따른 부품업체 관계의 변화를 뚜렷하게 보여준다. 구조와 기능이 일대일로 대응하는 모듈형 부품의 조립과 납품이 이

---

**8**  3차원으로 설계 도면을 시뮬레이션해서 작업할 수 있는 컴퓨터지원프로그램(computer aided design: CAD)의 한 종류이다.

그림 6-13
## 모듈화에 따른 납품 시스템의 변화

비모듈적 납품 시스템

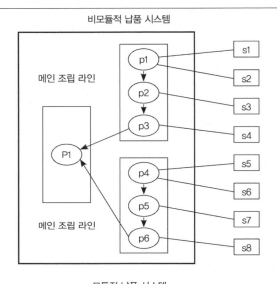

모듈적 납품 시스템

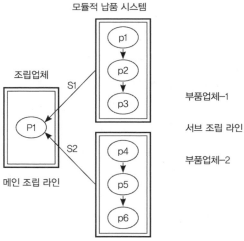

주: P=전체의 생산(조립) 공정, S1, S2=大 모듈, s1~s8=小 모듈, P1=메인 라인 공정,
  p1~p6=서브 라인 공정, →=공정 흐름, □=조립 라인, ─=거래관계, □=공정의 기업 간 분업
자료: 이군락(2001: 22).

루어짐에 따라 모기업과 부품업체 간의 인터페이스가 단순해지면서 부품업체 관계의 모듈적 성격은 더욱 뚜렷해진다.

이처럼 정보 시스템이 활용됨에 따라 부품업체 차원에서도 연구소와 공장이 공간적으로 인접해 있을 필요성이 감소하고 있다. 부품개발 과정에서 시뮬레이션을 통해 시제품의 시험과 평가가 상당 부분 이루어지기 때문에, 양산 과정에서 예상되는 문제의 상당 부분을 연구소 차원에서 미리 파악하여 설계 변경을 할 수 있는 것이다. 따라서 모듈 부품업체의 공장은 물류 비용을 절감하기 위해 완성차업체 공장 인근에 위치하더라도, 연구소는 양질의 인력을 확보하기 위해 수도권으로 이전하는 경우가 증가하고 있다(조형제, 2009).

정보화로 인해 공장의 양산 준비도 간편해지고 있다. 예컨대, 이전에는 조립공법서를 일일이 그림으로 그렸지만, 현재는 연구소의 도면을 카티아로 받아 복사하여 준비한다고 한다. 또한 조립 시 공구의 동선이 차량 제품과 부딪치는지의 여부에 대해서도 카티아에서 3차원으로 시뮬레이션해보고 판단할 수 있기 때문에, 시제품 생산을 통해 직접 확인할 필요가 없다고 한다(면담정리, 2012).

최종 조립 라인에 투입되는 모듈 부품의 구조가 단순화됨에 따라 작업 편의성도 크게 향상된다. 예를 들면 칵핏 모듈의 경우 이전에는 크래시패드, 카울크로스멤버, 오디오 등의 관련 부품들이 각각 따로 최종 조립 라인에 투입되기 때문에 노동과정이 복잡하고 힘들었지만, 이제는 칵핏 모듈 하나로 모듈 부품업체에서 중간 조립되어 납품되기 때문에, 작업 자체가 훨씬 단순하고 편리해졌다(면담정리, 2012).

2년 전부터 현대차는 생산계획에 따른 부품 발주의 기본 정보인 '부품구성체계(Bill of Material: BOM)' 정보를 부품업체에 제공하고 있다. 이에 따라 납품하는 부품의 구성, 제조기록 정보를 부품업체가 공유하게 되기 때문에 부품의 사후관리가 용이해지고 있다.

또한 주목할 것은 이전에는 2~3차 부품업체 대부분이 현대차로부터 원자재를 제공받고 부품을 납품하는 '사급' 방식에 의존했었는데, 이제는 모듈 부품업체가 2~3차 부품업체와 직접 계약하고 결제하는 비율이 점차 증가하고 있다는 사실이다. 예컨대, A사의 경우에는 해당 모듈 전체에서 에어백 등 핵심 부품을 제외한, 전체 부품의 40% 정도를 직접 결제하고 있다. 이는 모듈 부품업체들의 기술 능력이 향상되고, 그에 따라 교섭력도 향상되기 때문이라고 해석할 수 있다.

## 4.4 | 경영성과의 양극화

현대차의 폐쇄적 모듈화가 진전됨에 따라 계열 부품업체들과 비계열 부품업체들 간의 경영 성과가 대조적으로 나타나고 있다. 〈표 6-5〉는 현대차와 계열 부품업체, 비계열 부품업체 간의 수익성 차이를 뚜렷하게 보여준다. 그중에서도 대표적 계열 부품업체인 모비스의 수익성은 현대차에 비해서도 월등하게 좋은데, 이는 모비스의 매출액에서 큰 비중을 차지하는 A/S 부품사업이 모듈사업에 비해 월등하게 수익성이 좋기 때문인 것으로 해석된다(김철식·조형제·정준호, 2011: 362). 모비스를 제외했을 경우에도 계열 부품업체와 비계열 부품업체의 수익성은 큰 차이를 보이고 있다. 모듈화가 계열 부품업체들을 중심으로 폐쇄적으로 진행되면서 모듈화의 진전에 따른 경영 성과가 계열 부품업체들에 집중되어, 비계열 부품업체들과의 수익성 격차가 확대되는 것이다. 이를 모기업의 부품업체들에 대한 불공정 거래관행의 결과로만 설명하기는 어렵다.

현대차와 부품업체 간의 불균등한 관계는 〈그림 6-14〉에서 명료하게 확인할 수 있다. 〈그림 6-14〉는 1980년대 초반부터 현재에 이르는

표 6-5

## 현대자동차 납품 부품업체 매출액 영업이익률 추이

| | 2001 | 2003 | 2005 | 2007 | 2009 | 2011 |
|---|---|---|---|---|---|---|
| 모비스 | 12.1 | 11.4 | 10.4 | 9.7 | 13.4 | 13.5 |
| 계열 부품사 평균 | 6.6 | 8.3 | 5.3 | 3.7 | 7.6 | 5.6 |
| 계열 부품사 평균 (모비스 제외) | 5.7 | 7.8 | 4.4 | 2.9 | 6.8 | 4.7 |
| 비계열 부품사 평균 | 4.1 | -18.3 | 2.9 | 1.9 | 2.1 | 2.8 |

주: 1) 제9차 한국표준산업분류상의 C30산업(자동차 및 트레일러 제조업) 중에서 현대차에 납품하는 업체를 대상으로 함. 현대차 납품업체 선정은 한국자동차공업협동조합에 등재된 부품업체 명단(2011년 자동차산업편람 기준) 중에서 현대차에 납품한다고 명시된 업체만을 선별함. 이렇게 선별한 기업들 중에서 한국신용평가정보(2012)에서 재무데이터를 확보할 수 있는 기업을 최종 분석대상으로 선정함.
　　 2) 분석에 포함된 최종 업체는 총 231개사임(현대차 계열 부품사 9개, 비계열 부품사 222개).
자료: 한국신용평가정보(2012).

그림 6-14

## 현대자동차 제조원가에서 인건비와 재료비의 비중 추세

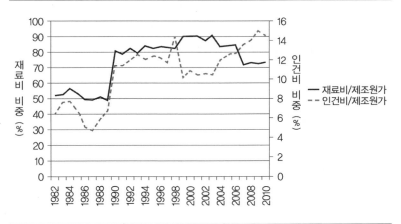

주: 1) 인건비는 생산직의 노무비(급여+상여금+퇴직급여+기타)와 복리후생비의 합계임.
　　 2) 2005년 이후에는 제조원가 명세서가 회계보고서에 첨부되지 않기 때문에, 2005년부터의 제조원가 인건비는 부가가치상의 인건비에서 손익계산서상의 인건비를 제외한 추정치임.
　　 3) 재료비는 매해 원자재와 부품의 구매를 위해 지출된 총액(플로우 개념)으로서 재고 비용은 제외되어 있음.
자료: 현대차 회계보고서·감사보고서에서 작성(정준호·조형제 미발표 초고에서 재인용).

동안 현대차의 제조원가 중에서 인건비와 재료비가 차지하는 비중의 변화를 보여주고 있다. 이 그림은 정규직 노동자에 대한 인건비 상승의 효과가 부품업체가 납품하는 재료비 인하를 통해 상쇄되고 있다는 주장을 경험적으로 확인해주고 있다.

이 기간 현대차 재료비 비중의 변화 추세는 인건비 비중과는 상이하게 나타나고 있다. 재료비 비중도 1987년 이후 가파르게 상승하는 것을 확인할 수 있는데, 이것 역시 일정 정도는 부품업체의 노조 결성 효과 때문이라고 할 수 있다. 그러나 현대차의 재료비 비중은 2000년대 중반까지 완만하게 증가하다가 2000년대 중반 이후에는 오히려 하락하고 있다. 이는 현대차·기아차의 합병으로 부품업체가 대형화되는 데 따른 '규모의 경제' 효과와 현대차 그룹의 시장 지배적 위치로 인해 부품업체에 대한 납품 단가 인하의 효과가 본격화되었기 때문인 것으로 추론된다. 달리 말하면 2000년대 중반 이후 현대차의 노무비 비중의 상승과는 반대로 재료비 비중이 하락한다는 것은, 원자재와 부품 단가가 어느 만큼 억제·절감되고 있는지를 보여준다.

## 5 | 국제 비교

스터전·비제브룩·제레피는 자동차산업에서 모듈형 부품업체 관계를 실현하기 어렵다고 주장하는데, 그 이유는 두 가지이다. 첫째로, 자동차산업은 통합형 아키텍처이기 때문에 하나의 부품이 다른 부품들에 미치는 영향을 명확하게 수량화·부호화하기 어렵다는 것이고, 둘째로 소수의 완성차업체들이 과점 상태에서 부품업체들에게 자신의 표준을 강요하고 있기 때문에 산업 차원의 표준이 어렵다는 것이다(Sturgeon,

Biesebroeck and Gereffi, 2008: 307~308).

그러나 이 Chapter에서는 현대차의 부품업체 관계가 모듈형 부품업체로서의 특성을 상당 정도 실현하고 있다는 것을 보여준다. 첫째, 통합형 아키텍처의 성격이 지속되고 있지만, 주요 부품의 모듈화가 진전됨에 따라 부품 간의 인터페이스가 단순화·부호화되어 자동차 제품 내에서도 모듈형 부품의 비중이 증가하고 있다. 둘째, 현대차·기아차 그룹의 내수 시장 비중이 65~75% 정도로 증가하고 그룹 내의 부품 공용화가 진전됨에 따라 사실상 자동차산업의 표준이 실현되어 부품 간의 호환이 용이해지고 있다.

단, 대부분 핵심 모듈의 설계와 납품을 그룹 내 계열사들이 담당하고 있기 때문에, 현대차 부품업체 관계의 폐쇄적 성격은 쉽게 해소되지 않고 있다. 현재까지는 모듈화에 따른 대규모 투자, 기술 유출 등의 위험부담을 그룹 내 계열 부품업체들과의 협력을 통해 돌파하려는 현대차의 전략이 부품업체 관계의 폐쇄성으로 나타나고 있다. 물론 모듈 부품업체의 기술 능력이 향상되고 해외 현지생산이 진전됨에 따라 해외 업체와의 거래가 증가하면서 이전에 비해서는 폐쇄적 성격이 조금 완화되는 조짐을 보이는 것은 사실이다.[9]

〈그림 6-15〉는 각국 부품업체 관계의 특징을 유형화하여 정리한 것이다. 한국 자동차산업은 모듈화를 높은 비율로 진전시켜가고 있기는 하지만, 모기업에 대한 거래에서 폐쇄적 성격을 유지하고 있다.

이에 비해 독일은 모듈화 초기부터 높은 수준의 기술 능력을 지닌 부품업체들이 모듈화를 주도하면서 모기업에 대한 거래의 개방적 성격

[9] 모비스는 2006년 크라이슬러에 지프 랭글러 모델의 섀시 모듈을 공급했고, 2010년부터는 그랜드 체로키와 닷지 두랑고 모델의 섀시 모듈을 공급하고 있다(현대모비스, 2007).

그림 6-15
**부품업체 관계 변화의 유형화**

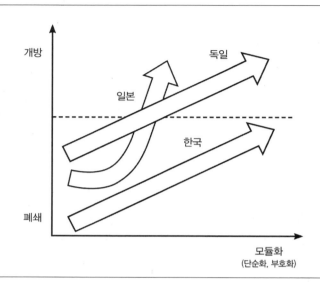

을 강화하고 있다. 최근에 와서는 완성차업체의 부품업체 의존도가 증가하면서, 부품업체의 부도를 완성차업체가 막아줄 정도로 협력 관계가 발전하고 있다고 한다.

일본은 부품업체의 재편을 수반하는 방식으로 모듈화를 추진하지 않았다. 그 이유는 린 생산방식에 입각한 모기업·부품업체 관계가 매우 긴밀하기 때문인 것으로 해석된다. 일본의 부품업체 관계는 대면적 상호작용을 통해 암묵지를 교환하고 조율하는 거래의 비중이 높다는 점에서 관계형이라고 할 수 있다(〈표 6-1〉, 〈그림 6-1〉 참고). 일본 완성차업체들은 설계 모듈화를 진행하되, 모듈 부품업체가 모듈 부품을 중간 조립해서 납품하는 것이 아니라, 완성차업체의 서브 라인에서 조립하여 최종 조립 라인으로 투입하는 경우가 대부분이다(具承桓·吳在烜, 2007). 그렇지만 이전에 비해서는 완성차업체에 대한 부품업체의 거래가 개방적으로 변화하고 있다. 이는 해외 현지생산이 진전되면서 완성차업체의 부품 조달이 다변화됨에 따라 완성차업체에 대한 부품업체의 거래 범위도 개방적으로 변화하기 때문인 것으로 해석된다.

# 6 │ 모듈형 네트워크로의 전환?

이 Chapter에서 우리는 외환위기 이후 현대차의 부품업체 관계가 어떻게 모듈화를 통해 폐쇄적 모듈형 네트워크로 전환되는지를 해명하려 했다.

결론적으로 외환위기 이후 모듈생산의 비율이 높아지면서 현대차 부품업체 관계의 성격은 전속형에서 모듈형으로 전환되었다고 볼 수 있다. 그러나 모듈형으로의 전환이 전속적 거래관계에서 개방적 거래관계로 부품업체 관계가 변화하고 있음을 의미하는 것은 아니다. 현대차의 경우 모듈화를 본격화하면서 주요 모듈사업을 계열사가 담당하도록 했고, 이를 통해 그룹 내 계열사 간의 내부거래를 중심으로 모듈형 부품업체 관계가 형성되고 있다. 따라서 외환위기 이후 형성되고 있는 현대차 부품업체 관계의 성격은 '폐쇄적 모듈형'으로 개념화할 수 있다. 현대차는 시스템 합리화의 추세 속에서 기업 간 관계의 합리화를 통해 대기업과 부품기업 간의 격차가 확대되는 동시에, 폐쇄적 모듈화를 통해 그 격차가 보다 확대되고 있는 것처럼 보인다.

이는 모듈화 초기부터 높은 수준의 기술 능력을 지닌 부품업체들이 모듈화를 주도하면서 모기업에 대한 거래의 개방적 성격을 강화하고 있는 독일의 경우나, 혹은 대면적 상호작용을 통해 암묵지를 교환하고 조율하는 거래의 비중이 높은 관계형 부품업체 관계를 형성하면서 갈수록 개방적 거래관계를 확대해나가고 있는 일본의 경우와는 구분되는 현대차의 고유한 부품업체 관계라고 할 수 있다.

# CHAPTER 7

# 수요지향적 생산관리

## 1 | 수요지향적 생산관리로의 전환

현대차 엔지니어들은 기민한 생산방식에 적합한 '조직 능력(organizational capability)'을 발전시켜왔다. 여기서 조직 능력이란 생산방식의 개별 요소를 통합적으로 관리하는 능력을 지칭한다(후지모토 다카히로, 2003: 69~70). 그중에서도 생산관리(production management)란 조직 능력이 구체화된 형태로서, 회사가 생산계획을 세워 제품의 생산을 효율적으로 관리하는 것을 의미한다(이왕돈·윤영선, 2009). 한 회사가 제품의 생산을 효율적으로 관리하는 정도에 따라 경쟁력의 핵심 요소인 생산성이나 품질 수준이 결정된다. Chapter 7에서는 현대차의 생산관리가 지닌 고유한 특징을 해명하고자 한다. 이를 위해 먼저, 현대차의 기민한 생산방식에 부합되는 생산관리 방식이 어떻게 진화했는지 살펴볼 것이다.

1970년대 이후 린 생산방식은 기존의 포드주의 생산방식을 대체한 새로운 패러다임으로 각광받아왔다. 그 핵심에는 '끌어당기기(pull)' 방식의 생산관리가 있다. 도요타의 오노 다이이치(大野耐一, 1988: 68)는 뒷 공정에서 사용한 만큼 앞 공정을 보충하는 슈퍼마켓의 원리를 제조업에 적용하여 가장 효율적인 생산관리 방식을 발전시켰다. 이는 수요 변화를 유연하게 고려한다는 점에서, 미리 정해진 생산계획에 따라 앞 공정에서 뒷 공정으로 차례로 생산하던 기존의 '밀어내기(push)' 방식을 대체하는 생산관리 방식의 '혁명'으로 각광받았다.

여기서 '밀어내기'는 생산 작업이 사전에 계획한 대로 이루어지는 생산관리 방식을 지칭한다. 이에 비해 '끌어당기기'는 그전의 작업이 완료됨으로써 생산 작업이 시작되는 생산관리 방식을 말한다. 달리 말하면, '끌어당기기' 방식은 작업의 시작을 계획하는 것이 아니라, 필요에 따라 생산을 승인하는 시스템이다(Spearman, Woodruff and Hopp, 1990: 879).

현대차는 1970년대 초반 고유모델을 개발하여 대량생산, 대량판매에 성공한 이후 현재까지 자신의 생산방식에 적합한 생산관리 방식을 발전시켜왔다. 현대차는 초기에 내수 중심의 성장 단계에서 고객의 수요를 민감하게 고려하지 않는 '밀어내기' 방식의 생산관리를 고수해온 것이 사실이다(Lee and Jo, 2007). '공급자' 중심의 국내 자동차 시장에서 시장 수요에 민감하게 대응하지 않더라도, 독점적 지위를 유지할 수 있었기 때문이다.

그러나 2000년대 이후 글로벌화가 진전되고 소비자의 수요가 변화됨에 따라 현대차는 생산관리 방식을 변화시킬 수밖에 없었다. 기존의 공급지향적 생산관리를 시장 수요의 변화에 민감하게 대응하는 수요지향적 방식으로 변화시키게 된 것이다. 이는 세계 자동차산업의 벤치마킹 대상이 된 도요타의 생산관리 방식을 수용하는 것이었다. 그러나 흥미로운 것은 현대차의 생산관리 방식이 엄밀한 의미에서 도요타와 동일한 방식으로 전환한 것은 아니라는 사실이다. 세계 자동차업체들의 생산관리 방식을 리뷰한 월리스 호프와 마크 스피어먼(Hopp and Spearman, 2004)은 특정 자동차업체에서는 수요지향적 생산관리가 정보기술의 적용을 통해 도요타와는 다른 방식으로 실현될 수 있음을 나타내고 있다. 이 Chapter에서는 이러한 관점에 동의하면서, 현대차의 생산관리 방식이 수요지향적이지만 도요타의 '끌어당기기' 방식과는 구분되는 고유한 방식으로 발전해온 사례임을 증명하려고 한다.

우리는 현대차가 국내외의 제도적 환경과 상호작용하는 가운데 다른 완성차업체들과는 구분되는 고유한 생산관리 방식을 발전시켜왔다고 본다. 특히 현대차가 발전시켜온 생산관리 방식의 고유한 특징은 정보화와 밀접히 관련된 것이라고 생각한다. 따라서 이 Chapter에서는 현대차가 한국의 고유한 조건하에서 어떻게 정보화를 통해 도요타와는 구분되는 수요지향적 생산관리 방식을 발전시켜왔는지 보여줄 것이다.

서구의 생산관리 연구는 린 생산방식에 큰 영향을 받았다. 도요타의 '끌어당기기' 생산관리가 실현된 간반 방식을 제조업 생산관리의 새로운 패러다임으로 소개하는 논문을 많이 발견할 수 있다. 간반 방식이란 도요타의 부품 납입지시 시스템으로서 '끌어당기기' 방식을 적용하여 각 공정의 제품을 필요한 시기에 필요한 만큼 생산하는 시스템이다(몬덴 야스히로, 1991).

여기서는 도요타의 생산관리 방식이 기존의 생산관리 방식을 대체하는 유일한 대안이 아닐 수 있다고 주장하는 논문들에 주목하고자 한다. 앞에서 소개한 것처럼 호프와 스피어먼(Hopp and Spearman, 2004: 142)은 도요타의 '끌어당기기' 방식이 정보기술에 기반을 둔 '밀어내기' 방식을 통해서도 적용될 수 있다고 주장한다. 달리 말하면, 정보기술의 효율성을 통해 수요지향적 생산관리를 실현할 수 있다는 것이다.

아난스 크리슈나머시(Krishnamurthy, 2004)는 여기서 한 걸음 더 나아간다. '간반 방식'은 안정적 환경에서 단일 제품을 생산하는 데는 효율적이지만, 다품종 유연생산에서는 '자재소요계획(Material Requirement Planning: MRP)' 방식이 더 효율적일 수 있다는 것이다.[1] MRP는 많은 제조업체들이 적용하고 있는 부품 납입지시 시스템이다. 이 시스템은 생산계획에 따라 최종 제품이 필요한 시점부터 해당 제품의 제조에 필요한 하위 부품의 필요 분량을 역으로 계산해낸다(Hopp and Spearman, 2004). 간반 방식이 '끌어당기기' 생산관리 방식에 입각해 있다면, MRP는 '밀어내기' 생산관리 방식에 입각해 있는 것이라고 할 수 있다.

이처럼 다양한 형태의 수요지향적 생산관리 방식의 가능성을 고려할 때, 우리는 정보 시스템의 발전을 통해 도요타의 생산관리에 근접하는 성과를 거두고 있는 현대차 사례의 특수성을 설명할 이론적 가능성을 발견하게 된다. 현대차가 정보화를 통한 MRP 방식의 도입을 통해 도요타와는 다른 방식으로 수요지향적 생산관리를 실현해왔다는 가설을 제시할 수 있는 것이다.

도요타의 생산관리에 대한 연구 성과가 풍부한 것에 비해 현대차의 생산관리에 대한 연구는 아주 초보적인 상태에 있다. 찬 한과 에드워드 두플라가, 김기영(Hahn, Duplaga and Kim, 1994)은 1990년대 초반에 이미 초보적이지만 현재와 유사한 방식으로 현대차의 생산관리가 이루어지고 있었음을 보여준다. 즉, 현대차의 생산관리는 포드로부터 도입한 MRP 방식과 미쓰비시로부터 도입한 JIT 방식이 결합된 하이브리드로 이루어진다는 것이다. 다만 이 연구가 다루는 내용은 단순한 사례 연구

---

1  그는 간반 방식이 모든 조건에서 항상 효율적일 수는 없다는 것을 통계 분석을 통해 보여주고 있다.

그림 7-1
## 완성차업체 생산관리 방식의 연구를 위한 분석틀

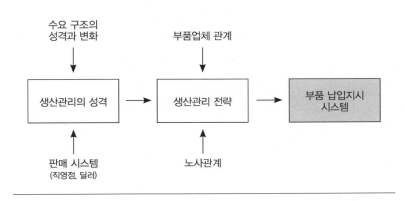

에 그치기 때문에, 현대차의 생산관리 방식이 어떤 점에서 미국, 일본 완성차업체의 생산관리 방식과 구분되는지에 대해 설명하지 못하고 있다.

두플라가·한·허(Duplaga, Hahn and Hur, 1996)는 1990년대 초반 현대차의 생산관리 방식을 소개한다. 그들은 현대차가 소비자 수요 변화에 안정적으로 대응하기 위해 혼류 서열(mixed model assembly line sequencing) 생산을 시도했는데도 생산계획 대비 생산 차질이 15% 정도나 발생하고 있다면서, 이러한 생산 차질이 발생하는 요인을 열거하고 있지만 왜 이처럼 높은 비율의 생산 차질을 보이는지에 대해서는 설명하지 못하고 있다. 그럼에도 이들의 연구는 현시점의 현대차가 어떻게 생산관리를 발전시켜왔는지를 과거와의 비교를 통해 설명하기 위한 선행 연구로서 활용 가치가 크다.

이 Chapter에서는 기존 연구들이 드러낸 한계를 극복해볼 것이다. 요컨대, 현대차가 공급지향적 생산관리 방식으로 출발했는데도 어떻게 수요지향적 생산관리 방식을 발전시킬 수 있었는지를 다른 완성차업체와의 비교를 통해 구체적으로 설명하고자 한다.

분석틀은 〈그림 7-1〉과 같다. 첫째, 사회의 제도적 환경(수요 구조의 성격과 변화, 판매 시스템)은 완성차업체 생산관리의 고유한 성격(공급자 중심, 수요자 중심)을 결정하는 데 영향을 미친다. 둘째, 완성차업체의 고유한 생산관리 전략(정보화, 자동화)은 이해당사자 간의 세력관계(부품업체 관계 및 노사관계)가 작용하는 가운데 결정된다. 셋째, 완성차업체의 고유한 생산관리 전략은 최종적으로는 부품 납입지시 시스템으로 구체화된다.

# 2 | 현대차 생산관리의 형성과 발전

## 2.1 | 고유모델의 개발과 공급자 중심 시장

현대차는 1970년대 초반 정부의 '자동차공업장기진흥계획'에 호응한 고유모델 포니 프로젝트가 성공한 이후 내수 시장 1위를 고수해왔다. 현대차는 수입선다변화, 고관세 등 정부의 내수 시장 보호정책을 통해 해외 완성차업체와의 경쟁에서 보호받았다. 특히 1980년대 후반 이후에는 '자동차대중화(motorization)'가 지속되면서 공급자 중심 시장의 유리한 조건에서 고유모델의 개발, 생산 및 판매가 용이했기 때문에, 독과점 구조 내에서 선두업체로서의 지위를 유지할 수 있었다(한국산업사회연구회, 1990).

공급자 중심의 시장 조건이 계속되었기 때문에 현대차의 내수판매 제품 사양 수는 해외 완성차업체들에 비해 상대적으로 적은 편이다. 현대차는 직영점의 출고사무소를 중심으로 재고를 확보해놓은 상태에서 고객이 60~100여 개의 옵션 중에서 선택하면 3~4일 내에 인도하는 판매 방식을 지속해왔다(면담정리, 2011).

달리 말하면, 현대차 생산관리 방식의 고유한 특성은 ① 공급자 중심 내수 시장에서의 독과점, ② 제한된 사양 안에서 판매하는 직영 판매 시스템이라는 제도적 조건하에서 형성·발전되어왔다.

## 2.2 | 정보 시스템의 초보적 발전: '밀어내기' 방식의 정보화

현대차는 1970년대 말부터 자재업무, 생산업무, 회계업무 등의 분야에서 부분적으로 전산화를 추진하다가, 생산대수가 연산 10만 대 규모로 증가하고 조립 사양 수가 많아짐에 따라 정보화를 통해 체계적인 생산관리를 추진할 필요성을 느끼게 된다. 초창기에 생산계획 정보를 자전거에 의해 후공정으로 전달하는 등 시행착오를 겪던 현대차 엔지니어들은 생산대수가 연간 30만 대 규모로 증가한 1980년대 중반부터 체계적인 생산관리를 위해 정보 시스템을 본격적으로 도입하기 시작했다. 이 시기부터 현대차는 250~400개의 부품집단으로 부품을 분류하여 관리하는 '부품구성체계(BOM)'를 도입하고, 이에 기초하여 생산계획에 따라 부품 소요량을 계산하는 MRP 시스템을 발전시켜가게 된다(면담정리, 2011). 현대차의 생산계획이 변경되면 MRP 시스템을 통해 부품업체들은 그에 맞춰 변경된 부품 소요량을 납품해야 하는데, 현대차에 수직적으로 종속된 부품업체들은 이와 같은 생산계획의 변경에 따른 부담을 일방적으로 감수할 수밖에 없었다.

이 시기에 현대차는 BOM과 MRP를 기반으로 하여 최종 조립 공정에서 작업을 지시하는 '조립지시(Assembly Line Control: ALC)' 시스템을 발전시켰다. 즉 엔진, 서스펜션, 시트, 범퍼 등 사양이 복잡하고 부피가 큰 부품의 사양을 정보 시스템을 통해 확인하여 최종 조립 라인에 차례대로 투입하는 체계적인 생산관리를 실현한 것이다(현대자동차, 1987: 460).

　요컨대, 현대차의 생산관리 정보 시스템은 '계획 생산'에 입각하여 부품 납품과 최종 조립 생산을 동기화하는 '밀어내기' 방식이라고 할 수 있다. 이러한 생산관리 방식은 실물과 정보의 불일치, 부품 결품 등 여러 가지 시행착오를 겪었음에도 현재까지 지속적으로 발전하고 있다. 현대차의 생산관리에서 정보 시스템의 도입은 엔지니어들의 자율적 노력과 경영진의 적극적 의지가 결합되면서 초창기부터 추진되었다. 엔지니어들의 기술중심적 문제해결의 열망은 경영진에 의해 수용되면서 현대차 고도성장의 중심적 추진력으로 작용해왔다.

## 2.3 | 경제위기와 수요지향적 생산관리의 발전

　1990년대 이후 시장 환경은 글로벌화와 소비자의 수요 변화 등이 본격화되면서 변화하기 시작했다. 주요 완성차업체들의 공급 과잉으로 경쟁이 치열해지는 가운데 소비자의 욕구는 세분화되고 다양해졌다. 특히 1990년대 말의 경제위기는 현대차의 생산관리 방식이 수요지향적으로 전환하는 데 중요한 계기로 작용했다. 〈그림 7-2〉에서 볼 수 있는 바와 같이, 1990년대 말의 경제위기 시 한국 자동차산업은 극심한 내수 판매 감소를 경험했다. 이 시기 현대차는 선두업체로서의 지위를 유지했지만, 내수 시장이 '수요자 중심' 시장으로 전환됨에 따라 고객의 요구에 기민하게 대응해야 할 필요성을 절감하게 된다. 또한 2000년대 초부터 완성차 수출이 내수를 지속적으로 상회하면서 한국 자동차산업이 수출 중심 구조로 전환됨에 따라, 현대차는 세계 자동차산업의 공급과잉 상태에서 살아남기 위해서는 고객의 요구에 기민하게 대응하는 수요지향

그림 7-2
**한국 자동차산업의 완성차 판매 추세(단위: 대수)**

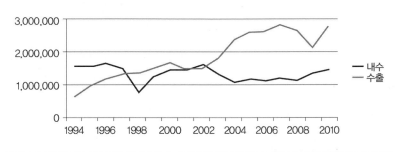

자료: 한국자동차산업연구소(2011).

적 생산관리를 발전시켜야 할 조건에 직면하게 된다. 특히 미국 등 선진국 시장에서 후발 주자인 현대차가 점유율을 높여가기 위해서는 내수 시장에 비해 판매 사양 수를 늘림으로써 고객의 세분화된 요구에 대응하는 수요지향적 생산관리로 전환할 수밖에 없었다(면담정리, 2011).

1990년대 들어서 무역자유화를 확대해간 정부 정책의 변화도 수요지향적 생산관리의 필요성을 증가시켰다. 정부는 1995년 세계무역기구에 가입하고 1999년 수입선다변화 제도를 완전히 폐지하는 등 내수 시장에서 수입차에 대한 차별을 줄여갔다. 한·EU, 한·미 자유무역협정은 수입차에 대한 관세장벽의 단계적 철폐를 실현하고 있다.

현대차는 1986년 내수와 수출, 판매와 생산 간의 상충되는 이해관계를 조정하기 위해 생산계획조정팀을 신설했다(Hahn, Duplaga and Kim, 1994). 생산계획조정팀을 중심으로 유관 부서들이 참여하는 생산관리 회의를 개최하는데, 이 회의의 이름이 초기에는 '생산·판매 회의'였다가 2000년을 전후하여 '판매·생산 회의'로 변경된다는 사실은 현대차가 수요지향적 생산관리로 전환한 것을 상징적으로 보여주는 것이다(면담정리, 2011).

그럼에도 현대차는 내수 시장의 수요 구조가 상대적으로 덜 세분화된 상태에서 딜러 시스템이 아니라 직영점 위주의 판매 시스템이라는 특징을 갖고 있다. 현대차는 직영점이 완성차 재고를 2주 정도 확보해둔 상태에서 고객의 주문을 받으면 최단 시간 내에 인도하는 방식으로 판매가 이루어진다.

## 2.4 | 정보화를 통한 생산관리 방식의 진화

현대차 생산관리 방식의 수요지향적 전환은 앞서 언급한 환경 변화와 아울러 구체적으로는 세력관계, 즉 수직적 부품업체 관계와 대립적 노사관계의 영향을 받으면서 진행되었다. 수직적 부품업체 관계가 어떻게 정보화를 촉진시켰는지는 Chapter 6에서 본 바와 같다. 정보 시스템의 발전은 1980년대 후반 이후 대립적 노사관계가 지속되면서 한층 촉진되었다. 노사 불신 속에서 현장 근로자들의 적극적 참여를 기대할 수 없었기 때문에, 현대차의 정보 시스템은 현장 근로자의 숙련에 의존하지 않는 기술 중심적이고 숙련절약적인 방식으로 진행될 수밖에 없었던 것이다. 즉, 인간과 정보 시스템 간의 접점(interface)을 최소화하는 방식으로 진행되었다.

현대차의 수요지향적 정보화는 현대차가 2009년에 도입한 '전사적 자원관리(Enterprise Resource Planning: ERP)' 시스템을 통해 완성된다고 할 수 있다. 〈그림 7-3〉에서 보는 바와 같이, ERP란 기업 활동의 모든 영역을 망라하는 정보를 통합하여 분석·관리하는 정보 시스템을 지칭한다. 현대차는 2009년 9월에서 2010년 8월까지 1년간에 걸쳐 MRP 등 개별

그림 7-3
**ERP 개념도**

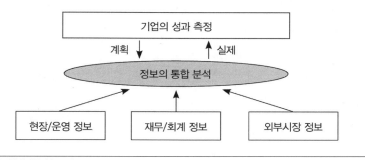

자료: 현대자동차(2011).

부문에서 발전해온 정보 시스템을 연결하고 통합시키는 ERP 시스템을 도입했다. 세계 유수의 소프트웨어업체인 SAP의 패키지를 선택하여 총 328억 원의 비용을 들인 ERP는 BOM, MRP, VAATZ(Value Advanced Automotive Trade Zone, 부품구매), VMI(Vendor Management Inventory, 납입지시), ALC 등 기존의 시스템을 연결시켜 통합적으로 관리하도록 했다. 이 덕에 정보를 실시간으로 공유하여 투명경영을 실현할 뿐 아니라 변경사항에 기민하게 대응할 수 있게 됨으로써, 생산관리의 효율성을 높일 수 있게 되었다.[2] 현대차 생산관리 방식의 구체적 특성은 이와 같은 ERP 시스템이 작동하는 가운데 부품 납입지시 시스템으로 나타난다.

여기에서 주목할 부분은 세계의 주요 완성차업체들 중 ERP를 전면적으로 도입한 업체는 현대차가 '최초'라는 점이다. ERP가 국내에서는

[2]  현대차 입장에서 보면, ERP 도입에 의해 매년 절감되는 비용이 데이터 정비 37억 6000만 원, 재고일수 단축 204억 원, 통합효율성 제고 159억 원 등으로 도합 409억 원에 달한다고 한다(현대자동차 사내자료, 2011).

1994년에 삼성전자에 최초로 도입되었고, 1996년 당시 정보기술 관련 업체에서 기업경영을 혁신할 수 있는 정보기술로 주목받고 있었음을 감안하면(안성우, 2002), ERP가 완성차업체에 전면적으로 도입된 시기는 상당히 늦은 편이다. 이를 통해 완성차업체에 ERP를 전면적으로 도입하는 것이 쉽지 않으며, 위험부담이 높음을 짐작할 수 있다. 그럼에도 현대차가 거액을 들여 완성차업체 중에서 세계 최초로 ERP를 전면 도입한 것은 대립적 노사관계하에서 엔지니어들의 기술중심적 문제해결 노력과 경영진의 적극적 의지가 결합되어 나타난 결과라고 할 수 있다.

# 3 | 현대자동차 생산관리의 현황

## 3.1 | 생산계획의 수립과 운영

울산공장의 사례를 중심으로 현대차의 생산관리 방식을 개관하면 〈표 7-1〉과 같다. 현대차의 생산관리는 장기계획을 기반으로 연간 사업계획을 수립하고, 이를 월 단위로 배분한 월간 운영계획을 수립한다. 월간 생산계획은 이러한 월간 운영계획에 기반을 두고 판매·생산 회의를 통해 다음 달의 생산물량과 마스터 오더(full spec code)를 확정한다.

현대차 생산계획의 조정은 MRP를 사용한 부품 납입지시 시스템을 통해 이루어진다. 이를 구체적으로 보면, 현대차는 확정된 월간 생산계획을 기반으로 하여 2주 단위로 부품 소요량을 확정하고, 구체적 서열(sequence)을 확정한다. 생산 2주 전에는 주간계획, 즉 세부생산계획이 결정되는 것이다. 3주 전까지는 일정 정도 변경이 가능하다. 또한 일간 생산계획은 3일 전에 최종적으로 확정되고, 그전까지는 예외적으로 주

표 7-1
**현대자동차의 생산계획**

| 구분 | 기간 | 비고 |
|---|---|---|
| 장기 생산계획 | 4~5년 | 글로벌 비전, 중장기 운영, 인원, 공장 상태를 고려하여 장기 상품 계획과 부합되게 생산 계획 수립 |
| 연간 사업계획 | 1년 | 전년도 사업실적을 감안하여 1년 생산 목표 수립 |
| 중기 운영계획 | 5~8개월 | 완성차 재고운영 방향, 조립생산(KD)의 부품 소요량 결정 |
| 월간 운영계획 | 1달 | 1달 단위의 운영계획 |
| 월간 생산계획 | 1달 확정+2달 예정 | 판매·생산 회의, 물량 확정, 공장단위의 작업 확정, 마스터 오더 확정 |
| 주간 생산계획 | 2주 확정+1주 예정 | 부품 소요량 확정, 서열 확정 |
| 일간 생산계획 | 3일 확정+1일 예정 | 4일 전까지 세부사양 일부 변경 가능 (예외적) |
| | 2시간 단위로 정보 제공 | 정보 공유를 통해 협력업체가 자발적으로 부품 생산, 납품 |

자료: 면담정리(2011).

문이 들어올 경우 세부 생산계획 내의 사양을 변경하는 것이 가능하다.

## 3.2 | 부품 납입지시 시스템

부품업체의 입장에서 볼 때, 생산계획의 변동에 따른 부품 납입지시는 어떻게 이루어지는가? 부품업체는 MRP 방식으로 1~2개월 전에 통보받은 월간 생산계획에 따른 자재 소요량에 맞춰 납품을 준비한다. 한 달 분량의 확정 계획을 통보받은 후에는 확정된 생산물량의 범위 내에서 납품해야 한다. 그러나 한 달 물량의 범위 내에서 일간 생산계획이 변경될 수 있다. 생산계획의 변동이 발생하는 경우에는, MRP를 통해 부품 소요량을 다시 산정하여 해당 부품업체에 통보하여 결품을 방지한다고 한다.

현재는 MRP의 성능이 향상되어 현대차가 변경된 부품 소요량을 정보 시스템으로 기민하게 계산하여 대응하는 데 별다른 어려움이 없다. 그러나 2009년 이전에는 이처럼 기민하게 변경되는 소요량을 산정하는 것이 불가능했다. 1990년대 중반까지는 낙후된 전산 시스템으로 인해 생산 차질에 따라 변경되는 소요량을 계산하기 어려웠기 때문에 현대차의 많은 직원들이 수작업으로 업무를 담당하고 있었다(Hahn, Duplaga and Kim, 1994). 특히 엔진, 변속기는 2009년까지도 생산 차질 시에 수작업을 통해 소요량을 다시 산정해야 했다고 한다. 그러나 2009년 ERP 시스템을 도입한 이후에는 공장 가동이 멈춘 야간 시간을 이용하여 엔진, 변속기를 포함한 모든 부품에 대해 MRP로 부품 소요량을 기민하게 다시 산정하도록 한 후, 다음 날 아침 일찍 변경된 생산계획을 해당 부품업체에 통보함으로써 생산 차질에 대응하는 것이 가능해졌다(면담정리, 2011).

현대차의 생산계획은 MRP에 의해 부품 소요량을 계산한 후 현대차의 부품구매 시스템인 VAATZ를 통해 부품업체들에 전달된다. 부품업체는 월간, 주간, 일간 생산계획 정보를 공유하면서 생산을 준비하다가, 부품 납입지시 시스템인 VMI를 통해 최종 조립 라인의 부품 소요량을 감안하여 자율적으로 부품을 납품하게 된다.

현대차의 부품 납입지시 시스템은 구체적으로 부품의 성격과 납품 방식에 따라 〈표 7-2〉와 같이 세 가지 유형으로 구분된다. 직서열 부품은 1차 부품업체가 중간 조립하여 최종 조립 라인에 납품하는 부품이고, 사내서열 부품은 조립공장 내부에서 현대차 직영 또는 사내하청 근로자가 조립하여 최종 조립 라인에 투입하는 부품이다. 이 두 가지 유형의 부품은 부품 수 기준으로 각기 5%와 40%, 도합 45%를 차지하고 있다.

표 7-2

## 현대자동차의 부품 납입방식과 재고 수준

| 구분 | 부품 성격 | 비중 | 부품 납입방식 | 재고 수준 |
|---|---|---|---|---|
| 직서열 부품 | 부피가 크거나 사양 수가 복잡한 부품, 대부분 모듈 부품(머플러, 헤드라이너, 도어트림, 범퍼, 메인휠 튜브, 선바이저) | 5% | ① 생산조립시스템(MES)을 통해 부품업체에 생산계획, 소요량 정보를 제공, 부품 조립 ② PBS가 끝나는 시점에서 투입 정보 지시 ③ 서열 정보에 따라 부품업체가 최종 조립 라인에 투입 | 0.0일 (0시간) |
| 사내서열 부품 | 엔진, 변속기 등 사내에서 생산되는 부품 + 일부 부품[3] | 40% | ① 생산조립시스템과 납입지시시스템을 통해 부품업체에 서열 정보 제공 ② 직영 또는 사내하청 근로자가 완성차 공장 내부에서 조립 ③ 서열 정보에 따라 생관 근로자가 최종 조립 라인 사이드에 투입, 조립 라인 근로자가 작업 | 0.4일 (8시간) |
| 일반 부품 | 직서열 부품과 사내서열 부품을 제외한 모든 부품 | 55% | ① 납입지시시스템을 통해 부품업체에 납품 정보를 제공 ② 부품업체가 자율적으로 완성차 공장의 물류창고에 납품 ③ 생관 근로자가 납품 용기(박스/빠레트 등)를 최종 조립 라인 사이드에 투입, 조립 라인 근로자가 작업 | 0.4일 (8시간) |

주: 1) 부품 수 기준, 2) 부품이 완성차 공장에 들어온 후 최종 조립 라인에 투입되기까지의 시간.
    3) 공장 여건, 노사관계에 따라 해당 부품이 다름.
자료: 면담정리(2011).

그 외 일반 부품이 나머지 55%를 차지한다. 직서열 부품은 도장 공장의 PBS(painted body storage)가 끝나는 시점에서 재고 없이 투입되고 있고, 사내서열과 일반 부품은 둘 다 평균 0.4일(8시간)분의 재고를 확보한 상태에서 투입되고 있다.[3] 일반 부품의 경우 경인 지역의 부품업체는 부품의 성격에 따라 하루 1~2회, 울산 인근 지역의 부품업체는 부품의 성격에 따라 하루 4~5회 납품하여 조립 라인에 투입하고 있다.

## 3.3 | 생산관리의 명암

지금까지 살펴본 것처럼 현대차는 정보 시스템을 확충·발전시켜나 감으로써 수요지향적 생산관리 방식을 발전시켰다. 주목할 것은 서열 납품을 하지 않는 일반 부품의 경우 생산계획 대비 부품 소요량의 실적 을 정보 시스템을 통해 실시간으로 모니터링하면서, 부품업체의 납품 회수를 현대차 물류 담당자와의 협의를 통해 수시로 조정한다는 사실이 다. 달리 말하면, 현대차의 부품 납품은 MRP 방식에 의해 이루어진다고 하더라도 최종 조립 라인의 수요 변화에 따라 유연하게 조절되면서 이 루어지고 있다. 요컨대 현대차는 MRP, VAATZ, VMI 등 정보 시스템의 발전에 힘입어 수요지향적 생산관리를 거의 완전하게 실현한 것이라고 할 수 있다.

그러나 부품업체의 입장에서는 정보 시스템을 통해 확실한 발주 명 령이 없이 자율적으로 납품하는 것이 부담이 될 수밖에 없다. 생산 차질 을 방지하기 위해서는 일정 분량의 재고를 확보해야 하고, 이에 따른 부 담은 부품업체가 감수할 수밖에 없기 때문이다(오재훤, 2012). 여기서 생 산 차질이란 한 달 전에 확정된 생산계획과 비교할 때 최종 조립 과정에 서 문제가 생겨 특정 순서의 재공품을 생산 라인에서 들어냄으로써 빈 공정이 발생되는 것을 의미한다. 현대차의 생산 차질이 발생하는 원인 을 발생 빈도에 따라 열거하면, ① 부품업체의 부품 결품, ② 장비 고장,

---

**3**　0.4일(8시간)분의 재고란 부품 창고와 최종 조립 라인 사이드에 있는 재고를 모두 포함한 것이다.

③ PBS 재공 버퍼 부족, ④ 까다로운 주문 등을 들 수 있다고 한다. 달리 말해, 현대차가 생산 차질 없이 완성차 제품을 생산하기 위해서는 생산계획이 변동되더라도 결품을 내지 않으면서 납품할 수 있는 부품업체의 대응 능력이 가장 중요하다고 할 수 있다(면담정리, 2011).[4]

현대차는 정보 시스템을 통해 부품업체들이 기민하게 대응하도록 함으로써 생산 차질에 따른 피해를 최소화하기 위해 노력해왔다. 현대차는 생산계획 변경에 따른 부품 소요량을 매일 야간 시간에 MRP 시스템을 통해 다시 산정하여 다음 날 오전에 부품업체에 통보하고 있다. 이처럼 변경된 생산계획은 최소한 최종 조립생산 4일 전에 해당되는 것이기 때문에 부품업체들이 대응하기에 큰 어려움은 없다고 한다. 이에 따라 현대차의 생산 차질 비율은 지속적으로 감소해왔다. 1990년대 중·후반 현대차의 생산 차질 비율은 15% 정도였는데(Duplaga, 1996: 24; Hahn, Duplaga and Hartley, 2000), 2000년대 이후에는 지속적으로 줄어들어 현재 생산 차질 비율은 5% 이내라고 한다.[5]

그러나 아직도 부품업체들이 무리한 방법으로 생산 차질에 대응하는 경우가 간헐적으로 발생하고 있다. 예를 들어 7~8일 정도 걸려 중국에서 수입하는 와이어 하니스(wire harness)가 제때 조달되지 못해 완성차 최종 조립 라인의 결품이 우려되는 것과 같이 상황이 급박한 경우에는, 현대차가 직접 전화로 연락하여 해당 협력업체가 국내에서 최단 시간 내에 일정 대수 분량의 와이어 하니스를 만들어 납품하여 생산 차질에

---

**4**  생산 차질의 다른 요인들, 즉 장비 고장이나 PBS 재공 버퍼 부족, 까다로운 주문 등은 특별한 경우를 제외하고 거의 발생하지 않는다고 한다.

**5**  확보해놓은 주문이 충분할 때(호황)는 생산 차질이 거의 발생하지 않는다고 한다. 그러나 확보해놓은 주문이 충분하지 않을 때(불황)는 생산 차질이 다시 증가하여 5% 정도의 비율을 나타내기도 한다.

대응하는 경우가 있다고 한다.[6] 이는 극히 드문 경우로 1년에 3~4번 정도 발생한다고 한다. 이러한 대응 방식은 아직도 현대차와 부품업체 간의 관계가 기존의 수직적 성격을 완전하게 탈피하지 못하고 있는 것을 보여준다.

놀라운 것은 부품 대금을 '대금직불 방식'으로 지급받는 부품업체들의 경우이다. '대금직불 방식'이란 부품업체가 현대차에 부품을 납품한 후 최종 라인에 투입되는 실적에 따라 대금을 지급받는 방식으로 거래 부품업체의 80%(금액 기준)가 해당된다.[7] 이들 부품업체는 부품 납품 후 최종 조립 라인의 생산 실적에 따라 대금을 지급받기 때문에, 부품업체 직원이나 납품 기사들이 대금을 지급받기 위해 생산 현장에 상주하면서 정확한 생산 실적을 파악해야 한다. 이는 납품 장부에 부품 재고가 기록되지 않기 때문이다. 따라서 부품 재고는 완성차 공장 내에 있더라도 부품업체에 귀속될 뿐 아니라 반품될 수도 있다고 한다. 이는 부품업체에 대해 모기업이 압도적인 교섭력을 지닌 상태에서 나타나는 전형적 양상이라고 할 수 있다.

현대차 생산관리의 좀 더 근본적 문제점은 정보 시스템의 효율성이 대립적 노사관계 때문에 충분히 발휘되지 못하고 있다는 사실이다. 무

---

**6**  이렇게 해서도 부품이 결품되어 생산 차질이 발생하는 경우는 해당 재공품을 조립 라인에서 들어내어 빈 공정으로 처리하고, 나중에 다시 서열 정보를 받아 조립 라인에 투입하게 된다.

**7**  대금직불 방식으로 부품 대금을 지급받는 부품업체들은 직서열 부품을 포함하여 금액 기준으로 전체 부품의 80%(부품 수로는 60%)를 차지하는데, 현대차는 1990년대 후반부터 대금직불 방식의 결제를 정책적으로 추진해왔다고 한다. 나머지 20%의 부품업체들만이 납품 시점에서 대금 결제를 받는 '일반납입방식'을 사용하고 있다. 이는 하드웨어 소물 부품 등 생산 실적을 파악하기 어렵거나, 납품 시점에서 결제해줄 것을 요구하는 부품업체들이라고 한다(면담정리, 2012).

엇보다도 생산관리 근로자들에 대한 부품 투입지시가 제대로 이루어지지 못하고 있다. 부품업체가 납입한 부품을 2시간 간격으로 조립 라인에 투입하는 투입지시가 아직 이루어지지 못하고 있는 것이다. 생산관리 근로자들은 투입지시를 받지 않는 상태에서 재량껏 작업을 하기 때문에 생산 라인 주변에 재고가 많이 쌓여 있다. 이는 투입지시에 종속되지 않고 재량껏 작업하려는 근로자의 의지가 관철되는 것으로 볼 수 있는데, 불필요한 재고 비용을 상당 정도 증가시키는 것이 사실이다.

또한 생산 공정 중 일부에서는 현장 근로자들이 생산 현장의 정보를 실시간으로 입력하기를 거부하는 곳이 있다. 소재, 엔진, 변속기 등 생산 라인이 짧고 가공할 것들이 많은 경우 자동으로 정보를 입력하기 어렵기 때문에 현장 근로자들이 직접 입력해야 하는데 이를 거부하는 것이다. 이는 근로자들이 재고를 충분히 확보한 상태에서 작업 속도를 임의로 통제하기 위한 것이라고 한다. 이로 인한 실물과 정보의 불일치를 해소하기 위해 중간 관리자들은 생산계획을 근로자들에게 전달하고, 그 생산실적을 보고하는 역할까지 담당하고 있다. 이에 따라 외연적으로는 정보 시스템이 원활하게 가동되는 것처럼 보이지만, 중간 관리자들의 부담이 누적되어가고 있다(면담정리, 2011).

요컨대, 현대차는 정보화를 통해 수요지향적 생산관리를 발전시켜 왔다. 정보 시스템을 통해 실시간으로 생산관리 현황을 파악하고 대응하면서 재고 및 생산 차질 감소 등에서 상당한 성과를 거둔 것이 사실이다. 그러나 정보화 성과의 이면에서는 생산 차질의 부담이 부품업체들에 전가되고 있고, 현장 근로자들의 정보입력이나 작업지시 수용 거부로 인해 투명한 생산관리가 이루어지지 못하는 문제점이 있다. 대립적 노사관계 아래에서 진전되어온 정보화가 근로자들의 정보 시스템에 대한 비협조로 나타나고 있는 것이다.

표 7-3
**현대자동차의 생산관리 방식**

| 제도적 조건 | 수요<br>구조 | 내수 | - 덜 세분화된 독점적 시장, 직영점 위주의 판매시스템<br>- 상대적으로 적은 사양 수 |
|---|---|---|---|
| | | 수출 | - 세분화된 경쟁적 시장<br>- 상대적으로 많은 사양 수 |
| | 판매<br>시스템 | 내수 | - 직영점을 통한 재고 판매 |
| | | 수출 | - 후발업체로서 경쟁 치열<br>- 딜러를 통한 소량 주문 |
| 생산관리의 성격 | | | - 수요자 중심 |
| 세력관계 | 노사관계 | | - 대립적 |
| | 부품업체 | | - 수직적 |
| 생산관리 전략 | | | - 자동화·정보화 |
| 부품<br>납입지시<br>시스템 | 방식 | | - MRP<br>- 숙련절약적 |
| | 노동자 | | - 작업속도의 자율적 통제를 위해 생산 라인에 임의로<br>재고 확보<br>- 생산관리 정보입력에 비협조적(중간 관리자가 대행) |
| | 부품업체 | | - 생산 실적에 따라 부품 대금 지불(대금직불 방식)<br>- 생산차질의 부담이 큼 |
| 생산관리 수준 | | | - 평균 8시간분 부품 재고 보유<br>- 실물과 정보의 부분적 불일치 |

"회사가 의도적으로 노동배제적 자동화를 추진했다기보다는 노사관계가
대립적인 상황에서 근로자들의 숙련에 의존할 수 없었다는 점 때문에 일정
한 경로의존성을 갖게 된 것이라고 할 수 있겠지요"(면담정리, 2011).


# 4 │ 정보화를 통한 수요지향적 생산관리

Chapter 7에서 우리는 현대차가 한국의 고유한 조건하에서 어떻게

정보화를 통해 도요타와 구분되는 수요지향적 생산관리 방식을 발전시켜왔는지 보여주고자 했다. 결론적으로 현대차의 생산관리는 대내외 여건이 변화됨에 따라 수요지향적으로 변화하고 있지만, 고유한 세력관계의 영향 아래 도요타의 '끌어당기기' 방식과는 상이한 성격을 보인다. 현대차는 엔지니어 주도의 기술 중심적 정보 시스템의 도입을 통해 수요지향적 생산관리로 전환하는 데 성공했다. 현대차 생산계획의 부품 납입지시 시스템인 MRP는 수요 변화에 따른 생산계획의 조정을 유연하게 소화하면서 생산 차질이 거의 없는 생산관리를 실현하고 있다. 즉, 현대차는 정보 시스템의 진전을 통해 도요타가 구현한 '끌어당기기' 방식의 장점을 '밀어내기' 방식을 통해 달성하고 있는 셈이다.

이 Chapter는 세계 자동차산업에서 도요타의 '끌어당기기' 생산관리 방식만이 유일하게 경쟁우위를 갖고 확산되는 것이 아니라, 다양한 생산관리 방식이 경쟁적으로 공존할 수 있다는 주장에 입각해 있다. 우리는 현대차가 국내외의 제도적 환경과 세력관계가 상호작용하는 가운데 다른 완성차업체들과는 구분되는 기민한 생산관리 방식을 정립했고, 이를 기반으로 해 주요 완성차업체 중 하나로 성장했다고 본다.

PART

# 3

그린필드로 간
현대차 생산방식

지금까지 우리는 현대차의 기민한 생산방식의 형성과 동학을 살펴보았다. 한국의 고유한 제도적 조건에서 형성된 현대차의 기민한 생산방식은 최고경영진의 강력한 리더십 아래 엔지니어가 주도하는 가운데 가치사슬 전반의 기민함을 실현하고 있다.

Chapter 8의 목적은 현대차의 기민한 생산방식이 해외로 어떻게 이전되는가를 살펴보는 것이다. 현대차는 2000년대 이후 글로벌화의 추세에 대응해 해외생산을 본격적으로 증가시켜왔다. 한국과 다른 제도적 조건에 현대차의 기민한 생산방식을 이식한 것이다. 해외 현지공장의 입지는 대부분 기존의 제도적 제약으로부터 상대적으로 자유로운 그린필드(greenfield)라는 것이 특징적이다. Chapter 8에서는 현대차 미국 앨라배마공장의 사례를 분석한다. 가장 뚜렷한 것은 기민한 생산방식의 숙련절약적 성격에 힘입어 현지공장이 짧은 기간 내에 고도의 성과를 내고 있다는 사실이다. 이는 숙련중심적인 린 생산방식을 이전해야 했던 일본 현지공장의 사례와 구분되는 것으로, 기민한 생산방식이 한국과 제도적 조건이 다른 해외에서 더욱 효율적으로 작동할 수 있다는 역설을 보여준다.

# CHAPTER 8

# 현대차 생산방식의 해외 이전

## 1 | 생산방식의 해외 이전

2008년의 경제위기 이후 미국의 GM과 크라이슬러가 도산하고 일본차의 판매는 감소한 바 있지만, 현대차는 미국 시장에서 점유율뿐 아니라 판매대수도 증가시켰다(≪이코노미스트(Economist)≫, 2009). 현대차는 소형차는 물론이고 중대형차에서도 판매를 늘려가고 있다. 이러한 성공의 배경에는 현대차의 미국 현지공장인 '현대차 앨라배마공장(Hyundai Motor Manufacturing Alabama: HMMA)'이 있다. HMMA는 2005년 중형 세단인 소나타를, 2006년 중형 SUV인 산타페를 생산하기 시작했다. HMMA의 놀라운 성공은 이 공장에서 생산하는 차량의 뛰어난 품질과 생산성이 뒷받침하고 있다(WARD'S Auto World, 2009; J. D. Power and Associates, 2009).

지금까지 일본 완성차업체들이 미국에서 현지공장을 성공적으로 운영한 사례는 널리 알려져 왔다. 유럽의 완성차업체들이 미국 현지공장을 성공적으로 운영한 사례가 있긴 하지만, 이는 고급차에 국한된 경우였다. 현대차는 일본 완성차업체 다음으로 양산차 분야에서 미국 현지공장을 성공적으로 운영하고 있는 사례라고 할 수 있다.

1980년대에 일본 완성차업체들이 세계시장 점유율을 성공적으로 높여왔기 때문에, 완성차업체가 살아남기 위해서는 린 생산방식을 수용해야 할 것처럼 여겨졌다. 이런 맥락에서 현대차의 미국 현지공장이 성공한 것은 현대차가 린 생산방식을 수용했기 때문이라고 주장하는 견해도 있다. 미국 현지공장의 성공은 과연 현대차가 린 생산방식을 잘 수용했기 때문이라고 볼 수 있는 것인가?

제도주의자들은 세계의 완성차업체들이 린 생산방식으로 수렴해갈 것이라는 주장에 반대한다. 하나의 생산방식으로 상이한 환경에 쉽게 적응하기 어렵기 때문에 다양한 생산방식이 공존할 수밖에 없다는 것이다.

하나의 생산방식을 상이한 제도적 환경을 지닌 다른 나라에 이전하는 것이 어렵다는 것을 감안할 때, HMMA의 뛰어난 성과는 놀라운 것이다. 특히 HMMA는 한국의 모공장과 유사한 생산성을 보여주고 있다. 어떤 측면에서는 HMMA가 모공장보다 더 효율적으로 가동되고 있다. 일본 완성업체들의 미국 현지공장이 초기에 일본 모공장의 수준에 도달하기 위해 겪어야 했던 어려움을 생각하면, HMMA의 이러한 성과는 경이적이다.

Chapter 8에서 우리는 현대차 미국 현지공장의 성공이 린 생산방식과는 구분되는 기민한 생산방식의 특징에서 비롯된 것임을 설명하고자 한다. 현대차의 기민한 생산방식을 미국의 환경에 이전하는 것이 린 생산방식의 경우에 비해 용이했다고 보는 것이다. 현대차는 생산직 근로자들의 숙련보다는 기술 능력에 의존하는 생산방식을 발전시켜왔다. 이는 숙련 노동력에 크게 의존하는 생산방식을 발전시켜온 린 생산방식과 대조적이라고 할 수 있다. 현대차 생산방식은 미국 남부의 제도적 환경에 쉽게 적응했다. 앨라배마 주의 유연한 노동시장과 협력적 노사관계는 HMMA가 노사관계가 대립적이었던 한국 모공장에서보다 작업조직을 효율적으로 운영하는 것을 가능하게 했던 것이다.

## 2 ‖ 현대차 생산방식의 미국 이전

현대차는 1990년대 초반에 경험했던 캐나다 부르몽 공장에서의 실패 이후 해외생산에 소극적이었다. 부르몽 공장의 실패는 제품기술의 부족과 미숙한 인적자원관리에서 기인한 것이었다(Yanarella, 2007).[1] 그러나 대미 자동차 수출이 증가함에 따라, 2002년 현대차는 현지공장을 미국에 건설하기로 결정했다. 앨라배마 주 몽고메리 시에 건설된 현지공장은 2005년부터 생산을 시작했다. 이 절에서는 먼저 현대차가 몽고메리를 현지공장의 입지로 선정한 이유를 설명한 후, 현대차 생산방식이 앨라배마의 제도적 조건 아래에서 어떻게 이전되는지를 살펴보고자 한다.

---

1    1990년대 초 현대차의 캐나다 부르몽 공장이 실패한 것은 기술적 요소와 인적 요소가 복합적으로 작용한 결과이다. 당시 현대차는 선진 완성차업체들과 대등하게 경쟁할 만큼의 기술 능력이 없었다. 예컨대, 부르몽 공장이 생산했던 스텔라 모델은 소형차 엔진을 장착하여 외형상으로만 중형차에 불과했다. 또한 현대차는 캐나다 현지 근로자들에게 적절한 인적자원관리 방식을 도입하는 데 실패했다. 당시의 현대차는 기술적·인적 요소 모두에서 현재 수준의 생산방식에 도달하지 못했던 것이다.

## 2.1 | 입지 선정과 현지공장 건설

앞에서 언급한 것처럼, 미국에 현지공장을 건설하기 위한 현대차의 결정은 쉽게 이루어진 것이 아니었다. 그러나 2000년대 초 대미 자동차 수출업체 중 5위를 기록하고 있던 현대차는 가까운 미래에 발생할지도 모르는 무역 마찰이나 환율 변동에 대비할 필요를 느꼈다. 또한 현대차는 미국 현지공장에서 대당 1만 8000달러에서 3만 달러에 이르는 소나타, 산타페 등 중형차를 생산함으로써, 저가 자동차업체라는 이미지에서 벗어날 필요를 느끼고 있었다(현대자동차, 2012).

현대차가 앨라배마에 현지공장을 건설한 가장 중요한 이유는 노동문제였다. 현대차는 전미자동차노조(UAW)의 영향력이 강한 중서부 산업지대에 공장을 세우는 것에 부담을 느끼고, 노조의 영향력이 거의 없는 남부 '선벨트' 지역에 현지공장을 세우려고 했다. 남부 지역 중에서도 앨라배마는 노조 활동의 경험이 거의 없는 전형적인 그린필드 지대였다. 2000년 당시 미연방 노동국에서 출판한 노조 밀집도 자료에 의하면 중서부 주들의 노조 조직률이 20% 정도인데 비해, 남부 지역의 주들은 10% 미만이고, 그중에서도 앨라배마는 9.8%이다(Hirsh, Macpherson and Vroman, 2001: 52).

앨라배마 주의 노동법에 의하면, 노조가 어떤 기업에 조직된다고 하더라도 노조 조합원이 되는 것은 의무 사항이 아니다. 그러나 바로 옆의 조지아 주에서는 조합원이 되는 것이 의무사항이라고 한다. 강력한 노조의 영향을 피해 유순한 근로자들을 모집하기를 바라는 현대차로서는 앨라배마 주가 좀 더 매력적인 것이 당연했다. 우리는 높은 수준의 기업특수적 숙련을 요구하지 않는 현대차 기민한 생산방식의 특성을 감안할 필요가 있다. HMMA은 초기부터 무노조 경영을 지속해왔다. 2002

년 현지공장 설립 당시 김동진 현대차 부회장은 "인센티브도 중요하지만, 빙산의 일각에 불과하다. 가장 중요한 것은 사람, 그중에서도 사람의 태도이다"라고 노동 문제의 중요성을 언급한 바 있다(*The Tuscaloosa News*, 2002).

현대차가 앨라배마 주 몽고메리 시에 현지공장을 세우기로 결정한 또 다른 요인은 앨라배마 주정부가 제공하기로 약속한 인센티브 패키지였다. 켄터키, 미시시피, 조지아, 오하이오 등 다른 주정부와 경쟁하면서 앨라배마 주정부는 세금 감면, 부지정비 보조금, 도로 및 교량 건설 등 매력적인 인센티브 패키지를 현대차에 제공했다. 또한 주정부는 구직자들에게 교육훈련 비용을 제공하기로 약속했다. 앨라배마 주정부가 제공한 패키지는 다른 주정부들과 비교해서도 압도적인 2억 5300만 달러 정도의 규모이다.[2] 현대차는 조립공장과 엔진공장의 건설을 위해 도합 14억 달러 규모의 자본을 투자했다(HMMA, 2012).

2002년 현대차는 미국 앨라배마 주 몽고메리 시에 제조 현지법인 HMMA를 설립하고, 공장 건설을 시작했다. 앨라배마 주정부는 1744에이커(210만 평)의 공장 부지를 사실상 무상으로 제공했다. 공장 부지의 전체 면적은 200만 평방피트(560만 평)에 달한다. 주정부는 HMMA로 진입하는 '현대 대로'를 포장해주었고, 공장 운영에 필요한 유틸리티를 저렴한 비용으로 제공했다(면담정리, 2012).

---

**2**  당시 앨라배마의 돈 시겔만(Don Siegelman) 주지사는 재직 기간(1999~2003년) 중 현대차뿐 아니라 도요타, 혼다의 조립공장 건설에 필요한 수십억 달러의 투자를 유치하는 데 성공했다.

## 2.2 | 인적자원관리

앞에서 언급한 것처럼 한 기업의 생산방식을 다른 나라로 이전할 때는 기술적 요소보다 인적 요소가 변화될 가능성이 더 크다. 여기서 우리는 HMMA의 인적 요소에 영향을 미친 제도적 환경에 대해 고려하고자 한다. 이러한 제도적 환경은 미국 내에서 현대차 생산방식의 숙련형성에 영향을 미치게 된다.

### 채용과 훈련

HMMA는 앨라배마 주정부의 도움을 받아 현지 종업원들을 채용하여 훈련했다. 미국 법률은 어떤 종류의 차별도 금하고 있기 때문에 HMMA는 인종, 성, 육체적 용모 등을 고려해 채용할 수 없었다. HMMA 종업원들의 인종 구성을 보면 흑인이 전체의 55%인데, 이는 몽고메리 시의 흑인 비율 53%와 유사하다. 생산직 근로자 중에서 여성 비율은 전체의 23%로서 한국에 비해 높은 여성 취업률을 보여주고 있다.

HMMA는 기민한 생산방식의 특징에 맞는 일반적 숙련을 지닌 온순한 근로자들을 채용하려고 했다. 신규 채용한 생산직 근로자의 훈련 기간은 현대차 아산공장보다 조금 긴 정도에 불과했다.

생산직 근로자의 훈련은 다음과 같은 두 단계로 이루어진다. 첫 번째, 앨라배마 주정부는 구직자들에게 2주간의 오리엔테이션 프로그램을 제공한다. 대부분의 구직자들은 자동차 제조 경험이 없기 때문에, 훈련 프로그램에는 문화적 이해, 사회적 숙련, 자동차 생산에 필요한 기본적인 직무 숙련이 포함된다. 이 프로그램이 끝난 후 구직자들은 최종적인 채용 여부 결정을 위한 평가를 받는다. HMMA의 임금은 앨라배마 주에서 최고 수준이기 때문에, 이 기간 구직자들 간에는 치열한 경쟁이 벌어진다(면담정리, 2012).

둘째, HMMA는 신규 채용자들에게 2주간의 훈련 프로그램을 제공한다. 이 프로그램은 도덕 교육, 신체적 능력 및 숙달을 위한 기초 훈련, 조립직무 훈련을 포함한다. HMMA는 미국적 맥락에서 사용하도록 수정된 현대차 교본을 사용한다. 또한 HMMA는 현장감독자 승진 예정자들을 남양 파일럿 공장으로 파견하여 2주간의 현장 훈련을 받게 한다. 예컨대, 조립 공장에서는 23명의 근로자와 3명의 엔지니어를 남양의 OJT 프로그램에 파견했다. 이들은 몽고메리로 돌아온 후 자신의 훈련 경험을 다른 동료들에게 전달했다(면담정리, 2012).

### 승진과 보상

HMMA 생산직 근로자들의 승진 제도는 승진 경로(career path)가 반장 직위까지로 제한된다는 점에서 현대차 모공장의 근로자 승진 제도와 유사하다. 이들은 중간 관리자로는 승진할 수 없다. 이는 부장으로까지 승진할 수 있는 사무직 근로자들의 승진 경로에 비해 제한적이다.

그러나 모공장과 조금 다른 것은 HMMA 근로자들의 승진 시스템에 경쟁의 원리가 도입되었다는 것이다. HMMA에는 모공장에서와 같은 노조의 반대가 없기 때문에 유능한 근로자를 조장, 반장으로 승진시킬 수 있다. 인사부에서는 개인 단위로 종업원들을 평가하면서 경쟁적인 승진 시스템을 가동하고 있다. 이 시스템은 유능한 근로자들이 빨리 승진하도록 만드는 동기를 부여한다(면담정리, 2012).

HMMA 생산직 근로자들의 임금 시스템도 부분적으로는 개인적 성과 평가에 근거하고 있다. 미숙련 근로자는 시간당 15달러에서 시작하며, 채용 후 2년 동안 6개월마다 평가 결과에 따라 임금이 올라간다. 2년 후 숙련 근로자가 되면, 시간당 24달러를 받게 된다. 이후에는 물가 인상분을 제외한 임금 인상은 이루어지지 않는다. 이처럼 HMMA는 미국 노동시장의 특징인 고정급 시스템을 채택하고 있다. 이는 경력년수에 따라 매년 임금이 올라가는 한국의 연공급체계와는 상이한 것이다. 이직률은 낮은 편이다. HMMA의 임금 수준은 앨라배마 주에서 가장 높은 편이기 때문에, 생산직 근로자의 이직률은 연간 5% 수준에 머물고 있다.

따라서 HMMA는 앨라배마 주의 유리한 노사관계 환경에서 일반적 숙련을 지닌 온순한 근로자들을 채용하여 훈련시킬 수 있었다. HMMA는 미국 노동시장의 특징인 경쟁적 승진 시스템과 고정급체계를 결합시킨 인적자원관리 정책을 가동하고 있다. 이러한 인적자원관리는 근로자들의 저항이 없는 상태에서 성공적인 편이다. 이처럼 유리한 노사관계 환경은 HMMA 근로자들의 숙련형성과 작업조직에 상당한 영향을 미치고 있다.

## 2.3 │ 숙련형성과 작업조직

미국의 상이한 노동시장과 노사관계 환경은 HMMA의 숙련형성에 어떻게 영향을 미쳤는가?

현대차 생산방식의 성격상 HMMA가 기업특수적 숙련의 향상을 위해 근로자들에게 적극적인 투자를 하는 것은 아니지만, 생산직 근로자들의 경험이 증가함에 따라 숙련 수준도 상대적으로는 증가한다고 할 수 있다. 대부분 근로자들의 숙련은 2~3개월간의 OJT를 필요로 하는 반숙련 수준이다. HMMA는 2005년 5월에 가동을 시작한 이래 아주 낮은 이직률을 보이고 있다. HMMA 근로자들의 평균 근속년수는 2012년 기준으로 3.7년이다.

HMMA 근로자들은 조와 반으로 구성되는 작업조직에 소속된다는 점에서 현대차 아산공장과 공통점을 갖고 있다. HMMA 근로자들의 단순한 직무 분류와 낮은 숙련 수준도 한국 모공장과 유사하다. 두 공장은 근로자들의 부족한 능력을 다능공화된 현장감독자와 보전공들이 보충한다는 공통점이 있다..

근로자들의 적극적 참여를 이끌어내지 않는다는 점에서도 두 공장은 유사하다. HMMA는 한국과는 달리 대립적 노사관계가 아님에도 문제해결 능력을 보이지 않고 있다. 최근 근로자들의 경험이 증가함에 따라, HMMA는 2~3개의 직무를 교대로 담당하는 소규모의 직무 교대를 시작했다. 그러나 생산직 근로자들의 숙련 수준과 문제해결 능력이 크게 향상되지는 않고 있다. HMMA 관리자들은 직무 순환을 통한 긍정적 효과를 크게 기대하지 않고 있다고 말한다(면담정리, 2012).

아산공장과의 가장 뚜렷한 차이는 HMMA의 작업조직이 생산직 근로자들의 활용에서 대단히 유연하다는 사실이다. 유연한 노동시장과 노조 부재라는 조건하에서 HMMA는 내부적·외부적인 수량적 유연성을 최대한 활용하고 있다. 내부적인 수량적 유연성이란 기업 내에서 근로자들의 근무 일정을 유연하게 조절하는 것을 의미한다. HMMA가 작업조직을 유연하게 운영하는 것은 생산직 근로자를 내부적으로 좀 더 유연하게 활용할 수 있기 때문이다. HMMA 공장의 생산 라인이 정지하는 경우 관리자들은 이 시간을 청소, 에너지 절약, 안전 활동 등을 포함하는 '총체적 예방보전' 또는 '작업장 혁신'을 위해 활용할 수 있다. 생산 라인이 점심시간 직전에 정지했을 경우 관리자들은 이 시간을 점심식사 시간으로 활용하는 경우도 있다. 달리 말해서, 관리자들은 이 시간을 HMMA의 효율성을 높이는 다양한 활동으로 재활용할 수 있는 것이다. 이와 같은 생산 유연성은 관리자들이 노조와의 사전 합의 없이는 근무

표 8-1

## HMMA와 아산공장의 성과 비교

| | HMMA | 아산공장 |
|---|---|---|
| 임금 | 연간 5만 5,000달러 | 연간 5만 4,800달러 |
| 비정규직 근로자 | 81명(경제위기 이전 344명) | 950명(경제위기 이전과 동일) |
| 편성효율(2009년)[1] | 91% | 68% |
| 생산성(UPH)[2] | 70 | 63 |
| 생산성(HPV)[3] | 2006년 24.8<br>2007년 20.6<br>2008년 20.7<br>2009년 19.9 | 2006년 19.9<br>2007년 19,7<br>2008년 19.5<br>2009년 19.3 |
| 품질(OK율)(2009년) | 96.0% | 95.6% |

주: 1) 편성효율은 조립공장에서 생산직 근로자가 한 대를 조립하는 데 걸리는 전체 시간 중에서 순수한
　　 조립 근로시간의 비율로 정의됨.
　 2) UPH는 한 공장에서 한 시간에 조립하는 차량 대수를 의미함.
　 3) HPV는 한 공장에서 차량 한 대를 조립하는 데 걸리는 시간을 의미함.
자료: 현대자동차 사내자료(2010).

일정을 조절할 수 없는 모공장의 사정과 뚜렷하게 대비된다.

　　HMMA는 또한 외부적인 수량적 유연성도 활용하고 있다. 이는 근로자들의 숫자를 외부 노동시장의 사정에 맞춰 유연하게 조절하는 것을 의미한다(Atkinson, 1984). 〈표 8-1〉은 두 공장의 외부적 수량적 유연성 차이를 보여주고 있다. 2008년 경제공황 이후 아산공장의 비정규직 근로자 숫자가 950명으로 유지되고 있는 데 비해, HMMA의 비정규직 근로자 숫자는 344명에서 81명으로 감소했다(면담정리, 2012). 이는 시장 수요의 변화에 따라 근로자들의 숫자를 쉽게 조절할 수 있다는 점에서 HMMA가 고도의 외부적인 수량적 유연성을 활용하고 있음을 보여준다. 생산직 근로자들이 쉽게 다른 근로자들과 대체될 수 있는 현대차 생산방식의 특징은 아산공장보다 HMMA에서 더 잘 실현되고 있다.

　　요컨대, HMMA는 유연한 노동시장과 무노조 경영의 결과로 내부

적·외부적인 수량적 유연성을 최대한 활용하고 있다. 이는 노조의 강력한 반대로 인해 어떤 유연성도 활용하지 못하는 아산공장과 대조된다. 두 공장의 수량적 유연성의 차이는 〈표 8-1〉의 편성효율 차이에서 분명하게 확인할 수 있다. 생산직 근로자들의 전체 노동시간을 분모로 하고, 순수하게 조립에 투입되는 노동시간을 분자로 한 비율인 편성효율에서 HMMA(91%)는 아산공장(68%)에 비해 아주 높은 효율성을 보여준다.

## 2.4 | 생산기술

기술적 요소는 현지공장이 위치한 나라의 제도적 특징의 영향을 거의 받지 않는다. 공장 건설 초기에 현대차 엔지니어들은 HMMA에서 야심찬 계획을 갖고 있었다. 1996년에 건설된 아산공장은 HMMA의 모델이 된 모공장이었지만, 엔지니어들은 최신의 생산기술을 적용함으로써 HMMA가 아산공장의 수준을 넘어서기를 원했다. 그러나 이러한 계획은 현대차의 경영 스타일이 미국의 노동시장 조건에서 원활하게 작동하지 않았기 때문에 성공하지 못했다.

HMMA의 성공적 운영을 가로막는 주된 장애물은 제대로 된 보전공들을 채용할 수 없다는 점이었다. 엔지니어들은 보전이 원활하게 이루어지지 않는 상태에서 고도의 자동화 설비를 효율적으로 가동할 수 없었기 때문에 자동화율을 높이고자 했던 원래의 계획을 수정할 수밖에 없었다(면담정리, 2012). 엔지니어들은 당초의 계획을 앨라배마 주의 여건에 맞는 계획으로 수정할 수밖에 없었다. 결과적으로 HMMA는 시행착오 끝에 모공장의 수준과 유사한 자동화 수준을 채택할 수밖에 없었다.

HMMA의 초창기인 2005~2006년에 보전 기능의 취약함은 모공장에서 파견된 수백 명의 엔지니어들에 의해 보충되었다. 마찬가지로 모

표 8-2

**현대자동차 생산방식의 미국 이전**

|  | 아산공장(한국) | HMMA |
|---|---|---|
| **제도적 환경** | 연공급 임금체계<br>유연한 노동시장<br>적대적 노사관계 | 고정급 임금체계<br>유연한 노동시장<br>협력적 노사관계 |
| **숙련형성과 작업조직** | 노동과정의 유연 표준화<br>불규칙한 직무교대<br>낮은 수준의 수량적 유연성 | 노동과정의 유연 표준화<br>최소한의 직무교대<br>높은 수준의 수량적 유연성 |
| **생산 기술** | 엔지니어 주도 자동화<br>유연생산 | 엔지니어 주도 자동화<br>유연생산<br>(한국 주재원들의 핵심적 역할) |

공장에서 파견된 수백 명의 숙련공들도 생산 라인의 운영과 보전에서 현지 근로자들의 부족한 능력을 보충했다. 소나타와 산타페의 양산이 안정화된 후에는 모공장에서 파견된 한국인 엔지니어와 숙련공의 숫자가 감소했다. 그러나 현재도 71명의 주재원과 수십 명의 한국인 숙련공이 현지 근로자들의 부족한 능력을 보충하고 있다. 이들의 도움 없이 HMMA는 정상적으로 운영할 수 없는 것이 현실이다.

즉, HMMA와 아산공장의 성과를 비교할 때 가장 중요한 것은 기술적 요소보다 인적 요소이다. 두 공장의 자동화율은 거의 동일하다. 대조적으로 HMMA는 앨라배마 주의 유연한 노동시장과 협력적 노사관계 덕분에 고정급 임금체계와 경쟁적 승진체계 등 상이한 인적자원관리를 활용하면서, 생산직 근로자들의 수량적 유연성을 최대한 활용하고 있다. 〈표 8-2〉은 HMMA와 아산공장에서 각기 발전해온 현대차 생산방식을 비교하고 있다.

HMMA의 생산방식은 모공장의 생산방식과 질적으로 다른 것인가? 아니면 약간 변형된 것에 불과한 것인가? HMMA의 생산방식은 기술적 요소에서 엔지니어가 주도하는 자동화, 인적 요소에서 노동과정의 표준화를 결합하고 있다는 점에서 현대차 생산방식의 기본적 특징을 유지하고 있다. 적대적 노사관계가 부재하고 수량적 유연성을 사용하기 용이하다는 것은 HMMA가 작업조직을 유연하게 운영할 수 있게 해준다. HMMA의 생산방식은 기민한 생산방식을 약간 변형한 것이다. 이러한 변형은 미국의 상이한 제도적 환경에서 가능해진 것으로서 HMMA의 효율성을 더욱 높여준다.

## 3 | 미국 현지공장의 성과

이 Chapter의 목적이 현대차 생산방식의 성공적 해외 이전을 설명하는 것이기 때문에, HMMA의 생산성 및 품질 등 성과를 살펴볼 필요가 있다. 하버 리포트는 대당 투입시간(HPV)으로 조립공장의 노동생산성을 비교한다. HPV는 한 대의 차량을 조립하기 위해 사용되는 근로시간으로 정의된다(Wyman, 2009).[3] HMMA에서 생산되는 소나타의 생산성은 북미에서 생산되는 중형세단 가운데 4위를 기록하고 있다. 또한 HMMA에서 생산되는 산타페의 생산성도 북미에서 생산되는 중형 SUV 중에서 좋은 평가를 받았다(Wyman, 2008). 종합적으로 하버 리포트는 북미 자동차 공장 중 HMMA의 생산성을 2위로 평가하고 있다(WARD'S Auto World, 2009).

완성차업체의 수익성에서 생산성 지표가 중요함에도 불구하고, 소

---

[3]  자동화, 외주화, 모듈 생산의 정도를 정확하게 확인하기 어렵다는 점에서 이 자료들은 정확하게 비교할 수 없는 것이 사실이다. 그러나 이를 통해 완성차업체들의 생산성 수준을 대략적으로 추정하는 것은 가능하다.

표 8-3

## HMMA와 아산공장의 비교

| | HMMA | 아산공장 |
|---|---|---|
| 조립공장의 역사 | 2005년 가동<br>2007년 25만 1,000대<br>2008년 23만 8,000대 | 1996년 가동<br>2007년 29만 7,000대<br>2008년 26만 1,000대 |
| 공장 가동 | 제품: 소나타, 산타페<br>생산 능력: 연 30만 대(63UPH)<br>주야간 2교대(하루 20시간) | 제품: 소나타, 그랜저<br>생산 능력: 연 30만 대(63UPH)<br>주야간 2교대(하루 20시간) |
| 종업원 구성 | 생산직 2,200명<br>사무직 520명(주재원 71명) | 생산직 2,200명<br>사무직 600명 |

주: UPH(unit per hour)는 공장에서 한 시간에 조립되는 차량 대수임.
자료: 현대자동차 사내자료(2010).

비자의 선택에서는 제품의 품질이 결정적이다. HMMA에서 생산되는 완성차 제품이 고품질인 것은 컨슈머 리포트에서 확인된다. 미국 시장에서 가장 경쟁적인 중형 세단 부문에서 HMMA가 생산한 소나타는 소비자 만족도, 신뢰성, 유지 비용 등에서 좋은 평가를 받았다. 소나타는 추천 차량 중에서 일본차들과 나란히 최고의 점수를 받았다. 산타페 역시 추천 차량 중에서 긍정적 평가를 받았다(Consumer Reports, 2009).

HMMA가 각기 소나타와 산타페의 생산을 시작한 2005년과 2006년에는 이미 제품 품질과 노동 생산성 모두에서 미국 완성차업체들 중 최고 수준으로 평가받고 있다.

더욱 놀라운 것은 HMMA가 생산성과 품질 모두에서 이미 모공장인 한국 아산공장의 수준에 도달했다는 것이다. HMMA는 미국의 조건에 쉽게 적응하면서 단기간 내에 아산공장의 수준에 도달하는 데 성공했다. 우리는 아산공장이 한국 내에서는 가장 최근에 건설된 공장일 뿐 아니라 HMMA의 원형이 되었다는 점에서 모공장이라고 생각한다.

〈표 8-3〉는 모공장인 아산공장과 HMMA를 전체적으로 비교하고

있다. HMMA의 생산 능력은 아산공장과 동일하다. HMMA는 아산공장과 동일하게 주야간 2교대로 하루 20시간씩 가동하고 있다. 두 공장의 생산 실적 차이는 시장 수요와 효율성 정도를 반영하는 것으로 크게 중요한 것은 아니다.

앞의 〈표 8-1〉은 HMMA와 아산공장의 성과를 비교한다. 아산공장보다 10년 늦게 생산을 시작했음에도 HMMA의 성과는 아산공장에 비해 떨어지지 않는다. HMMA의 성공은 생산방식 중 인적 요소가 크게 작용했기 때문이라고 할 수 있다.

2008년 HMMA의 생산직 근로자들은 평균 5만 5000달러의 임금을 받았다. 이는 같은 해 아산공장 근로자가 받은 5만 4800 달러보다 약간 높은 것이다. 그러나 HMMA의 임금 수준은 고정급체계에서 물가상승 분만을 반영하기 때문에 억제될 것으로 전망된다. 그러나 아산공장의 임금 수준은 연공급체계이기 때문에 지속적으로 상승할 것이다. 급여체계의 이러한 차이를 감안하면, HMMA의 임금 수준은 조만간 모공장보다 낮아질 것으로 예상된다.

2008년의 경제위기에 대응하여 HMMA는 비정규직의 숫자를 344명에서 81명으로 줄였다. 반면에 아산공장은 위기 이전과 다름없이 비정규직의 숫자를 유지할 수밖에 없었다. 이는 HMMA의 수량적 유연성이 아산공장보다 높은 것을 보여준다.

편성효율(allocation ratio)은 생산 현장에서 근로자들이 효율적으로 배치된 정도를 보여주는 지표이다. HMMA의 편성효율은 놀랍게도 91%인 데 비해, 아산공장의 편성효율은 68%에 불과하다. 두 공장의 자동화율이 유사한 것을 감안하면, 편성효율의 이러한 차이는 중요한 의미를 지닌다.

두 공장 간의 생산성 차이를 비교하기 위해서는 UPH와 HPV 지표를 사용할 수 있다. UPH를 보면, HMMA가 70으로 아산공장의 63보다 높다. HPV에서는 HMMA가 19.9로 아산공장의 19.3과 유사하다. 2005년 HMMA가 가동을 시작한 후 HMMA와 아산공장 간의 생산성 차이는 좁혀져왔다. 아산공장이 승용차만을 생산하는 데 비해, HMMA가 승용차와 SUV를 함께 생산하는 것을 감안하면 이와 같은 성과는 놀라운 것이 아닐 수 없다.

한 공장에서 생산되는 차량의 최종적인 품질 수준을 보여주는 지표인 OK율에서 HMMA(96%)는 아산공장(95%)보다 약간 높다. HMMA의 품질 수준이 이미 아산공장을 추월한 것이다.

요컨대, HMMA는 단기간에 주요 성과 지표에서 아산공장과 동일한 수준에 근접하고 있다. HMMA는 노동 생산성뿐 아니라 품질에서도 놀라운 성과를 보이고 있다. HMMA의 성공은 현대차가 상이한 환경에서 인적 요소를 효율적으로 관리함으로써 자신의 생산방식을 미국으로 이전하는 데 성공한 것을 의미한다.

이처럼 HMMA의 생산성이 짧은 기간 내에 한국 모공장 수준에 도달한 것은, 일본 모공장의 생산성 수준에 도달하지 못했던 일본 완성차업체의 미국 현지공장 초기의 경우와 비교할 때 주목할 만한 것이다. 당시 일본 완성차업체의 미국 현지공장은 일본 모공장에 비해 차량 한 대를 조립하는 데 평균 30%의 시간이 더 걸렸다(Krafcik and MacDuffie, 1989). 시바타 히로미치(Shibata, 2001: 234)는 미국 현지공장의 가동률이 일본 모공장에 비해 10% 이상 떨어진다는 사실을 보여주고 있다. 그는 미국 현지공장 생산직 근로자의 문제해결 능력과 보전 능력 부족이 이와 같은 가동률 차이의 주된 원인인 것을 발견했다.

제임스 워맥과 대니얼 존스, 대니얼 로스(Womack, Jones and Roos, 1990: 85~86)는 일본 완성차업체의 미국 현지공장들이 단기간에 성공했다는 것을 보여주고 있다. 그러나 이 공장들의 초기 성공이란 미국 빅 3 공장들에 비해 뛰어나다는 것이지 일본 모공장을 추월한 것을 의미하지는 않는다. 1980년대 말 미국 현지공장들의 성과는 생산성과 품질 모두에서 일본 모공장보다 떨어지는 것을 확인할 수 있다. 다른 연구도 일본의 미국 현지공장들이 예상했던 것보다 훨씬 성공하지 못했다는 것을 보여준다(Fairris and Tohyama, 2002: 529).

미시나 가즈히로(Mishina, 1998: 107)의 연구도 1990년대 중반 일본 완성차업체의 미국 현지공장들이 일본 모공장에 비해 가동률이 낮다는 것을 보여주고 있다. 미국 현지공장들 중에서 미쓰비시의 다이아몬드스타는 절반 정도의 가동률을 나타낸다. 수바루-이수주 역시 2/3 정도의 가동률을 보여주고 있다. 닛산과 마쯔다는 약간 나은 3/4 정도의 가동률을 보여주고 있다. 도요타, 혼다, 누미(NUMMI)만이 손익분기점을 넘어 80% 수준의 가동률을 보여주고 있다.

그렇다고 해서 일본 완성차업체의 미국 현지공장들이 미국에서 실패했다거나 HMMA보다 못한 성과를 보였다고 주장하는 것은 아니다. 우리가 주장하는 것은 일본 완성차업체의 미국 현지공장들이 진출 초기에 일본 모공장에 비해 비효율적이었다는 사실이다. 이는 HMMA가 진출 초기에 한국의 모공장에 비해 좋은 성과를 보인 것과는 대조적인 것이다.

# 4 │ 일본 완성차업체와의 비교

현대차 생산방식의 미국 이전이 쉬웠다는 것은 일본 완성차업체의 미국 현지공장 경험과 비교할 때 더욱 잘 이해될 수 있다. 오노 다이이

치는 도요타의 자동화를 사람인 변이 붙은 자동화(自働化)로 표현한다
(Monden, 1993). 일본 완성차업체들은 생산직 근로자들의 숙련형성과 능
동적 참여를 특징으로 하는 생산방식을 발전시켜왔다. 우리는 린 생산
방식이 기술적 요소인 '현장지향적 자동화'와 인적 요소인 '노동과정의
전문화'가 결합된 것이라고 이해한다. 1950년대 중반 기업특수적 숙련
의 발전과 근로자들의 능동적 참여가 용이한 환경에서 이후 일본의 모
공장들은 인적 요소의 역할을 증가시켰다. 협력적 노사관계와 연공급체
계, 종신고용 등에 힘입어 일본 완성차업체들은 기업특수적 숙련을 발
전시키고 근로자들의 능동적 참여를 촉진하는 데 투자해왔다.

　　린 생산방식을 성공적으로 이전하기 위해 일본 완성차업체들은 미
국 현지공장의 가동 초기에 숙련 근로자를 필요로 했다. 숙련 근로자들
의 공급을 안정적으로 확보하기 위해 대부분의 일본 완성차업체들은 현
지공장의 입지를 미국 빅 3 완성차업체들에서 근무하던 숙련 근로자 집
단이 있는 중서부로 결정했다. 1980년대 후반까지 일본 현지공장 7개
중 5개가 미시간, 오하이오, 일리노이, 인디애나 주에 입지를 결정했다.
이 지역은 빅 3가 전통적으로 자동차를 생산해온 곳이다. 이처럼 고숙련
노동력을 확보하는 것이 초기 일본 현지공장의 입지 결정에서 고려한
첫 번째 요인이었다.

　　그러나 린 생산방식의 미국 이전은 쉽지 않았다. 생산직 근로자의
입장에서는 노동과정의 전문화가 기업특수적 숙련을 요구했는데, 이것
이 고정급체계와 유연한 노동시장을 특징으로 하는 미국적 맥락에서는
어려웠기 때문이다. 일본에 비해 대립적인 미국의 노사관계하에서 일본
완성차업체들은 숙련 근로자를 충원하거나 훈련시키기 어렵다는 것을
발견했다. 미국에서는 생산직 근로자가 숙련을 발전시킬 동기가 부여되
지 않기 때문이다.

일본 완성차업체의 미국 현지공장 연구들에 의하면, 미국 현지공장에서 일할 수 있을 정도로 숙련된 근로자를 채용하는 데 5~6개월이 걸린다고 한다(Hill, 1989; Graham, 1993). 채용 과정은 사회적 적성, 직무 능력 등의 테스트를 포함한다. 일단 채용된 후에도 근로자들은 3주 내지 3개월에 걸친 사내 훈련을 추가로 받게 된다(Perrucci, 1994: 116).

미국 진출 초기에 린 생산방식은 어떻게 변형되었는가? 아보 데쓰오(Abo, 1998)에 의하면, 1980년대 후반에 린 생산방식은 미국적 환경에서 상당 정도로 변형되었다. 현지공장의 임금, 승진, 감독체계 등 인적자원관리 방식은 일본의 모공장과 미국 완성차업체 공장의 중간 정도이다. 프리츠 필과 존 폴 맥더피(Pil and MacDuffie, 1999)는 미국에 건설된 일본 현지공장들이 국내에서와 동일한 종신고용, 연공급체계 등을 도입할 수 없었다는 것을 보여준다. 직무교대와 훈련에서도 두 나라간의 하이브리드인 것을 보여주고 있다(〈표 8-4〉). 일본 완성차업체의 미국 현지공장들이 현지 근로자들의 숙련 향상과 적극적 참여를 이끌어내기 위해 노력했음에도 불구하고, 직무교대의 정도는 일본의 모공장에 비해 현저히 낮은 수준에 머물고 있다(Kenney and Florida, 1993). 일본 완성차업체의 숙련형성 시스템이 미국 현지공장으로 이전되기 어려운 것이다. 린 생산방식은 미국의 상이한 제도적 환경 아래에서 상당한 정도의 변형을 경험했다. 미국 현지공장들은 일본 내 모공장과 비교할 때 상대적으로 낮은 성과를 보여주고 있다.

이와는 대조적으로 현대차 생산방식의 미국 이전은 단기간에 성공적으로 이루어졌다. 기민한 생산방식이 린 생산방식과는 달리 생산직 근로자의 숙련형성에 거의 의존하지 않기 때문이다. 1980년대 후반 이후 한국 내에서의 대립적 노사관계로 인해 현대차는 생산직 근로자들의 고숙련과 적극적 참여를 이끌어낼 수 없었다. 그렇기 때문에 역설적으

표 8-4

**미국 내 현지공장의 생산방식 변형 비교**

| | HMMA | 일본 완성차업체 현지공장 |
|---|---|---|
| **제도적 요소**<br>**(노동시장 및 노사관계)** | 유연노동시장<br>미국 남부의 우호적인 노동 여건을 고려 | 유연노동시장<br>미국 중서부의 숙련 노동 확보를 고려 |
| **인적자원관리** | 고정급체계<br>수량적 유연성 | 고정급체계<br>기능적 유연성 |
| **숙련형성** | 노동과정의 표준화<br>저숙련 근로자<br>불규칙하고 단순한 직무교대 | 노동과정의 전문화<br>고숙련 근로자<br>빈번하고 광범위한 직무교대 |
| **작업조직** | 단순한 직무 분류<br>숙련 근로자의 수동적 참여 | 단순한 직무 분류<br>숙련 근로자의 적극적 참여 |
| **성과** | 고성과(생산성, 품질, 가동률)<br>한국 모공장에 근접 | 고성과(생산성, 품질, 가동률)<br>일본 모공장보다 못함 |

로 현대차는 별다른 변형을 겪지 않고서도 자신의 생산방식을 미국으로 이전하는 데 성공할 수 있었다.

일본 완성차업체의 미국 현지공장들이 숙련 노동력을 구하기가 용이한 중서부에 입지했던 것과 반대로, HMMA는 산업화가 진전되지 않았던 앨라배마 주에 입지했다. HMMA는 노조 활동의 경험이 없는 저숙련의 신규 노동력을 채용하기 원했던 것이다. HMMA가 선호한 인적 요소의 특징은 기능적 유연성이 아니라 수량적 유연성이다. HMMA는 대체하기가 쉬운 저숙련의 온순한 근로자들을 채용하기 원했다. HMMA의 인적자원관리 전략은 고도의 기업특수적 숙련을 발전시키는 것이 아니라, 시장 수요의 변화에 용이하게 대응할 수 있도록 근로자의 숫자나 근무 일정에서 수량적 유연성을 높이는 것이었다.

현대차 생산방식의 특징은 HMMA의 근로자 신규 채용이나 교육훈련에 소요되는 시간이 일본 완성차업체의 미국 현지공장보다 적게 든다는 데서 확인할 수 있다. HMMA는 채용 과정에서 신규 근로자에게 2주의 훈련을 제공하고, 채용된 후에는 추가로 2주의 훈련을 제공한다. 다른 자동차 공장에서 근무한 경험이 없기 때문에, 근로자들은 근무 일정 조정이나 직무 재배치를 지시하는 관리자의 명령을 잘 따르는 편이다. 이처럼 현대차 생산방식은 유연한 생산기술과 인적 요소의 수량적 유연성의 결합을 특징으로 한다. 〈표 8-4〉는 HMMA와 일본 완성차업체 미국 현지공장의 생산방식을 비교한 것이다. 미국 남부의 유연한 노동시장과 협력적 노사관계는 현대차가 추구하는 노동과정의 '유연 표준화'에 유리한 것이었다. 현대차는 미국 남부에서 생산방식을 최소한으로만 변형시키면서 이전하는 데 성공했다. 반면에, 미국 중서부의 유연한 노동시장과 적대적 노사관계는 린 생산방식의 특징인 노동과정의 '유연 전문화'에 유리한 것이 아니었다. 일본 완성차업체들은 미국 중서부에 자신의 생산방식을 이전하는 일에 전반적으로는 성공했는데도 상당한 정도의 변형을 감수해야 했다.

요컨대, 일본 완성차업체의 미국 현지공장이 HMMA에 비해 더 많은 생산방식의 변형을 경험했다. 린 생산방식은 미국의 제도적 환경에서 상당 정도 변형될 수밖에 없었다. 미국 현지공장의 숙련형성 시스템과 인적자원관리는 미국의 노동시장 제도에 적응하는 것이 되어야만 했기 때문에 일본 내의 모공장과 미국 빅 3의 중간에 위치하는 하이브리드 형태가 될 수밖에 없었다. 그러나 현대차 생산방식은 거의 변형되지 않았다. 노조가 존재하지 않는 조건에서 HMMA는 한국 내 모공장보다도 현대차 생산방식의 특징을 더 활용할 수 있었던 것이다.[4]

4  1990년대 후반부터 일본 완성차업체들도 노조가 취약하거나 부재한 미국 남부에 현지공장 중의 일부를 건설하기 시작했다. 2001년 혼다는 앨라배마 주 링컨 시에 현지공장을 건설했다. 2003년 닛산은 미시시피 캔튼에 현지공장을 건설했다. 이

## 5 | 생산방식 해외 이전의 이론적 함의

이 Chapter에서는 현대차 생산방식이 어떻게 미국 현지공장 HMMA에 성공적으로 이전될 수 있었는지를 설명했다.

우리의 연구 결과는 '자본주의 다양성'론에 대해 중요한 함의를 제공한다. 제도적 상호 보완성의 관점에서 보면, 특정 유형의 자본주의에 적합한 생산방식이 존재한다. 자본주의 다양성론에서는 기업특수적 숙련이나 산업특수적 숙련은 '조정시장경제(CME)'에서 잘 발달하는 데 비해, 일반적 숙련은 '자유시장경제(LME)'에서 더 잘 발달한다고 주장한다. 일본 완성차업체들은 일본의 조정시장경제에서 기업특수적 숙련과 근로자들의 적극적 참여에 의존하는 생산방식을 발전시켰다. 따라서 일본 완성차업체들이 기업특수적 숙련에 투자할 인센티브가 존재하지 않는 미국의 자유시장경제에서 자신의 생산방식을 이전하는 데 어려움을 겪는 것은 당연한 것이다.

한국은 전통적으로 조정시장경제의 특징을 갖고 있었지만, 1980년대부터 1990년대에 걸쳐 진행된 자유화는 한국 경제가 자유시장경제의 측면을 띄도록 만들었다. 특히 1987년의 민주적 이행 이후에 지속된 대립적 노사관계와 1997년의 외환위기 이후에 진전된 노동시장의 자유화는 강력한 노조가 있는 현대차와 같은 대기업에서 기업특수적 숙련에 투자하거나 생산 현장에서 근로자들의 적극적 참여에 의존하는 것을 어렵게 만들었다. 그러나 흥미롭게도 미국 남부는 한국과 같은 나라가 투자하기에 매력적인 장소라고 할 수 있었다. 현대차는 숙련 노동력에 의

시기부터는 일본 완성차업체들도 경험 있는 근로자들보다는 신규 근로자를 훈련시키는 전략을 추진하기 시작한 것이다.

존하는 정도가 덜하기 때문에 생산방식을 미국으로 이전하는 데 별다른 어려움을 겪지 않았다. 이는 기민한 생산방식의 숙련절약적 특징과 관련하여 매우 주목할 만한 사실이다.

이 Chapter의 연구 결과는 제도주의적 시각의 유용성을 인정하는 동시에 이러한 시각을 확대하는 데 기여한다. 전통적으로 제도주의자들은 하나의 생산방식을 상이한 제도적 환경으로 이전하는 것의 어려움을 강조해왔다. 그러나 이와는 반대로 우리의 연구 결과는 린 생산방식과 질적으로 상이한 기민한 생산방식은 일정한 제도적 조건하에서 성공적으로 이전할 수 있음을 보여준다. 즉, 생산방식의 특징과 제도적 환경의 조건에 따라 생산방식 이전의 정도가 다를 수 있음을 보여주는 것이다.

HMMA의 성공은 어느 만큼 지속가능한 것인가? 우리는 노조가 없는 상태에서 이룩한 HMMA의 성공이 장기적으로 지속될 수 있는 것인지 알 수 없다. 고도의 수량적 유연성이 HMMA의 성공에 기여했지만, 이것이 근로자에게 상당한 부담과 스트레스를 주는 것 또한 사실이다. HMMA의 근로자들에게는 개인적 수준의 청원 외에 집단적 요구를 전달할 의사소통의 채널이 없다. 인도 첸나이에 있는 현대차 현지공장에서 노조가 조직되었다는 사실을 감안할 때, HMMA에서도 근로자들이 집단적으로 자신들의 요구사항을 전달할 수 있는 의사소통의 채널을 마련하는 것이 필요할 것이다.

## 현대차 생산방식은
## '최선의 관행'이 될 수 있을까

이 책에서 우리는 한국 자동차산업의 발전을 주도해온 현대차의 성공 사례를 '기민한 생산방식'이라는 개념에 초점을 맞춰 설명하고자 노력했다. 21세기의 불확실한 경영 환경에서는 세분화되고 급변하는 수요에 신속하고 능동적으로 대응하는 제조업체들의 '기민함'이 요구된다. 이러한 경영 환경에서 현대차는 처음에 린 생산방식을 도입하기 위해 노력했지만, 원래의 의도와는 다르게 '기민한' 생산방식으로 진화해왔다. 이는 '자본주의 다양성'론의 시각에서 볼 때, 한국을 '제2의 일본'으로 간주했던 암스덴의 시각과는 달리 한국의 제도적 환경에 적합한 '기민한 생산방식'으로 진화해온 것이다.

이 책에서 사용하는 '생산방식' 개념은 기업 활동의 가치사슬 중 일부인 생산 기능만을 지칭하는 것이 아니라, 가치사슬 전반의 성격을 지칭하는 패러다임적 의미이다. 현대차 생산방식은 제품개발에서 마케팅에 이르는 기업 활동의 다양한 가치사슬로 구성된다. 이는 시장 변화와 고객의 요구에 기민하게 대응하여 가치를 창출하는 '기민함'이 핵심적 특징이다.

우리는 기민한 생산방식이 어떻게 정립되는지를 설명한 후, 그렇게 만들어진 현대차 생산방식이 어떻게 작동하는지를 가치사슬별로 살펴보았다. 해외 공장의 사례를 통해 기민한 생산방식이 해외로 어떻게 이전되는지에 대해서도 파악했다.

이제 결론으로 지금까지의 연구 성과를 정리하고, 현대차가 또 하나의 '최선의 관행'이 될 수 있을지에 대해 검토한 후, 현대차의 향후 과제를 논의하고자 한다.

# 1 | 기민한 생산방식

2000년대 이후 현대차는 외환위기와 글로벌 금융위기를 겪으면서도 기민하게 새로운 제품을 개발하고 공급하면서 고도성장해왔다. 현대차의 기민한 생산방식은 기아차와의 통합, 대립적 노사관계 등 21세기를 전후한 한국의 제도적 환경하에서 최고경영진 중심의 기업 거버넌스와 엔지니어 집단의 '프로젝트형 문제해결 능력'이 결합된 결과였다.

기업 거버넌스의 관점에서 볼 때, 현대차는 최고경영진과 주주 간의 딜레마를 엔지니어 주도의 고도성장을 통해 양자의 이익을 함께 실현하는 방식으로 해결해왔다. 기민한 생산방식의 발전을 직접적으로 주도해온 행위자는 엔지니어 집단이다. 현대차 엔지니어들의 숙련은 도전적인 프로젝트 수행과정을 통해 형성되어 기민한 생산방식의 동력으로 작용해왔으며, 이러한 숙련형성은 기업내부노동시장의 승진과 보상체계를 통해 뒷받침되었다. 한편, 노조도 고용안정을 실현하는 대가로 경영진과의 '공존'을 선택함으로써 결과적으로 기민한 생산방식을 정립하는 데 기여했다. 현대차 기민한 생산방식의 특징을 가치사슬별로 정리하면 다음과 같다.

## 1.1 | 기민한 제품개발

기민한 가치사슬에서는 선제적 문제해결의 필요성이 강조되면서 가치사슬의 상류, 즉 제품개발의 비중이 확대되고 있다. 현대차의 가치사슬 중에서 집중적으로 '기민함'이 발휘되는 부분은 제품개발이다. 현대차는 대체 가능한 기능적 조직 간의 경쟁을 뛰어넘는 중층의 수직적 정보처리 방식을 통해 제품개발 과정의 조정과 통합을 실현하고 있다.

제품개발 능력은 현대차의 기민한 가치사슬에서 핵심적 요소이다 (Choi, 2014). 이 능력은 플랫폼 공용화와 함께 고객의 요구에 기민하게 대응하는 다양한 모델 개발을 가능하게 한다. 현대차 연구소의 엔지니어들은 신제품의 모델을 고정시킨 후 '동시 공학'을 통해 단계별 소요 기간을 단축함으로써, 신제품의 전체 개발 기간을 단축하는 데 성공했다. 흥미로운 것은 현대차의 가치사슬에서 파일럿 생산 단계가 차지하는 중요성이 크다는 것이다. 파일럿 센터는 양산 이전의 파일럿 생산 단계에서 예상되는 문제를 선제적으로 파악하여 해결함으로써 양산의 조기 안정화를 실현하고 있다.

## 1.2 | 유연자동화와 숙련절약

현대차의 가치사슬에서 제조 과정이 차지하는 비중은 상대적으로 낮은 편이다. 현대차의 완성차 공장은 검증된 제품을 효율적으로 양산하는 공간에 불과하다. 범용화된 생산설비로 구성된 생산 라인은 다양한 제품을 수요 변화에 대응하여 유연하게 생산하는 '유연자동화'를 실현하고 있다. 현대차는 숙련절약적 자동화를 진전시키면서, 생산설비를 장시간, 효율적으로 가동하기 위해 노력해왔다.

현대차 엔지니어들은 정보기술의 적용을 통해 생산 공정의 유연함과 기민함을 실현하고 있다. 대립적 노사관계로 인해 근로자의 고숙련과 적극적 참여를 기대할 수 없는 조건에서 엔지니어들은 모듈화와 정보화를 통해 품질 향상을 실현하고 있다. 현대차의 조립 라인에서는 저숙련 근로자들의 단순반복적 노동이 이루어지고 있다.

### 1.3 | 모듈형 부품업체 관계

현대차는 부품개발과 공급에서도 기민함을 발휘하고 있다. 현대차의 부품업체 관계는 '모듈형' 부품업체 관계를 특징으로 한다(조형제·김철식, 2013a). 모듈화에 따라 모비스, 만도 등 모듈 부품업체들의 기술 능력이 발전하면서 인터페이스가 단순화되고 표준화된다. 모듈화는 '규모의 경제'를 실현할 뿐 아니라 현대차의 품질 및 생산성을 향상시킨다. 이에 따라 현대차는 핵심 역량에 집중하고 모듈 부품업체는 부품의 개발과 공급을 담당함으로써 가치사슬의 기민함을 실현하고 있다.

그러나 현대차의 부품업체 관계는 '폐쇄적'이고, 현대차 그룹의 계열사가 핵심적 모듈을 담당한다. 현대차는 '폐쇄적'인 동시에 모듈형인 고유한 부품업체 관계를 발전시키고 있다.

### 1.4 | 수요지향적 생산관리

현대차의 가치사슬은 생산관리에서도 기민함을 발휘한다. 현대차는 정보기술을 적극적으로 적용하여 가치사슬을 관리하고 있다. 현대차는 주요 완성차업체 중에서는 최초로 ERP를 전면적으로 도입하여 기업활동의 모든 영역에서 정보를 공유하면서 실시간으로 관리하고 있다. 또한 MRP를 통해 시장 수요의 변화에 유연하게 대응함으로써 수요지향적 생산관리를 실현하고 있다.

## 1.5 | 생산방식의 성공적 해외 이전

현대차 생산방식의 기민함은 해외 이전에서 더욱 뚜렷하게 입증된다. 미국 현지공장의 사례를 보면 현대차 생산방식의 해외 이전은 단기간에 성공적으로 이루어졌다. 현지공장이 주로 기존의 노사관계에 영향을 받지 않는 그린필드에 입지했을 뿐 아니라, 생산직 근로자의 숙련형성에 거의 의존하지 않는 기민한 생산방식의 특징 때문이다. 현대차는 별다른 변형을 겪지 않고서도 자신의 생산방식을 미국으로 이전하여 단기간에 기민함을 실현하고 있다. 이와 같은 생산방식의 이전 용이성은 해외생산을 확대할 수밖에 없는 글로벌화의 추세를 감안할 때, 현대차 경쟁우위의 주된 요인으로 작용하고 있다.

요컨대, 현대차는 한국의 제도적 조건에서 선진 기술을 도입하고 소화하면서 린 생산방식과 구분되는 기민한 생산방식을 발전시켜왔다. 현대차는 가치사슬 전반에서 총체적으로 기민함을 실현하고 있다. 수직적 정보처리를 통해 다양한 제품을 기민하게 개발할 뿐 아니라 파일럿 센터를 통해 예상되는 문제를 선제적으로 파악하여 설계에 반영함으로써, 양산 안정화에 걸리는 기간을 단축한다. 엔지니어들은 생산직 근로자의 저숙련으로 비롯되는 문제점을 자동화된 설비와 정보 시스템을 통해 보완하고 있다. 또한 모듈형 부품업체 관계 속에서 현대차는 핵심 역량에 집중하고 모듈 부품업체는 부품의 개발과 공급을 담당함으로써 가치사슬의 기민함을 실현한다. 모비스, 만도 등 모듈 부품업체들의 기술 능력이 발전하면서 인터페이스가 단순화되고 표준화된다. 전사적으로 구축된 정보 시스템은 부품업체까지 정보를 실시간으로 공유함으로써 수요 변동에 따른 생산계획의 조정을 차질 없게 수행하고 있다.

이처럼 현대차 그룹은 엔지니어들의 뛰어난 숙련에 힘입어 전 차종에 걸쳐 기민하게 다양한 모델을 개발하고, 유연하게 생산하고 있다. 또한 최근에는 해외 현지생산의 확대를 통해 기민한 생산방식의 이전과 확산에 성공함으로써 연산 800만 대 규모의 글로벌 생산체제를 발전시켜왔다.


## 2 | 또 하나의 베스트 프랙티스?

이 책의 연구 결과는 중요한 이론적 함의를 제공한다. 이 사례는 세계 완성차업체들이 단일한 린 생산방식으로 수렴한다고 보는 수렴 이론에 의문을 제기한다. 우리의 연구 결과는 현대차가 세계화의 압력 속에서 린 생산방식으로 수렴해가기보다 한국의 제도적 환경에서 기민한 생산방식으로 진화해온 것을 보여준다.

프롤로그에서 우리는 이 책이 진화론적 관점을 채택한다고 밝혔다 (Nelson and Winter, 1982). 경영진이 린 생산방식을 도입하려고 노력했음에도, 한국의 고유한 제도적 조건 아래에서 기민한 생산방식이라는 변이가 나타난 후, 이것이 21세기를 전후한 결정적 국면에서 선택되어 정립된 것으로 설명했다. 이 책은 이와 같은 진화론적 과정을 통해 현대차 엔지니어가 형성·발전시켜온 기민한 생산방식이 현대차 고도성장의 주된 요인이라는 것을 보여주고 있다.

결론적으로 현대차의 기민한 생산방식은 린 생산방식에 버금가는 또 하나의 '최선의 관행(best practice)'이라고 평가할 수 있는가? 여기서 최선의 관행이란 환경 변화에 대응하기 위해 요구되는 가장 혁신적인 해결책이나 문제해결 방법을 의미한다(Bogan and English, 1994). 최선의 관행은 해당 분야에서 세계 최고 수준의 경쟁우위를 실현할 뿐 아니라, 이해관계자들의 참여와 협력을 통해 안정적으로 재생산되는 관행을 지칭한다.

## 2.1 | 폭스바겐과의 비교

우리는 현대차 생산방식이 '최선의 관행'인지를 평가하기에 앞서 폭스바겐의 사례를 먼저 살펴볼 필요가 있다. 폭스바겐은 1990년대 초 일본 완성차업체의 공세로 위기를 겪은 후 이에 대응하기 위해 '폭스바겐 방식(Volkswagen Way)'으로 지칭되는 고유한 생산방식을 발전시켜왔다. 폭스바겐 역시 린 생산방식을 수용하고자 노력했음에도, 독일의 제도적 요소들과 상호 작용하는 가운데 경쟁우위를 지닌 새로운 생산방식으로 진화한 것이다. 우리는 폭스바겐 생산방식이 21세기의 환경 변화에 효율적으로 대응한다는 점에서 기민한 생산방식에 속하는 것으로 분류할 수 있다고 생각한다.

폭스바겐 생산방식의 진화에는 페르디난트 피에히(Ferdinand Piech)로 대표되는 최고경영진의 리더십, 엔지니어 집단의 기술 능력, 사업장 평의회의 공동결정제도 등 폭스바겐의 고유한 기업 거버넌스가 긍정적으로 작용했다(Juergens, 2009). 즉, 위기를 극복하는 과정에서 최고경영

진의 강력한 리더십 아래 엔지니어를 중심으로 폭스바겐의 이해관계자들이 함께 협력하여 발전시킨 것이다.[1]

독일 완성차업체의 경쟁우위는 21세기 들어 기민함을 핵심적 특징으로 하는 새로운 생산방식의 정립을 통해 뚜렷하게 나타나고 있다. 폭스바겐의 생산방식에서 기민함의 핵심적 요소는 수요 변화에 대응하여 다양한 제품을 기민하게 공급하는 제품개발 능력에 있다. 이는 플랫폼 통합과 모듈화를 통해 구체적으로 실현된다.

폭스바겐의 엔지니어들은 플랫폼 자체에 모듈의 개념을 도입해 차량의 언더바디를 각기 프론트, 센터, 리어 모듈로 구분한 후, 공용화된 플랫폼에서 이들 모듈화된 부품의 조합을 통해 하나의 차량을 개발하고 있다. 즉, 폭스바겐은 엔진이 설치되는 기본 구조에 따라 횡치형 엔진인 경우 MQB(Modularen Querbaukasten, Modular Transverse Toolkit), 종치형 엔진인 경우 MLB(Modularer Längsbaukasten, Modular Longitudinal Toolkit)라고 불리는 플랫폼을 개발하고, 이 기반 위에 30개의 표준화된 부품(Toolkit)을 조합함으로써 레고 블록처럼 용이하게 다양한 차량을 기민하게 개발하고 있다(박정규·김민수, 2012: 43~44). 현시점에서 폭스바겐의 제품개발 능력은 그 신속함과 다양성의 범위에서 최고 수준이다. 폭스바겐은 차세대 주요 모델을 두 개의 종치형 엔진과 한 개의 병치형 엔진에 기반을

---

**1** 그러나 2015년 9월 폭스바겐 디젤차의 배기가스 검사 조작 사건이 터지면서 폭스바겐의 위상이 크게 흔들리고 있다. 폭스바겐이 배기가스를 검사 시에만 저감시키도록 조작하는 소프트웨어를 미국 시장에서 판매되는 자사 제품들에 장착해왔다는 사실이 미국 환경보호청의 조사에 의해 밝혀졌다. 이로 인해 전 세계에서 팔린 1100만 대의 차량이 리콜 대상이 되고, 주가가 40% 정도 폭락하는 등 폭스바겐은 창사 이래 최대의 위기에 빠졌다(≪매일경제≫, 2015.9.22). 그러나 이번 사건이 폭스바겐의 거버넌스나 생산방식의 장점을 근본적으로 부정하는 것은 아니다. 폭스바겐 사태를 확대 해석할 여지에 대해 비판한 글로는 허완(2015.9.24)을 보라.

표 E-1

## 현대자동차 생산방식과 폭스바겐 생산방식

| | 현대차 생산방식 | 폭스바겐 생산방식 |
|---|---|---|
| 기업 거버넌스 | - 재벌 오너와 엔지니어의 주도적 역할 | - 최고경영진과 엔지니어, 노조의 연대 |
| 엔지니어의 능력 | - 프로젝트형 문제해결 능력<br>- 소통과 협력 | - 전문적 교육훈련 기관<br>- 기업특수적 숙련형성 |
| 노사관계 | - 갈등적 실리주의 | - 산별 노조의 약화 |
| 노동시장 | - 분절 노동시장 | - 기업 간 격차 확대 |
| 제품개발 | - 파일럿 생산 단계의 선제적 문제해결 | - 모듈식(MLB, MQB) 제품개발 |
| 생산 과정 | - 기술과 숙련의 분리<br>- 숙련절약적 작업조직 | - 기술과 숙련의 통합<br>- 팀 작업 |
| 부품 공급 | - 수직적 관계<br>- 폐쇄적 모듈화 | - 수평적 관계<br>- 개방적 모듈화 |
| 조직 능력 | - 엔지니어 주도 자동화·정보화를 통한 생산관리 | - 자동화·정보화를 통한 시스템 합리화 |

둔 3개의 플랫폼으로 통합할 계획을 추진하고 있다(Motor Fan, 2011).

또한 기업 간 관계에서 높은 수준의 모듈화를 진전시키고 있다. 부품업체들이 다수의 부품을 중간 조립하여 납품하는 모듈 부품을 개발함으로써, 품질과 생산성 향상을 실현하는 것이다. 폭스바겐은 가치사슬 전반에 걸쳐 기민한 생산방식의 전형을 보여준다. 폭스바겐은 2018년에 매출액과 이윤, 종업원 규모에서 독보적인 세계 1위 완성차업체의 지위에 오르는 것을 목표로 하고 있다(Pries and Seeliger, 2011).[2]

2  한편, 도요타 등 일본 완성차업체는 기존 린 생산방식의 경로의존성을 유지하면서도 경영 환경의 새로운 변화에 대응하기 위해 '포스트 린(post lean)'으로 전환하고 있다. 달리 말하면, 린 생산방식의 기조 위에 기민한 생산방식의 요소를 수용하는 것이다. 최근 도요타는 신속한 제품개발을 위해 플랫폼 통합을 추진하면서 폭스바겐의 레고 블럭식 개발 방식을 자기식으로 수용하기 위해 노력하고 있다(최원석,

〈표 E-1〉은 기민한 생산방식의 구체적 사례인 현대차와 폭스바겐의 생산방식을 비교한 것이다. 이 표에서 볼 수 있는 것처럼, 현대차와 폭스바겐은 21세기의 환경 변화에 최고경영진의 뛰어난 리더십과 엔지니어의 기술 능력을 통해 기민하게 대응한다는 점에서 기민한 생산방식의 공통된 특징을 구현하고 있다. 그중에서도 플랫폼 통합과 모듈화를 통한 제품개발의 다양성과 기민함은 현대차와 폭스바겐이 경쟁 업체들에 비해 가장 앞서가고 있는 측면이다.

여기서 흥미로운 것은 폭스바겐의 노사관계에서도 대립적 성격이 일정하게 존재한다는 사실이다. 폭스바겐 노조는 산별 노조인 금속노조 산하에 있기 때문에 기업별 노조인 현대차 노조와는 성격이 다른 것이 사실이다. 그러나 폭스바겐도 강력한 조직력을 지닌 노조의 반대 때문에 린 생산방식을 회사가 일방적으로 주도하는 형태로 수용할 수 없었다. 따라서 폭스바겐의 플랫폼 통합과 모듈화는 린 생산방식에 대한 노조의 반대를 우회한 것이라는 설명이 가능하다. 결국 폭스바겐의 기민한 생산방식 역시 진화론적 관점에서 이해할 수 있는 것이다.

그러나 현대차와 폭스바겐의 기민한 생산방식에는 일정한 차이가 있다. 현대차는 대립적 노사관계 때문에 기술과 숙련이 분리된 상태에서 노동대체적인 자동화를 추진하고, 부품업체에 부담을 전가하는 방식으로 모듈화와 외주화를 추진하고 있다. 이에 비해 폭스바겐은 노조의 경영 참여 덕에 기술과 숙련이 통합된 상태에서 근로자의 참여를 유도

2013). 또한 일본 완성차업체는 린 생산방식의 해외 이전이 쉽지 않은 것을 감안하여, 엔지니어 역할의 상대적 비중을 높이는 것과 동시에 모듈화도 적극적으로 추진하고 있다(Tamura, 2006; ≪경향신문≫, 2014.6.15). 일본 업체 나름의 방식으로 기민한 생산방식의 요소를 도입하고 있는 것이다. 이러한 경향은 대규모 리콜 사태와 후쿠시마 사태를 경험한 최근 들어 더욱 강화되고 있다.

하는 자동화·정보화를 추진하고 있고, 모듈화와 외주화도 부품업체의 기술 능력을 활용하고 근로자의 일자리를 유지하는 범위 내에서 신중하게 추진되고 있다.[3]

요컨대, 현대차와 폭스바겐은 플랫폼 통합과 모듈화를 통해 제품개발의 다양성과 신속함을 실현한다는 점에서 기민한 생산방식의 공통점을 보여준다. 그러나 현대차 생산방식이 노조의 참여를 허용하는 폭스바겐에 비해 좀 더 숙련절약적 성격을 띠고 있다. 현대차의 대립적 노사관계는 이해관계자들의 참여와 협력을 통해 안정적으로 재생산되지 못한다는 점에서, 현대차 생산방식이 또 하나의 '최선의 관행'이 되기 어렵게 만드는 요인으로 작용하고 있다.

## 2.2 │ 문제점

그럼, 현대차가 아직 '최선의 관행'을 정립하지 못했다고 판단하게 만드는 요인들을 좀 더 구체적으로 검토해보기로 하자. 현대차 생산방식의 문제점들을 차례로 살펴보면 다음과 같다.

### 제품개발 능력

현대차의 가장 취약한 점은 연구개발 투자의 부족이다. 연구개발 투자가 미진한 상태에서는 현대차 생산방식의 기민함을 가능하게 하는 핵심적 요소인 제품개발 능력이 지속적으로 발휘되기 어렵다. 2013년

---

[3]  폭스바겐이 린 생산방식에 맞서 자신의 고유한 생산방식을 정립한 후, 이를 본격화한 새로운 공장이 '아우토 5000'이다. 이 공장에서는 팀 작업, 개선 등 린 생산방식의 원리를 받아들이되 근로자들의 숙련이나 참여의 폭을 훨씬 크게 허용하는 것이 특징이다(이문호, 2015).

표 E-2

**현대자동차 울산공장 사무직 근로자의 근속 년수**

| 근속 년수 | 빈도 | 비율 |
|---|---|---|
| 1~10년 | 567 | 56.1 |
| 11~20년 | 190 | 18.8 |
| 21년 이상 | 253 | 25.0 |
| 합계 | 1,010 | 100.0 |

주: 울산공장 소속 대졸 사무직 근로자수. 생산기술센터, 품질본부 소속은 미포함
자료: 현대자동차 사내자료(2013).

기준으로 현대차의 매출액 대비 연구개발 투자는 2.1%에 불과하다. 이는 각국의 물가 수준 차이를 감안하더라도, 경쟁사인 도요타의 3.7%, 폭스바겐의 5.8%에 크게 못 미친다(≪연합뉴스≫, 2014.4.21).

현대차가 매력적인 디자인의 제품을 신속하고 다양하게 개발하고 있는 것은 사실이지만, 아직 내연기관 자동차의 제품 기술에서 선두 주자라고 보기 어렵다. 연비 효율이 떨어질 뿐 아니라, 폭스바겐과 같은 모듈식 차량개발 기술을 갖추지도 못했다. 또한 전기자동차, 연료전지차 등 미래자동차 분야에서는 아직 후발 주자의 위치에 머물고 있다. 미래 자동차 개발 경쟁이 치열해지는 상황에서 연구개발 투자를 증가시키지 않고서는 현대차의 제품개발 능력이 지속적으로 기민함을 발휘하기 어려울 것이다.

### 엔지니어 숙련의 전승

현대차의 기술 능력이 향상되고, 신세대에 속하는 사원의 비중이 높아질수록, 체계적인 직무 교육을 통해 엔지니어 세대 간의 숙련을 효율적으로 전승할 필요성이 커져가고 있다. 〈표 E-2〉에 의하면, 울산공장 소속 사무직 근로자 중에서 근속년수 10년 미만과 21년 이상의 비율

이 모두 40%를 넘는 데 비해, 11년에서 20년 사이의 사무직 근로자 비율은 18.8%에 불과하다. 사무직 근로자 집단의 중간 허리가 취약한 것이다. 회사 전체에서 2022년까지 10년 이내에 정년퇴직할 사무직 근로자는 2046명에 달한다고 한다. 이는 현재 사무직 근로자 전체의 17.9%에 해당하는 인원이다. 이에 따라 선배 엔지니어들이 프로젝트 수행을 통해 형성한 '경험적' 숙련을 어떻게 체계적인 교육을 통해 후배 세대에게 전수할 수 있는가 하는 과제가 절박하게 대두하고 있다.

### 부품업체 관계의 성격

모듈화가 생산성과 품질 등 경쟁력의 측면에서는 긍정적이지만, 현대차의 수직적·폐쇄적 부품업체 관계는 수주 계약, 납품 결제 등과 관련하여 모기업과 부품업체 간의 불공정 거래를 심화시키고 있다.

이에 따라 계열 부품업체와 비계열 부품업체 간의 이익률에서 심각한 양극화가 진행된다. 모듈화를 담당하는 모비스 등 계열 부품업체와 비계열 부품업체 간의 이익 격차가 커지고 있다. 이러한 양극화에 따라 성장의 과실이 고르게 분배되지 못하면서 부품업체 관계의 안정적 재생산이 위협받는다.

증권가의 한 보고서는 한국 자동차산업의 약점이 국내 부품업체에 지나치게 의존하는 데 있다는 점을 지적하고 있다. 선진 부품업체들에 비해 기술 능력이 부족한 국내 부품업체에 대한 의존도가 너무 높다는 것이다(박상원, 2012). 해외생산의 비중이 증가할수록 수직적 부품업체 관계는 현대차의 성장에 부정적으로 작용할 가능성이 크다. 장기적 관점에서 볼 때, 개방된 환경에서는 기존의 수직적 부품업체 관계가 지속되기 어려울 것이기 때문이다.

조직 능력

가장 심각한 문제점은 엔지니어들이 주도해온 현대차의 '조직 능력'이 점차 한계에 직면하고 있다는 것이다. Chapter 7에서 소개한 것처럼 조직 능력이란 생산방식의 개별적 요소들을 통합적으로 관리하는 능력을 지칭한다. 현대차의 조직 능력은 몇 가지 문제점을 드러내고 있다.

첫째, 현대차의 제품개발 과정에서 기능적 조직의 기술 능력이 발전했지만, 전문화된 기능적 조직 간의 이해관계를 조정하고 통합시키는 조직 능력은 아직 부족하다. 기능적 조직 간의 이해관계를 자율적으로 조정하기 어려울 경우 수직적 정보처리를 통해 조정하는 현대차 제품개발조직의 특징이 향후에도 효율적으로 작동할지 의문이다. 수직적 제품개발조직이 선진 완성차업체를 '추격'하는 단계에서는 효율적이었지만, 기능적 조직 간의 통합을 지속적으로 실현하는 데는 많은 무리와 부작용을 드러낼 것이 예상되기 때문이다.[4]

둘째, 엔지니어가 생산설비를 장시간 가동하는 가운데 생산직 근로자들의 저숙련을 다양한 방법으로 보완함에 따라, 생산 현장에 근무하는 엔지니어들의 부담이 가중되고 있다. 생산 현장의 엔지니어는 노사관계가 대립적인 상태에서 자동화와 정보화, 선제적·사후적 품질관리 등의 기술적 업무 외에 노무관리 업무까지 상당 정도 부담하고 있다. 자동차산업이 지닌 흐름생산의 성격상 생산 차질이 발생하면 파급효과가 엄청나기 때문이다. 이에 따라 엔지니어의 업무가 과중하여 피로도가 누적되고 있다.

셋째, 대립적 노사관계의 조건 속에서 현대차 생산방식은 숙련 노

---

[4]　현대차의 고도성장을 추격의 관점에서 설명하고, 탈추격의 과제를 제시한 연구로는 조성재(2014)를 참조하라.

동의 필요를 최소화해왔고, 근로자의 참여는 계속 저조하다. 근로자의 잠재적 능력을 잘 활용하지 못하는 상태에서 엔지니어 주도로 품질관리를 강화하는 데는 한계가 있다. 그뿐 아니라, 지속적인 임금 상승 때문에 인건비 부담도 커져가고 있다. 2000년대 중반부터 '편성효율(인원의 효율적 배치를 평가하는 지표)'은 지속적으로 떨어졌음에도 불구하고, 노조의 임금 및 복지 인상 요구로 인해 인건비 비중은 상승하고 있다. 이미 매출액의 13% 정도에 도달한 인건비 비율은 경쟁사에 비해 불리한 것이 사실이다(정준호·조형제, 2013).

이상에서 살펴본 것처럼, 현대차의 기민한 생산방식은 현대차의 고도성장에 긍정적으로 기여했지만, 그 이면에 여러 가지 문제점이 있다. 요컨대, 현대차 고도성장의 이면에는 제품개발 능력 부족, 엔지니어의 업무 부담 가중화, 부품업체와의 격차 확대, 종업원의 잠재적 능력을 활용하지 못하는 것 등 결과적으로 조직 능력의 한계가 드러나고 있다. 이는 가격, 납기 등 '표층 경쟁력'과는 구분되는 '심층 경쟁력'(후지모토 다카히로, 2003: 53~58)이 한계에 도달한 것을 의미하는 것으로서 주목할 필요가 있다.

"선행 생기와 사후 품질검사 등으로 경쟁우위를 달성하는 데는 한계가 있습니다. 이러한 방식은 이제 한계에 도달한 것처럼 보입니다. 생산 현장 근로자들의 숙련과 적극적 참여에 입각한 품질관리를 강화하지 않으면 현대차는 위기에 직면할 수 있습니다"(면담정리, 2012).

이와 같은 문제점들을 감안할 때, 현대차 생산방식을 최선의 관행이라고 평가하기는 아직 어려운 것이 사실이다. 현대차 생산방식의 문제점들은 향후 저성장의 국면 또는 외부 요인에 의한 돌발적 상황에 직면할 경우 심각한 장애 요인으로 작용할 수 있다. 고도성장의 조건하에서 원만하게 유지되던 현대차 거버넌스의 세 행위자, 즉 최고경영진, 주주, 근로자 간의 트릴레마가 저성장이라는 조건에서는 취약성으로 작용할 가능성이 있는 것이다.

## 3 | 향후 과제

현대차의 미래는 어떻게 될 것인가?[5] 현대차가 지속적으로 성장하기 위해 요구되는 향후 과제는 무엇인가? 현대차의 기민한 생산방식이 또 하나의 최선의 관행으로 정립되기 위해서는 어떻게 해야 할 것인가?

현대차는 국내외 환경의 변화 속에서 지속적으로 성장하기 위해, 앞에서 지적한 문제점들을 극복하고 질적 고도화를 실현해야 한다는 새로운 과제에 직면하고 있다. 그러나 현대차 생산방식은 일정한 경로의

---

**5** 2015년 들어 현대차의 고도성장이 둔화되고 있다. 그 주된 요인은 고도성장의 중심축이었던 신흥 시장에서의 판매 부진이다. 러시아와 브라질은 경기 불황으로 인한 것이기 때문에 불가피한 측면이 크지만, 중국은 경기 둔화뿐 아니라 토착 완성차업체의 SUV 제품 도전에서 비롯된 것이기 때문에 상당한 위협이 되고 있다. 장성기차, 장안기차 등 토착 완성차업체의 SUV 제품 가격이 현대차의 절반 수준에 불과하기 때문에, 현대차의 중소형 승용차 판매를 잠식하고 있다. 현대차의 중국 시장 판매는 2/4분기에만 14%가 감소되었고 영업 이익도 크게 감소했다. 이에 따라 2015년 상반기 현대차 그룹의 전 세계 판매량은 394만 대로, 작년보다 2.9% 감소됐다(≪조선일보≫, 2015.7.24). 이와 같은 중국 시장에서의 판매 부진은 2015년 후반에는 회복되고 있지만, 향후 주요 완성차업체들의 생산 능력 과잉이 본격화될 경우 현대차는 심각한 성장의 한계에 직면할지도 모른다. 그러나 신흥 시장에서 저가 제품의 도전은 위험 요인 중 하나에 불과하다.

존성을 형성하면서 발전해온 것이기 때문에, 향후 과제도 그 경로의존성을 신중하게 고려하면서 마련될 필요가 있다. 최선의 관행을 정립하기 위해 요구되는 현대차의 과제를 제시하면 다음과 같다.

## 3.1 | 기업 거버넌스의 변화

현대차의 기업 거버넌스 변화에 대한 진지한 성찰이 요구된다. 이와 관련해 2015년 4월 현대차가 구성한 '투명경영위원회'는 주목할 만하다. 해외투자자들의 요구에 의해 설치된 투명경영위원회는 사외이사만으로 구성되어 중요 경영 상황이나 사안에 대해 주주의 권익을 반영하는 역할을 맡게 된다(≪조선비즈≫, 2015.4.27). 향후 현대차는 기업 지배구조의 합리적 개선을 위해 지주회사로의 재편을 고려하는 것으로 알려져 있다(≪비즈니스포스트≫, 2015.4.27; ≪한겨레신문≫, 2013.7.30).

현대차가 기존의 경로의존성을 일거에 탈피하기는 어렵더라도, 상부에 집중된 정보처리 권한을 점진적으로 분산시키며 하부의 자율적 문제해결 능력을 강화하는 방향으로 개선해갈 필요가 있다. 이를 위해서는 수직적 거버넌스의 특징을 살리면서도 엔지니어 등 중간 관리자의 기술적·조직적 능력을 발전시키고 자율적 리더십을 시스템화하는 인사시스템의 개선이 요구된다.

## 3.2 | 엔지니어 및 근로자의 숙련 강화

현대차는 기술 능력을 발전시키기 위해 엔지니어, 특히 남양 연구소의 인력을 대폭 증가시키고 있다. 2000년대 이후 매해 1000명씩 연구원을 늘려왔는데, 2017년까지는 1만 5000명까지 늘릴 예정이라고 한다

(면담정리, 2014). 이는 연구개발 규모의 확대와 제품기술 능력의 발전으로 연결될 것으로 전망된다.[6]

이와 함께 현대차는 엔지니어의 기술적 숙련을 체계적으로 향상시킬 필요가 있다. 또한 새롭게 요구되는 사회적 숙련인 '소통과 협력'을 더욱 강화할 필요가 있다. 기업 내부 기능 부서들 간의 협력뿐 아니라 기업 외부와의 협력 필요성도 커지기 때문이다. '소통과 협력'은 현대차의 생산방식의 기민함에 부합되는 사회적 숙련의 내용이기도 하다.

또한 현대차 생산직 근로자들의 숙련을 향상시키기 위해서도 체계적인 교육훈련 프로그램을 마련해야 한다. 숙련절약적 작업조직의 경로의존성을 감안하더라도, 근로자들의 숙련은 부서별·직위별로 담당하는 직무의 성격에 따라 다른 것이 사실이다. 예컨대 생산 현장에서 일하는 일반 근로자와 키퍼, 조·반장 간에는 요구되는 숙련과 현재의 숙련 사이에 서로 상당한 차이가 존재하는 것이다. 현재의 낮은 편성효율과 생산의 경직성을 혁신하기 위해서는 다양한 방식의 동기 부여를 통해 현대차 근로자들의 직무에 부합되는 잠재적 능력을 이끌어내는 것이 필수적이다. 여기서 새로운 숙련의 내용으로는 지적 숙련, 즉 '변화와 이상에 대한 대응 능력'이 요구된다(小池, 2001). 즉, 전통적 의미의 장인적 숙련이 아니라, 모델의 교체와 생산설비의 고장 등 생산 라인의 변화에 신속하게 대응하는 능력을 의미한다. 그러기 위해서는 근로자들의 숙련 수준과 업무 성과에 대한 공정한 평가 제도, 이를 합리적으로 반영하는 임금체계의 도입이 요구된다.

---

**6** 현대차 그룹은 2018년까지 매년 6조 7750억 원의 연구개발 투자를 할 계획이라고 한다. 이는 폭스바겐, 도요타 다음가는 규모이다(≪전자신문≫, 2015.1.20).

## 3.3 | 부품업체 관계의 전환

외환위기 이후 경제 환경의 변화 속에서 현대차는 폐쇄적 모듈형 네트워크를 특징으로 하는 고유한 성격의 부품업체 관계를 발전시켰다. 그러나 최근 경제 환경의 변화는 이와 같은 부품업체 관계의 새로운 전환을 요구한다.

장기적 관점에서 볼 때 현대차가 수직적 관계의 장점을 살린다고 하더라도 기존 부품업체와의 거래 관계를 개방적으로 전환해야 한다. 그뿐 아니라 부품업체 역시 해외 완성차업체들과의 개방적 거래를 확대할 필요가 있다. 이는 기존의 폐쇄적 부품업체 관계가 개방적으로 전환하여 선진적인 모듈형 네트워크로 발전하는 것을 의미한다.

전기자동차 등 차세대 자동차로의 기술 패러다임 전환은 현대차 부품업체 관계의 개방적 성격을 더욱 본격화시킬 것으로 전망된다. 전기자동차는 배터리를 동력발생 장치로 채택하기 때문에, 제품 구조의 모듈적 성격을 강화하면서 부품업체 관계 역시 보다 수평적이고 개방적 성격으로 전환해갈 가능성이 크다.

## 3.4 | 조직 능력의 혁신

앞에서 논의한 것처럼 엔지니어가 주도해온 현대차 생산방식이 조직 능력의 한계를 드러내고 있다. 지속적으로 성장하기 위해서는 현대차의 경로의존성을 감안하면서도 조직 능력을 혁신할 필요가 있다.

첫째, 제품개발조직에서 수직적 정보처리의 비중을 최소화하면서 수평적이고 자율적인 정보처리의 비중을 늘려갈 필요가 있다. 기업 지배구조의 개선이 순조롭게 이루어진다면, 제품개발조직에서 자율적 정보처리의 비중을 강화하는 것이 용이할 것이다. 특히 미래자동차 개발에서는 '추격' 능력이 아닌 창의력의 발휘가 필요하기 때문에, 기능적 조직 간의 자율적 정보처리와 협력이 필수적으로 요구된다.

둘째, 엔지니어의 기술적·사회적 능력을 강화하기 위해서는 엔지니어들의 능력과 성과에 기반을 둔 공정한 인적자원관리가 좀 더 발전될 필요가 있다. 이는 앞서 논의한 엔지니어들의 기술적·사회적 숙련의 강화와 밀접히 연결된다. 프로젝트 팀워크를 저해하지 않는 범위 내에서 엔지니어들의 동기 부여를 촉진하는 보상과 승진 시스템이 강화될 필요가 있다.

셋째, 엔지니어의 부담을 줄이기 위해서는 노사관계의 혁신이 절실하다. 근로자의 동기 부여가 부족한 상태에서는 현대차의 조직 능력을 혁신하는 데 한계가 있다. 근로자들의 잠재력을 끌어내기 위한 근본적 방법은 노사관계의 혁신이다. 그러기 위해서는 회사가 노조를 경영의 파트너로 간주하고 적극적 협력을 끌어내야 한다. 회사가 고용안정을 보장하는 대신 노조가 생산혁신에 참여하는 빅딜이 필요하다. 이를 위해서는 근로시간 단축, 임금체계의 재편 등 작은 현안에서부터 노사 상호 간의 신뢰를 쌓아갈 필요가 있다. 노사관계의 혁신은 현대차 생산방식의 조직 능력을 한 단계 끌어올리는 중요한 계기로 작용할 것이다. 지금처럼 노사불신이 지속될 때, 현대차의 출구는 해외생산의 확대가 될 수밖에 없을 것이다.

국내외의 환경 변화 속에서 현대차는 이제 선진 완성차업체를 향한 추격의 단계를 넘어 질적 고도화를 실현해야 하는 새로운 과제에 직면해 있다. 기민함으로 집약되는 현대차 생산방식의 특징을 적극적으로 살리는 동시에, '최선의 관행'을 위협하는 가치사슬의 취약성을 보완해야 할 과제를 부여받고 있다. 그렇다고 해서 지난 30~40년간의 경로의 존성을 부정하고 전혀 다른 생산방식으로 전환할 수는 없는 법이다. 현대차의 지속적 성장 여부는 기민한 생산방식의 가치사슬을 구성하는 이해관계자, 즉 최고경영진, 엔지니어, 주주, 근로자들이 어떻게 혁신을 이루는가에 달려있다. 더 이상 늦기 전에 지속가능한 상생 발전을 위한 현대차 이해당사자들의 결단이 필요하다. 현대차가 또 하나의 최선의 관행을 보여줄 수 있을지 주목된다.

**부록**

# 완성차업체 엔지니어의
# 인적자원관리와 업무수행 연구

※통계법 제33조(비밀의 보호)에 의거 조사에서 개인의 비밀에 속하는 사항은 엄격히 보호됩니다.

본 조사는 울산대학교 사회과학대학에서 수행하는 연구과제 〈완성차업체 엔지니어의 인적자원관리와 업무수행〉과 관련된 것입니다. 이 연구는 국내 완성차업체의 경쟁력을 엔지니어의 업무수행 능력에 초점을 맞춰 설명하기 위해 진행하는 학문적 연구입니다.

조사표에서 응답하신 모든 내용은 통계적으로만 이용되며, 통계법 제33조에 따라 개인의 개별적인 사항은 일체 비밀이 보장됩니다. 조사의 결과는 학문적인 목적으로만 사용할 것을 약속드립니다. 바쁘시더라도 성실하게 응답해주시면 대단히 감사하겠습니다.

2014년 2월

■ 조사주관기관　　울산대학교 사회과학대학

■ 관련 문의　　울산대학교 사회과학부 조형제 교수
　　　　　　　(tel: 052-259-2811, e-mail: hjjo@ulsan.ac.kr)

☞ 통계분석을 위한 질문입니다. 모든 응답자 특성 항목에 빠짐없이 답변해 주십시오.

▢ 응답자 특성

| | | |
|---|---|---|
| SQ1. 출생년도 | _____ 년 | |
| SQ2. 입사년도 | _____ 년 | |
| SQ3. 최종학력 | ① 고졸·전문대졸<br>② 4년제 대졸<br>③ 석사 이상 | |
| SQ4. 직급 | ① 사원<br>③ 과장 | ② 대리<br>④ 차장 |
| SQ5. 직책 | ① 부서원 | ② 부서장 |

# A. 엔지니어의 교육훈련과 인적자원관리

A1. 귀하가 대학에서 배운 교육이나 경험 중 업무수행에 가장 유용한 것은

무엇입니까? 유용한 순서대로 2가지만 선택해주세요.

■ 1순위: _____ ■ 2순위: _____

① 학문적 지식

② 실험 등 경험적 지식

③ 교양 교육

④ 학생활동 경험

⑤ 기타( )

A2. 귀하가 입사 후 받은 사내 교육훈련 중에서 업무수행을 위해 가장 유용

한 것은 무엇입니까? 유용한 순서대로 2가지만 선택해주세요.

■ 1순위: _____ ■ 2순위: _____

① 신입사원 교육

② 직무 교육

③ 부서 내 OJT

④ 소양 교육

⑤ 기타( )

A3. 귀하가 받는 사내 교육훈련의 현황에 대한 생각을 묻는 질문입니다. 해당 번호에 표시해주십시오.

| 항목 | 전혀 그렇지 않다 | 그렇지 않다 | 보통 | 그렇다 | 매우 그렇다 |
|---|---|---|---|---|---|
| 1) 교육훈련의 기회는 필요한 만큼 제공되고 있다 | ① | ② | ③ | ④ | ⑤ |
| 2) 부서장이 교육훈련의 필요성을 이해하고 있다 | ① | ② | ③ | ④ | ⑤ |
| 3) 모든 교육훈련에 항상 참석한다 | ① | ② | ③ | ④ | ⑤ |
| 4) 교육훈련의 내용이 업무수행에 도움이 된다 | ① | ② | ③ | ④ | ⑤ |

A4. 귀사에서 습득한 지식이나 기술은 다음의 진술 중 어디에 가장 가깝다고 생각하십니까? 하나만 선택해주세요.

① 현재 회사에서만 유용하며 다른 회사에서는 쓰이지 않음

② 현재 회사가 속한 그룹 내의 계열사에서도 유용함

③ 현재 회사와 같은 업종의 다른 회사에서도 유용함

④ 업종과는 상관없이 같은 종류의 업무일 때에만 유용함

⑤ 업종이나 업무의 제한 없이 널리 유용함

⑥ 현 직장에서 습득한 특별한 지식이나 기술이 없음

A5. 귀사 엔지니어 인력의 인사관리 전반에 대한 질문입니다. 해당 번호에
표시해주십시오.

| 항 목 | 전혀<br>그렇지<br>않다 | 그렇지<br>않다 | 보통 | 그렇다 | 매우<br>그렇다 |
|---|---|---|---|---|---|
| 1) 내가 원한다면 이 회사에 정년까지 근무<br>할 수 있을 것이다 | ① | ② | ③ | ④ | ⑤ |
| 2) 노력 여하에 따라 내가 원하는 직급까지<br>승진할 수 있다 | ① | ② | ③ | ④ | ⑤ |
| 3) 경쟁사에 비해 임금/복리 수준이 높다 | ① | ② | ③ | ④ | ⑤ |
| 4) 개인의 업무 성과를 임금에 충분하게 반<br>영하고 있다 | ① | ② | ③ | ④ | ⑤ |
| 5) 팀이나 부서의 성과를 임금에 충분하게<br>반영하고 있다 | ① | ② | ③ | ④ | ⑤ |
| 6) 회사의 경영 성과를 임금에 충분하게 반<br>영하고 있다 | ① | ② | ③ | ④ | ⑤ |
| 7) 회사는 직원들이 가정에 충실하도록 배<br>려해준다 | ① | ② | ③ | ④ | ⑤ |
| 8) 경영 사정이 악화되더라도 회사는 해고<br>를 피할 것이다 | ① | ② | ③ | ④ | ⑤ |

A6-1. 귀사에서 인사 적체를 해소하기 위해 실시하고 있는 '직책(부서장, 실장
등)과 직급(과장, 차장, 부장 등)의 분리'는 효과적으로 운영되고 있다고 보
십니까?

① 전혀 그렇지 않다

② 그렇지 않다

③ 보통

④ 그렇다

⑤ 매우 그렇다


A6-2. (문A6-1의 ① ② 응답자만) '직책과 직급의 분리'가 효과적이지 않다고 생
각하시는 이유는 무엇입니까? 하나만 선택해주세요.

① 인사고과의 불공정성 때문

② 연공서열을 중시하는 조직 문화

③ 부서원 간의 적절한 업무조정 미흡

④ 기타(                                    )


A7. 귀하의 사내외 인사 교류와 관련된 질문입니다. 타부서 또는 타회사로
의 인사발령(파견 또는 전보)의 경험이 있으시면, 해당되는 기간을 입력해
주세요. 여러 번이면 해당 기간을 합산해주세요.

| 항 목 | 인사 발령 | | |
|---|---|---|---|
| 1) 사내 타부서<br>(해외 공장 포함) | ① 없다 | ② 파견 경험 있다<br>(____년 ____개월) | ③ 전보 경험 있다<br>(____년 ____개월) |
| 2) 그룹 내 계열사<br>(기아차 포함) | ① 없다 | ② 파견 경험 있다<br>(____년 ____개월) | ③ 전보 경험 있다<br>(____년 ____개월) |

# B. 상사 및 동료관계

B1. 귀하가 속한 부서장의 평소 리더십 스타일에 대한 질문입니다. (부서장의 경우 바로 위 상급자) 해당 번호에 표시해주십시오.

| 항 목 | 전혀 그렇지 않다 | 그렇지 않다 | 보통 | 그렇다 | 매우 그렇다 |
|---|---|---|---|---|---|
| 1) 나의 목표와 회사 목표 간의 연관성을 이해시켜준다 | ① | ② | ③ | ④ | ⑤ |
| 2) 회사의 성과에 기여하는 내 업무의 중요성을 이해시켜준다 | ① | ② | ③ | ④ | ⑤ |
| 3) 중요한 의사결정에 나의 의견을 묻는다 | ① | ② | ③ | ④ | ⑤ |
| 4) 좋은 성과를 낼 수 있는 나의 능력을 확신한다 | ① | ② | ③ | ④ | ⑤ |
| 5) 내가 실수를 하는 경우에도 나의 능력을 의심하지 않는다 | ① | ② | ③ | ④ | ⑤ |
| 6) 내 방식대로 업무를 수행하도록 재량권을 많이 준다 | ① | ② | ③ | ④ | ⑤ |
| 7) 규정 준수보다 업무의 효율적 수행을 더 중시한다 | ① | ② | ③ | ④ | ⑤ |

B2. 귀하와 부서장 및 부서원의 관계에 대한 질문입니다. 해당 번호에 표시
해주십시오.

| 항 목 | 전혀<br>그렇지<br>않다 | 그렇지<br>않다 | 보통 | 그렇다 | 매우<br>그렇다 |
|---|---|---|---|---|---|
| 1) 상사는 나의 제안을 개선하기 위해 함께 토론한다 | ① | ② | ③ | ④ | ⑤ |
| 2) 상사는 나의 제안에 대해 유익한 도움말을 준다 | ① | ② | ③ | ④ | ⑤ |
| 3) 내가 새로운 제안을 하면 상사는 호의적으로 받아 들인다 | ① | ② | ③ | ④ | ⑤ |
| 4) 동료들은 나의 제안을 개선하기 위해 함께 토론한다 | ① | ② | ③ | ④ | ⑤ |
| 5) 동료들은 나의 제안에 대해 유익한 도움말을 준다 | ① | ② | ③ | ④ | ⑤ |
| 6) 내가 새로운 제안을 하면 동료들은 호의적으로 받아들인다 | ① | ② | ③ | ④ | ⑤ |

B3. 귀 부서원들 간의 지식 공유에 대한 질문입니다. 해당 번호에 표시해
주십시오.

| 항 목 | 전혀<br>그렇지<br>않다 | 그렇지<br>않다 | 보통 | 그렇다 | 매우<br>그렇다 |
|---|---|---|---|---|---|
| 1) 지식 공유가 서로에게 이득이라고 믿는다. | ① | ② | ③ | ④ | ⑤ |
| 2) 지식을 공유해야 과제나 문제를 빨리 해결한다고 믿는다 | ① | ② | ③ | ④ | ⑤ |

| | | | | | |
|---|---|---|---|---|---|
| 3) 지식을 공유하면서 서로 배운 점이 많다고 느낀다 | ① | ② | ③ | ④ | ⑤ |
| 4) 문제해결을 위해 서로 지식을 공유하는 데 익숙하다 | ① | ② | ③ | ④ | ⑤ |
| 5) 새로운 프로젝트나 문제해결을 위해 서로의 지식을 공유한다 | ① | ② | ③ | ④ | ⑤ |

# C. 업무수행 및 정체성(Identity)

C1. 귀하의 업무수행(4M) 방식에 대한 질문입니다. 해당 번호에 표시해주십시오.

| 항 목 | 전혀<br>그렇지<br>않다 | 그렇지<br>않다 | 보통 | 그렇다 | 매우<br>그렇다 |
|---|---|---|---|---|---|
| 1) 나는 기존의 설비(machine)를 개선하기 위해 노력하고 있다 | ① | ② | ③ | ④ | ⑤ |
| 2) 나는 기존의 공정(method)을 개선하기 위해 노력하고 있다 | ① | ② | ③ | ④ | ⑤ |
| 3) 나는 부서원 또는 작업자의 역량(man)을 향상시키기 위해 노력하고 있다 | ① | ② | ③ | ④ | ⑤ |
| 4) 나는 납품받는 소재나 부품(material)의 품질 또는 효율을 개선하기 위해 노력하고 있다 | ① | ② | ③ | ④ | ⑤ |

C2. 귀하의 업무수행 방식 전반에 대한 평가입니다. 해당 번호에 표시해주십시오.

| 항 목 | 전혀<br>그렇지<br>않다 | 그렇지<br>않다 | 보통 | 그렇다 | 매우<br>그렇다 |
|---|---|---|---|---|---|
| 1) 나는 새로운 아이디어나 방법을 먼저 시도한다 | ① | ② | ③ | ④ | ⑤ |
| 2) 나의 업무 분야에서 획기적 아이디어를 제시한다 | ① | ② | ③ | ④ | ⑤ |
| 3) 나의 업무를 기간 내에 완수한다 | ① | ② | ③ | ④ | ⑤ |

| 4) 나의 업무 성과는 늘 부서장의 기대를 충족시킨다 | ① | ② | ③ | ④ | ⑤ |
|---|---|---|---|---|---|

C3. 귀사의 경영 스타일과 관련된 질문입니다. 귀하가 가장 중요시하는 핵심 가치는 무엇입니까? 하나만 선택해주세요.

① 고객 최우선

② 도전적 실행

③ 소통과 협력

C4. 귀사의 조직 문화 중에서 가장 두드러진 특징은 무엇이라고 생각하십니까? 하나만 선택해주세요.

① 프로젝트 목표 달성

② 업무 자율성

③ 동료 간의 유대감

④ 합리적 의사결정

⑤ 효율적 관리 능력

⑥ 기타(                                    )

C5. 귀하는 어떤 조직 단위에 우선적으로 소속감을 느낍니까? 순서대로 두 가지만 선택해주세요.

■ 1순위: _____   ■ 2순위: _____

① 팀(부서) 단위

② 직군 단위(생산개발, 생산공정, 생산보전, 품질관리 등)

③ 회사(현대차) 단위

④ 그룹 단위

C6. 귀하의 직무 및 조직에 대한 평소 생각을 묻는 질문입니다. 해당 번호
   에 표시해주십시오.

| 항 목 | 전혀<br>그렇지<br>않다 | 그렇지<br>않다 | 보통 | 그렇다 | 매우<br>그렇다 |
|---|---|---|---|---|---|
| 1) 다시 시작한다 해도 현재의 일을 담당하고 싶다 | ① | ② | ③ | ④ | ⑤ |
| 2) 대체로 내가 담당하고 있는 일에 만족한다 | ① | ② | ③ | ④ | ⑤ |
| 3) 나는 우리 회사의 문제를 진정 나의 문제로 느낀다 | ① | ② | ③ | ④ | ⑤ |
| 4) 나는 우리 회사 가족의 한 구성원이라고 생각한다 | ① | ② | ③ | ④ | ⑤ |
| 5) 나는 우리 회사에 정서적 애착을 갖고 있다 | ① | ② | ③ | ④ | ⑤ |

◆ 바쁘신 중에도 질문에 성실히 응답해주셔서 고맙습니다 ◆

# 참고문헌

≪경향신문≫. 2014.6.15. "'자동차도 레고처럼 조립'… 제조방식 대변혁 예고".

고바야시 히데오(小林秀雄). 2011. 『현대가 도요타를 이기는 날』. 한수진 옮김. 21세기북스.

공정거래위원회. 2013. "대기업집단 순환출자 현황 정보 공개". 보도자료.

김상표. 2000. 「기술혁신을 위한 조직간의 협력에 관한 연구: 자동차부품산업의 경험」. ≪산업경제연구≫, 13(5), 363~393쪽.

김안국 외. 2008. 『사회적 자본과 인적자본 개발(III): 기업 간 관계를 중심으로』. 한국직업능력개발원.

김영산. 2000. 「일본 자동차산업의 완성차업체: 부품업체 관계의 분석」. ≪경제연구≫, 21(1), 235~252쪽.

김인수. 2000. 『모방에서 혁신으로』. 시그마인사이트컴.

김철식. 2010. 「모듈화와 가치사슬구조 변화: 한국 자동차산업 사례」. ≪산업노동연구≫, 16(1), 235~273쪽.

_____. 2011. 『대기업 성장과 노동의 불안정화: 한국 자동차산업의 가치사슬, 생산방식, 고용관계 분석』. 백산서당.

김철식·조형제·정준호. 2011. 「모듈 생산과 현대차 생산방식: 현대모비스를 중심으로」. ≪경제와 사회≫, 92, 351~385쪽.

≪동아오토≫. 2015.1.12. "디트로이트 모터쇼".

≪동아일보≫. 2012.2.2. "'현대차의 심장' 남양연구소 헤쳐모여!".

≪디지털타임스≫. 2013.1.22. "현대기아차 '자동차+IT' 시너지 낸다".

≪매일경제≫. 2015.9.22. "폭스바겐 눈속임 車 1100만대".

몬덴 야스히로(門田安弘). 1991. 『신 도요타시스템』. 송한식·홍성찬 옮김. 기아경제연구소.

박상원. 2012. 「자동차부품: 그들만의 관계, 우리도 알아야 한다」. 유진투자증권.

박정규·김민수. 2012. 「VW의 아키텍처 기반 플랫폼 전략」. ≪자동차경제≫, 450,
39~50쪽.

박태주. 2014. 『현대자동차에는 한국 노사관계가 있다』. 매일노동뉴스.

복득규. 2008. 「외환위기 전후 한국 자동차부품기업의 거래선 다변화 현황과 결정요
인 분석」. ≪산업조직연구≫, 16(1), 73~88쪽.

브레이버맨, 해리(Harry Braverman). 1998. 『노동과 독점자본』. 이한주·강남훈 옮
김. 까치.

≪비즈니스포스트≫. 2015.4.27. "정몽구, 현대차 지주회사체제로 정의선에게 물려
줄까".

산업연구원. 1988. 『한국의 부품산업』. 산업연구원.

송창석·김기찬·강명수. 2003. 「IMF 전후의 한국 중소기업의 부품개발 및 설계능력
의 발전경로와 특성에 관한 종단적 비교연구: 자동차부품산업을 중심으로」.
≪중소기업연구≫, 25(4), 31~58쪽.

송호근. 1991. 「한국노동시장의 구조변화: 제조업 조직부문을 중심으로」. 『한국의
노동정치와 시장』. 나남.

신상숙. 1989. 「한국 자동차산업의 구조 변화와 국가개입의 역할」. 한국산업사회연
구회 엮음. 『한국자본주의와 자동차산업』. 풀빛.

심상완. 1997. 「누가 로봇을 제어 감시하는가: H자동차 공장의 작업조직 사례연구」.
≪산업노동연구≫, 3(1), 59~80쪽.

심상완·이공래. 2000. 「한국 자동차부품산업의 기술능력 형성과 연구개발 네트워크
의 변화」. ≪기술혁신연구≫, 8(1), 49~71쪽.

썰렌, 캐슬린[썰렌, 캐쓸린(Kathleen Thelen)]. 2011. 『제도는 어떻게 진화하는가: 독
일·영국·미국·일본에서의 숙련의 정치경제』. 신원철 옮김. 모티브북.

안성우. 2002. 「기업 정보시스템 구축과정에 관한 연구: 자동차 부품업체의 사례」.
서울대학교 대학원 사회학과 석사학위논문.

암스덴, 앨리스(Alice Amsden). 1990. 『아시아의 다음 거인: 한국의 후발공업화』. 이
근달 옮김. 시사영어사.

≪연합뉴스≫. 2014.4.21. "현대기아차 연구개발비 해외 경쟁사보다 적어".

오노 다이이치(大野耐一). 1988. 『도요다 생산방식』. 강명한 옮김. 21세기북스.

오재훤. 2012. 「한·일 완성차업체의 생산관리 방식에 관한 토론문」. 연구 노트.

_____. 2013. 「일본의 이종방지 장치」. 연구 노트.

_____. 2014. 「도요타의 제품개발 과정」. 연구 노트.

≪오토데일리≫. 2014.6.19. "현대차, 미 신차 초기품질조사 5년 만에 1위 탈환".

워맥(James P. Womack)·존스[죤스](Daniel T. Jones)]·루스(Daniel Roose). 1990. 『생산방식의 혁명』. 현영석 옮김. 기아경제연구소.

유경순·정경원·김원씨. 2009. 『현자노조 20년사』. 전국금속노조 현대자동차지부.

윤기설. 2012. 「자동차산업 노사관계 평가와 발전방향」. 코리아 오토포럼 발표자료.

이군락. 2001. 「경쟁력 향상을 위한 완성자동차업체의 모듈화에 관한 연구」. 울산대학교 대학원 석사학위논문.

이문호. 2014. 「폭스바겐 생산방식: 특징 및 배경」. 워크인 조직혁신연구소 프로젝트 보고서.

_____. 2015. 「혁신적 자동차공장의 해외 사례: 독일 VW의 Auto 5000」. 한국노동연구원 프로젝트 보고서.

이병천. 2012. 「한국경제 '97년 체제'의 특성에 대하여: 상장 제조업에서 수익추구와 주주가치 성향의 분석」. ≪동향과전망≫, 86, 78~133쪽.

_____. 2013. 「한국경제 전환의 인식과 대안」. ≪경제와 사회≫, 겨울, 46~73쪽.

이상호. 2011. 「한국 자동차산업 불공정 하도급관계의 실태와 정책대안」. ≪마르크스주의 연구≫, 22, 134~166쪽.

이영희. 1994. 『포드주의와 포스트 포드주의』. 한울.

이왕돈·윤영선. 2009. 『생산운영관리』. 박영사.

장석인 외. 2010. 『주요 산업별 대중소기업 성과 및 거래구조 분석과 정책적 시사점』. 산업연구원.

≪전자신문≫. 2015.1.20. "현대·기아차, 연구개발 투자 단숨에 세계 3위".

정건화. 2003. 「노동시장의 구조변화에 대한 제도경제학적 해석」. ≪경제와 사회≫, 57, 8~41쪽.

정명기. 1997. 「신생산방식의 도입과 인적자원관리의 변화: 현대자동차 아산공장의 사례연구를 중심으로」. ≪산업노동연구≫, 3(1), 81~108쪽.

정승국. 1995. 「유연적 생산을 향한 기술과 조직의 변화: 현대자동차에 관한 사례 연구」. 성균관대학교 대학원 사회학과 박사학위 논문.

_____. 2002. 「자동차 연구개발 엔지니어의 지식형성」. 한국산업노동학회. ≪산업노동연구≫, 8(2), 141~170쪽.

정승국 외. 2008. 『숙련형성과 임금체계: 폭스바겐, 도요타, 현대자동차의 비교연구』. 한국직업능력개발원.

정이환. 1992. 「제조업 내부노동시장의 변화와 노사관계」. 서울대학교 대학원 사회학과 박사학위논문.

_____. 2011. 「고용과 노동의 변화」. 『정보사회의 이해』. 미래M&B.

정주연. 1999. 「한국 대기업의 대졸 엔지니어의 숙련 양성: 국제 비교적인 시각에서의 분석」. 한국노동경제학회. ≪노동경제연구≫, 22(2), 163~187쪽.

정준호·이병천. 2007. 「한국의 탈추격 시스템, 어디로 가는가」. 사회경제학계 공동학술대회 발표 논문.

정준호·조형제. 2013. 「현대자동차의 지배구조와 이윤전략」. 미발표 초고.

≪조선비즈≫. 2015.4.27. "현대차, 주주 권익 보호 위한 '투명경영위원회' 설치".

≪조선일보≫. 2014.2.13. "현대차 지배구조 개편, 정의선 부회장 모비스 지분 승계가 핵심".

_____. 2015.7.24. "일본차 이어 중국차까지… 중국서 샌드위치 신세된 현대車".

조성재. 2014. 「추격의 완성과 탈추격 과제: 현대자동차 그룹 사례 분석」. ≪동향과 전망≫, 91, 136~168쪽.

조성재 외. 2006. 『동북아 제조업의 분업구조와 고용관계(II)』. 한국노동연구원.

조성재·정준호·황선웅. 2008. 『한국 경제와 노동체제의 변화』. 한국노동연구원.

조순경·이용숙. 1990. 「신노동 과정과 한국의 자동차산업」. 한국사회학회. ≪한국사회학≫, 23(겨울), 73~94쪽.

조철. 2002. 『네트워크경제의 진전과 부품조달체제의 변화』. 산업연구원.

조철·이항구·김경유. 2005. 『산업환경 변화와 자동차부품산업의 발전전략』. 산업연구원.

조형제. 1993. 『한국 자동차산업의 전략적 선택』. 백산서당.

_____. 2005. 『한국적 생산방식은 가능한가?: 현대이즘의 가능성 탐색』. 한울.

_____. 2009. 『산업과 도시』. 후마니타스.

조형제 외. 2008. 「현대자동차 생산방식의 정립을 위한 시론적 연구」. 연구보고서.

조형제·이병훈. 2008. 「현대자동차 생산방식의 진화: 일본적 생산방식의 도입을 중심으로」. 한국사회과학연구소. ≪동향과 전망≫, 73, 231~264쪽.

조형제·김철식. 2013a. 「모듈화를 통한 부품업체 관계의 전환: 현대자동차의 사례」. 한국사회학회. ≪한국사회학≫, 47(1), 149~184쪽.

_____. 2013b. 「유연생산방식과 노사관계의 전환: 현대자동차의 사례」. 한국산업노동학회. ≪산업노동연구≫, 19(2), 67~96쪽.

주무현. 1998. 「한국 자동차산업 생산체제의 일본화」. 한국사회과학연구소. ≪동향과 전망≫, 38, 96~114쪽.

_____. 2002. 「경제위기 이후 기업별 내부노동시장의 구조 변화: 현대자동차의 사례」. ≪산업노동연구≫, 8(1), 75~112쪽.

중소기업협동조합중앙회. 각 연도. 『중소기업 실태조사』.

최원석. 2013.4.12. "무엇이 도요타를 다시 서게 했나". ≪조선비즈≫.

커크, 도널드(Donald Kirk). 1995. 『현대 & 정주영』. 이재범 옮김. 한국언론자료간행회.

코타니 시게노리(小谷重德). 2011. 『토요타 생산방식: 이론에서 실무까지』. 송한식 외 옮김. 한경사.

쿠수마노(Michael. A Cusumano)·노베오카(Kentaro Nobeoka). 1999. 『신차개발전략: 린을 넘어서는 멀티프로젝트 관리방식』. 송한식·김영한 옮김. 무역경영사.

포터, 마이클(Michael E. Poter). 1992. 『경쟁우위』. 조동성 옮김. 교보문고.

≪한겨레신문≫. 2013.2.15. "하청 88%, 정규직과 섞여 일…현대차 자료에 '불법파견' 또렷".

_____. 2013.7.30. "삼성·현대차에서 강연한 김상조 교수 '임원 분위기 너무 달랐다'".

한국기업정보. 2015. 상장협 DB. http://www.kocoinfo.com/

한국산업사회연구회. 1990. 『한국자본주의와 자동차산업』. 풀빛.

한국신용평가정보. 2012. KIS-VALUE.

한국자동차공업협동조합. 각 연도. 『자동차산업편람』.

한국자동차공업협회. 각 연도. 『자동차통계 DB』.

_____. 2005. 『한국자동차산업 50년사』.

한국자동차산업연구소. 각 연도. 『자동차산업』.

한미경. 2006. 「자동차산업의 제품아키텍처와 제품개발 패턴」. ≪전략경영연구≫, 9(1), 77~98쪽.

핫토리 다미오[핫또리 타미오(服部民夫)]. 2007. 『개발의 경제사회학: 한국의 경제발전과 사회변동』. 유석춘·이사리 옮김. 전통과현대.

허완. 2015.9.24. "현대차 반사이익? 미국의 음모? 디젤은 엉터리?: 폭스바겐 스캔들, 6가지 오해". ≪허핑턴포스트코리아≫.

현대모비스. 2007. 『현대모비스 30년사』.

현대자동차. 1987. 『현대자동차 20년사』.

_____. 1999~2011a. 사업보고서.

_____. 1999~2011b. 감사보고서.

_____. 2005a. 「신차 개발: 단계별 구분」.

_____. 2005b. 「모듈화 추진 방향」.

현대자동차(근무형태 추진위 자문위원회). 2012. 「현대자동차 주간연속 2교대 관련 의견」.

현대자동차 설문조사. 2013. 「완성차업체 엔지니어의 인적자원관리와 업무수행 연구」.

홍장표. 1995. 「한국 하청계열화의 구조적 특질에 관한 연구: 자동차산업의 사례를 중심으로」. ≪중소기업연구≫, 17(1), 333~364쪽.

_____. 2003. 「외환위기 이후 자동차산업 도급관계의 변화와 임금격차」. ≪산업노동연구≫, 9(2), 187~221쪽.

_____. 2004. 「자동차산업의 도급구조」. 『자동차산업의 도급구조와 고용관계의 계층성』. 한국노동연구원.

후지모토 다카히로(藤本隆宏). 2003. 『TOYOTA 진화능력: 능력구축경쟁의 본질』. 김기찬·고기영 옮김. 가산출판사.


具承桓·吳在烜. 2007.10.26. 「サプライヤーの競争力からみた日韓の国際比較: ―モジュール化戦略を中心に―」. アジア: パシフィック自動車フォーラム. 東京.

藤本隆宏. 2001. 『生産マネッ"メント入門』. 日本經濟新聞社.

小池和男・中馬宏之・太田聰一. 2001. 『もの造りの技能』. 東洋經濟新聞社.

野村正實. 1993. 『熟練と分業: 日本企業とテイラ: 主義』. 御茶の水書房.

吳在烜. 2011. 「現代自動車の海外生産の展開と生産方式」. 吳在烜 外 編著. 『日中韓 産業競爭力 構造の實證分析』. 創成社.

Abo, Tetsuo. 1994. *Hybrid Factory: The Japanese Production System in the United States.* New York: Oxford University Press.

_____. 1998. "Hybridization of the Japanese Production System in North America, Newly Industrializing Economies, South-East Asia, and Europe: Contrasted Configurations." Robert Boyer et al.(eds.). *Between Imitation and Innovation*, pp.216~230.

Altmann, N. 1992. "Rationalization Strategies and Representation of Worker Interests." in N. Altmann et al.(eds.). *Technology and Work in German Industry.* London: Routledge.

Aoki, Masahiko. 2000. *Information, Corporate Governance, and Institutional Diversity: Competitiveness in Japan, the USA, and the Transitional Economies.* Oxford: Oxford University Press.

_____. 2010. *Corporations in Evolving Diversity: Cognition, Governance, and Institutions.* Oxford: Oxford University Press.

Atkinson, J. 1984. "Flexibility, Uncertainty and Manpower Management." IMS Report No.89, Brighton: Institute of Manpower Studies.

*Automotive News.* 2013. http://www.autonews.com/

Black, John. 1997. *Oxford Dictionary of Economics.* Oxford: Oxford University Press.

Bogan, C. E. and M. J. English. 1994. *Benchmarking for Best Practices: Winning Through Innovative Adaptation.* New York: McGraw-Hill.

Boyer, Robert and Michel Freyssenet(eds.). 2000. *The Productive Models: The Conditions of Profitability.* London: Palgrave Macmillan.

Choi, Eugen K. 2014. "Evolution of Design-Driven New Product Architectures: In

276

the Cast of Hyundai-Kia Motors." 22nd GERPISA Conference.

Clark, Kim B. and Takahiro Fujimoto. 1991. *Product Development Performance: Strategy, Organization, and Management in the World Auto Industry.* Boston: Harvard Business School Press.

Consumer Reports. 2009. http://www.consumerreports.org/cro/index.htm/

Duplaga, Edward, Chan Hahn and Daesik Hur. 1996. "Mixed-Model Assembly Line Sequencing at Hyundai Motor Company." *Production and Inventory Management Journal*, Third Quarter, pp.20~26.

*Economist.* 2009.12.10. "Toyota: Losing its shine."

Eisenhardt, Kathleen. 1989. "Agency Theory: An Assessment and Review." *Academy of Management Review*, 14(1), pp.57~74.

Fairris, David and Hironori Tohyama. 2002. "Productive Efficiency and the Lean Production System in Japan and the United States." *Economic and Industrial Democracy*, 23(4), pp.529~554.

*Forbes.* 2013. http://www.forbes.com/autos/

*Fortune.* 2010.1.5. "Hyundai Smokes the Competition."

Freyssenet, Michel, Andrew Mair, Koichi Shimizu and Giuseppe Volpato. 1998. *One Best Way? Trajectories and Industrial Models of the World's Automobile Producers.* Oxford: Oxford University Press.

Fujimoto, Takahiro. 2006. "Architecture-Based Comparative Advantage in Japan and Asia." K. Ohno and T. Fujimoto(eds.). *Industrialization of Developing Countries: Analysis by Japanese Economics.* Tokyo: National Graduate Institute of Policy Studies.

_____. 2007. "Architecture-Based Comparative Advantage: A Design Information View of Manufacturing." *Evolutionary and Institutional Economic Review*, 4(1), pp.55~112.

Gereffi, Gary, John Humphrey and Timothy Sturgeon. 2005. "The governance of global value chains." *Review of International Political Economy*, 12(1), pp.78~104.

Graham, Laurie. 1993. "Inside a Japanese Transplant: A Critical Perspective." *Work and Occupations*, 20(2), pp.147~173.

Hahn, Chan, Edward Duplaga and Kee Young Kim. 1994. "Production/Sales Interface: MPS at Hyundai Motor." *International Journal of Production Economics*, 37, pp.5~17.

Hahn, Chan, Edward Duplaga and Janet Hartley. 2000. "Supply-Chain Synchronization: Lessons from Hyundai Motor Company." *Interfaces*, 30(4), pp.32~45.

Hall, Peter A. and David Soskice(eds.). 2001. *Varieties of Capitalism: The Institutional Foundations of Comparative Advantage*. Oxford: Oxford University Press.

Hart, Oliver and John Moore. 2005. "On the Design of Hierarchies: Coordination versus Specialization." *Journal of Political Economy*, 113(4), pp.675~702.

Hill, Richard Child. 1989. "Comparing Transnational Production System: The Case of the Automobile Industry in the United States and Japan." *International Journal of Urban and Regional Research*, 13(3), pp.462~480.

Hirsh, Barry, David Macpherson and Wayne Vroman. 2001. "Estimates of Union Density by State." US Bureau of Labor Statistics. *Monthly Labor Review*, July, pp.51~55.

Hopp, Wallce and Mark Spearman. 2004. "To Pull or Not to Pull: What is the Question?" *Manufacturing & Service Operations Managment*, 6, pp.2, 133~148.

Hufty, Marc. 2011. "Investigating Policy Processes: The Governance Analytical Framework(GAF)." Urs Wiesmann and Hans Hurni(eds.). *Research for Sustainable Development: Foundations, Experiences, and Perspectives*, Perspectives of the Swiss National Centre of Competence in Research (NCCR) North-South, University of Bern, 6, pp.403~424.

Hyundai Motor Company. 2009. http://www.hyundaiusa.com/

Hyundai Motor Manufacturing Alabama(HMMA). 2012. "Introduction to HMMA."

IHS Global Insight. 2014. "Country & Industry Forecasting." https://globalsso.ihs.com /KeystoneSTS/SSOLogin/Login.aspx?theme=IGI&ReturnUrl=https%3a%2f %2fglobalsso.ihs.com%2fKeystoneSTS%2fKSFed%2fDefault.aspx%3ftheme %3dIGI/

J. D. Power and Associates. 2009. http://www.jdpower.com/Autos/

J. D. Power. 2013. "JD Power survey 2013-Overall results." http://www.whatcar.com /car-news/overall-results/1206902

Jeong, Jooyeon. 1995. "The Failure of Recent State Vocational Training Policies in Korea from a Comparative Perspective." *British Journal of Industrial Relations*, 33(2), 237~252.

Jo, H. J., J. H. Jung and C. S. Kim. 2014. "Unearthing the 'Black Box' of a Korean Big Fast Follower: The Engineer-led Production System of Hyundai Motors." *Asian Journal of Technology Innovation*(forthcoming).

Juergens, Ulrich. 2009. "The Final Chapter of the 'VW Model'? The VW Trajectory, 1995~2005." Michel Freyssenet(ed.). *The Second Automobile Revolution: Trajectory of the World Carmakers in the 21st Century.* London: Palgrave MacMillan.

Kenney, Martin and Richard Florida. 1993. *Beyond Mass Production: The Japanese System and Its Transfer to the U.S.* Oxford: Oxford University Press.

Kidd, Paul T. 1994. *Agile Manufacturing: Forging New Fronties.* Boston: Addison-Wesley Publishing Company.

Kim, Linsu. 1998. "Crisis Construction and Organizational Learning: Capability Building in Catching-up at Hyundai Motor." *Organization Science*, 9(4), pp.506~521.

Krafcik, John F. and John Paul MacDuffie. 1989. "Explaining High Performance Manufacturing: The International Automotive Assembly Plant Study." Massachusetts Institute of Technology, International Policy Form.

Krishnamurthy, Ananth. 2004. "Re-Examining the Performance of MRP and Kanban Material Control Strategies for Multi-Product Flexible Manufacturing Systems." *The International Journal of Flexible Manufacturing Systems*, 16, pp.123~150.

Kuhlmann, M. and M. Schumann. 1997. "Patterns of Work Organization in the German Automobile Industry." in K. Shimokawa et al.(eds.). *Transforming Automobile Industry: Experience in Automation and Work Organization*. Berlin: Springer.

Lansbury, Russel, Seung-ho Kwon and Chung-Sok Suh. 2006. "Globalization and Employment Relations in the Korean Auto Industry: The Case of the Hyundai Motor Company in Korea, Canada and India." *Asia Pacific Business Review*, 12(2), pp.131~147.

Lauder, Hugh, Phillip Brown and David Ashton. 2008. "Globalization, Skill Formation and the Varieties of Capitalism Approach." *New Political Economy*, 13(1), pp.20-35.

Lee, B. H. and H. J. Jo. 2007. "The mutation of the Toyota Production System: adapting the TPS at Hyundai Motor Company." *International Journal of Production Research*, 45(16), pp.3665~3679.

Levy, B. and W. J. Kuo. 1991. "The Strategic Orientations of Firms and the Performance of Korea and Taiwan in Frontier Industries: Lessons from Comparative Case Studies of Keyboard and Personal Computer Assembly." *World Development*, 19(4), pp.363~374.

Liker, Jeffrey(ed.). 1998. *Becoming Lean: Inside Stories of U.S. Manufacturers*. Portland: Productivity Press.

McAlinden, Sean, Brett Smith and Bernard Swiecki. 1999. "The Future of Modular Automotive Systems: Where are the Economic Efficiencies in the Modular Assembly Concept?" UMTRI Report No.2000-24-1.

McQuaid, Ronald and Colin Lindsay. 2005. "The Concept of Employability." *Urban Studies*, 42(2), pp.197~219.

Mishina, Kazuhiro. 1998. "Making Toyota in America: Evidence from the Kentucky Transplant, 1986~1994." in Robert Boyer et al.(eds.). *Between Imi-*

*tation and Innovation: The Transfer and Hybridization of Productive Models in the International Automobile Industry*. New York: Oxford University Press.

Monden, Y. 1993. *Toyota production system: an integrated approach to just-in-time*. Norcross: Industrial Engineering & Management Press.

Motor Fan. 2011. http://motorfan-i.com/

Nelson, Richard R. and Sidney G. Winter. 1982. *An Evolutionary Theory of Economic Change*. Cambridge: Harvard University Press.

Okamoto, Hirokimi. 2003. "Flexibility in Japanese Manufacturing Industries: Synchronization of Production, Sales and Purchase." *Asian Business & Management*, 2, pp.323~346.

Perrucci, Robert. 1994. *Japanese Auto Transplants in the Heartland: Corporatism and Community*. New York: Aldine De Gruyter.

Pil, Frits and John Paul MacDuffie. 1999. "What Makes Transplants Thrive: Managing the Transfer of 'Best Practice' at Japanese Auto Plants in North America." *Journal of World Business*, 34(3), pp.372~391.

Piore, M. J. and C. F. Sabel. 1984. *The Second Industrial Divide: Possibilities for Prosperity*. New York: Basic Books.

Powertoyota. 2012. http://www.powertoyotaca.com/

PricewaterhouseCoopers. 2000. *The Second Automotive Century: Section One*. PricewaterhouseCoopers.

Pries, Ludger and Martin Seeliger. 2011. "After a Challenging Bumpy Road: Volkswagen on the Fast Lane to World Championship." GERPISA.

Ravenhill, John. 2003. "From National Champions to Global Partners: Crisis, Globalization, and the Korean Auto Industry." in William Keller and Richard Samuels(eds.). *Crisis and Innovation in Asian Technology*. New York: Cambridge University Press.

Sanchez, Luis and Rakesh Nagi. 2001. "A Review of Agile Manufacturing Systems." *International Journal of Production Research*, 39(16), pp.3561~3600.

Sauer, E. et al. 1992. "Systemic Rationalization and Inter-Company Divisions of Labour." in N. Altmann et al.(eds.). *Technology and Work in German Industry.* London: Routledge.

Sharp, J. M., Z. Irani and S. Desai. 1999. "Working Towards Agile Manufacturing in the UK Industry." *International Journal of Production Economics*, 62, pp.155~169.

Shibata, Hiromichi. 2001. "Productivity and Skill at a Japanese Transplant and Its Parent Company." *Work and Occupations*, 28(2), pp.234~260.

Smith, Chris and Peter Meiksins. 1995. "The Role of Professional Engineers in the Diffusion of 'Best Practice' Production Concepts: A Comparative Approach." *Economic and Industrial Democracy*, 16, pp.399~427.

Spearman, Mark, David Woodruff and Wallace Hopp. 1990. "Conwip: a Pull Alternative to Kanban." *International Journal of Production Research*, 28(5), pp.879~894.

Streeck, Wolfgang. 2012. "Skills and Politics: General and Specific." M. Busemeyer and C. Trampusch(eds.). *The Political Economy of Collective Skill Formation.* Oxford: Oxford University Press.

Sturgeon, Timothy. 2002. "Modular Production Networks: A New American Model of Industrial Organization." *Industrial and Corporate Change*, 11(3), pp.451~496.

_____. 2007. "How Globalization Drives Institutional Diversity: The Japanese Electronics Industry's Response to Value Chain Modularity." *Journal of East Asian Studies*, 7, pp.1~34.

_____. 2009. "From Commodity Chains to Value Chains: Interdisciplinary Theory Building in an Age of Globalization." in Jennifer Bair(ed.). *Frontiers of Commodity Chain Research.* Stanford: Stanford University Press.

Sturgeon, T. J., J. V. Biesebroeck and G. Gereffi. 2008. "Value Chains, Networks and Clusters: Reframing the Global Automotive Industry." *Journal of Economic Geography*, 8, pp.297~321.

Tamura, Yutaka. 2006. "Japanese Production Management and Improvements in Standard Operations: Taylorism, Corrected Taylorism, or Otherwise?" *Asian Business & Management*, May, pp.507~527.

*The Tuscaloosa News.* 2002.6.2. "Hyundai Wheels into Alabama."

Thelen, Kathleen. 2004. *How Institutions Evolve: The Political Economy of Skills in Germany, Britain, the United States and Japan.* New Yotk: Cambridge University Press.

Thomke, Stefan and Takahiro Fujimoto. 2000. "The Effect of 'Front-Loading' Problem-Solving on Product Development Performance." *Journal of Product Innovation Management*, 17, pp.128~142.

Thorelli, Hans. 1986. "Networks: Between Markets and Hierarchies." *Strategic Management Journal*, 7(1), pp.37~51.

Toyota Motor Corporation. 2012. "Annual Report." http://www.toyota-global.com/

Ulrich, Karl. 1995. "The Role of Product Architecture in the Manufacturing Firm." *Research Policy*, 24, pp.419~440.

Underwood, Andrew and Steve Agg. 2012. *Supply Chain Agility: Managing Change.* KPMG.

Ward's Auto World. 2009. http://wardsautoworld.com/

Wilkinson, F. 1983. "Productive System." *Cambridge Journal of Economics*, 7, pp.413~429.

Womack, James P., Daniel T. Jones and Daniel Roos. 1990. *The Machine That Changed the World.* New York: Rawson Associates.

Wright, Christopher, Chung-Sok Suh and Christopher Leggett. 2009. "If at first you don't succeed: globalized production and organizational learning at the Hyundai Motor Company." *Asia Pacific Business Review*, 15(2), pp.163~180.

Wyman, Oliver. 2008~2009. *Harbour Report.*

Yanarella, Ernest J. 2007. "Canada's East Asian Transplants Reach Maturity: Rewards and Perils." *Labor Studies Journal*, 32(2), pp.189~209.

# 찾아보기

지은이 ┃ **조형제**

서울대학교 대학원 사회학과를 졸업하고 「한국자동차산업의 생산방식에 관한 연구」로 박사
학위를 받았다. 서울대학교 국제지역원 연구원, 대통령정책기획위원회 위원, 미시간대학교와
캘리포니아대학교(UCSD) 방문교수 등을 거쳐, 현재 울산대학교 사회과학부 교수로 재직 중
이다. 주요 저서로『한국적 생산방식은 가능한가: Hyundaism의 가능성 탐색』(2005), 『산업
과 도시: 내생적 지역발전은 가능한가』(2009) 등이 있으며, 주요 논문으로 "Transferring
Production Systems: An Institutionalist Account of Hyundai Motor Company in the United
States"(2011) 등이 있다.

한울아카데미 1879

현대자동차의 기민한 생산방식
한국적 생산방식의 탐구

ⓒ 조형제, 2016

지은이 ┃ 조형제
펴낸이 ┃ 김종수
펴낸곳 ┃ 한울엠플러스(주)
편집책임 ┃ 최규선
편집 ┃ 김영은

초판 1쇄 인쇄 ┃ 2016년 2월 15일
초판 1쇄 발행 ┃ 2016년 2월 29일

주소 ┃ 10881 경기도 파주시 광인사길 153 한울시소빌딩 3층
전화 ┃ 031-955-0655
팩스 ┃ 031-955-0656
홈페이지 ┃ www.hanulmplus.kr
등록번호 ┃ 제406-2015-000143호

Printed in Korea.
ISBN  978-89-460-5879-8  93320(양장)
      978-89-460-6140-8  93320(학생판)

* 책값은 겉표지에 표시되어 있습니다.
* 이 책은 강의를 위한 학생판 교재를 따로 준비했습니다.
  강의 교재로 사용하실 때에는 본사로 연락해주십시오.